한끝

2·2

초등 국어

한끝 국어를 선택해야 하는 이유

국어 공부,
『한끝』한 권이면
충분해요!

① 예습, 복습을 한 권으로 끝!

『국어』를 [준비 》 소단원 1 》 소단원 2 》 실천]의 새 교과서의 흐름에 따라 배치하고, 여기에 『국어활동』까지 더하였어요. 새 교과서를 가장 충실히 반영한 『한끝』으로 예습은 물론, 복습까지 확실하게 할 수 있어요.

② 단원 평가, 수행 평가까지 한 번에!

핵심 문제, 역량 문제, 실력 UP 문제, 서술형 문제 등 다양한 형태의 문제를 담아 단원 평가와 수행 평가를 한 번에 대비할 수 있어요.

③ 단계별로 탄탄하게 기르는 기초 문해력!

○ **[따라 쓰기] 코너**

낱말을 따라 쓰며 초등 저학년의 문해력 기초를 다질 수 있어요.

○ **[핸드북] 문해력 부록 특별 제공**

교과서 낱말을 해독·확장·추론하는 3단계 학습법을 적용한 [핸드북]으로 국어 교과 문해력을 탄탄하게 기를 수 있어요.

○ **[디지털 매체 문항] 신설**

디지털·미디어 환경 변화에 대응할 수 있도록 하기 위해 새롭게 구성한 [디지털 매체 문항]을 통해 디지털 문해력까지 키울 수 있어요.

④ 저학년부터 쌓는 자기 주도 학습 습관!

○ **[진도표] 특별 제공**

매일매일 공부한 날짜를 진도표에 쓰며, 스스로 공부하는 습관을 들일 수 있어요.

○ **새 교과서와 동일한 흐름**

『한끝』의 학습 흐름이 새 교과서와 동일하여 학생 혼자서도 어렵지 않게 자기 주도적인 학습을 할 수 있어요.

한끝 국어 사용 설명서

설명서를 잘 읽으면
국어 공부, 어렵지 않아요!

진도표

매일매일 공부한 날짜를 [진도표]에 쓰며 쌓아가는
자기 주도 학습 습관

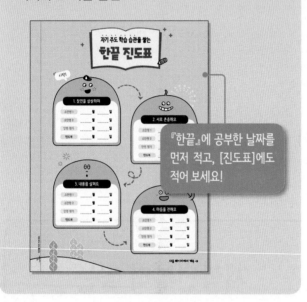

『한끝』에 공부한 날짜를
먼저 적고, [진도표]에도
적어 보세요!

교과서 핵심 / 준비

단원에서 배울 내용을 미리 훑어 보
며 배경지식 활성화하기

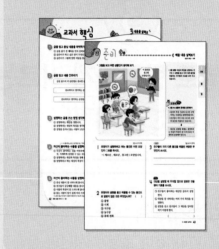

문해력을 기르는 특별 부록

• 문해력 기초를 다질 수 있는 [따라 쓰기]
• 교과서 낱말로 문해력을 기르는 [핸드북]

국어활동

소단원에서 학습한 내용을 연계하여
자기 주도적으로 연습하고 점검하기

「국어」+「국어활동」　교과서 핵심/준비 ≫ 소단원 1~2 ≫ 국어활동 ≫ 실천 ≫ 단원 평가

소단원 1, 소단원 2

교과서 내용 그대로 기본 학습과 통합 학습 내용을 담고, 다양한 형태의 문제를 풀어 보며 학습 내용 익히기

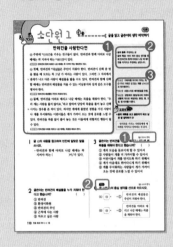

이런 내용을 배워요.

❶ 지문: 교과서 지문을 그대로 담아 예습과 복습을 할 수 있어요.

❷ 지문의 특징: 글, 영상 등 지문의 특징을 정리해 지문을 쉽게 이해할 수 있어요.

❸ 문해력을 높이는 낱말: 문해력의 출발점은 어휘력! 어려운 낱말의 뜻을 확인할 수 있어요.

❹ 교과서 핵심: 교과서의 핵심 내용을 정리해 교과서를 쉽고 깊이 있게 이해할 수 있어요.

이런 문제를 풀어요.

❶ 교과서 속 문제와 동일한 교과서 문제

❷ 지문 속 핵심 내용을 묻는 핵심 문제

❸ 소단원의 역량을 확인하는 역량 문제

❹ 디지털 문해력을 기르는 디지털 매체 문제

❺ 생각을 문장으로 정리해 보는 서술형 문제

실천

소단원에서 학습한 내용을 정리하고 국어 지식까지 확대하기

단원 평가

단원에서 배운 내용을 최종 정리하며 실력을 점검하고, 평가에 대비하기

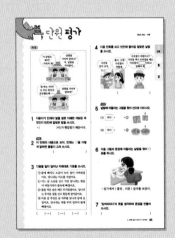

교과서에 실린 작품

국어

※『한끝 초등 국어』는 다음 저작물의 교과서 수록 부분을 재인용하여 만들었습니다.

단원	제재 이름	지은이	나온 곳	한끝 쪽수	교과서 쪽수
1	「떡볶이」	정두리	『정두리 동시 선집』, 지식을만드는지식, 2015.	11쪽	8쪽
	「헬리콥터」	이병승	『난다 난다 신난다』, ㈜푸른책들, 2009.	12쪽	10~11쪽
	「짜장 요일」	방주현	『이따 만나』, ㈜사계절출판사, 2018.	13쪽	14~15쪽
	「할머니와 하얀 집」	이윤우	『할머니와 하얀 집』, ㈜비룡소, 2018.	14쪽	18~22쪽
	「엉뚱한 수리점」	차재혁	『엉뚱한 수리점』, 플라이쿠키, 2024.	16쪽	26~30쪽
2	「서로」	조영수	『마술』, 청색종이, 2018.	20쪽	36쪽
	「꽃같이 예쁜 말」	차유림 작사, 조승필 작곡	『꽃같이 예쁜 말』, 마리샘뮤직, 2021.	27쪽	42쪽
	「크니프의 친구 사귀기」	윤선아	『크니프의 친구 사귀기』, ㈜아람북스, 2008.	32쪽	52쪽
3	「진심으로 사과하는 법을 알아 둬」	박현숙	『언어 예절, 이것만은 알아 둬!』, 팜파스, 2016.	44쪽	74~75쪽
	「빗자루」	윤혜신	『겨레 전통 도감 살림살이』, ㈜도서출판 보리, 2016.	45쪽	78~80쪽
	「글자」	토박이 사전 편찬실 엮음	『보리 국어사전』, ㈜도서출판 보리, 2020.	50쪽	95쪽
	「받침 구조대」	곽미영	『받침 구조대』, 만만한책방, 2023.	50쪽	96~98쪽
5	「아빠와 함께 추억 만들기」	이규희	『아빠의 앞치마』, ㈜교학사, 2004.	78쪽	150쪽
	「희망을 만든 우편집배원」	김현태	『행복한 사과나무 동화』, 아이앤북, 2005.	80쪽	154~156쪽
6	「토끼의 재판」		『모여라 딩동댕 ― 토끼의 재판 ―』, 한국교육방송공사, 2015.	91쪽	169쪽
	공익 광고 (『엄마, 저 풀은 이름이 뭐예요』)		한국방송광고진흥공사, 2006.	92쪽	170쪽
	「오염물이 터졌다」	송수혜 글·그림	『오염물이 터졌다』, ㈜미세기, 2020.	94쪽	174~181쪽
	국립중앙박물관 어린이박물관 누리집		국립중앙박물관 어린이박물관 누리집 (https://www.museum.go.kr/site/child/home)	97쪽	184쪽
7	「반려견을 사랑한다면」 (『반려견을 사랑한다면 '에티켓' 지키자』)	전서효(학생)	『어린이동아』, 2016. 8. 1.	110쪽	202~204쪽
	「왜 책임이 필요하죠?」	채화영 글, 스위치 그림	『왜 책임이 필요하죠?』, 파란정원, 2016.	113쪽	211~214쪽
8	「우리 반 쉬는 시간」	송은서(학생)	『우리 반이 터지겠다』, 학이사어린이, 2023.	127쪽	230쪽
	「눈 내린 등굣길」	곽해룡	『특별한 맞춤집』, 섬아이, 2012.	128쪽	232~233쪽
	「눈 온 아침」	김종상 작사, 이수인 작곡	『이수인 창작 동요 어린이 나라』, 화인씨앤에스, 2004.	128쪽	236쪽
	「함께 걸어 좋은 길」	이경애 작사, 정보형 작곡	『내가 꿈꾸는 것 VOL03』, 써니뮤직, 2019.	130쪽	239쪽
	「빈집에 온 손님」	황선미	『빈집에 온 손님』, ㈜비룡소, 2016.	131쪽	244~248쪽
	「오, 미지의 택배」	차영아 글, 한지선 그림	『쿵푸 아니고 똥푸』, ㈜문학동네, 2017.	133쪽	252~256쪽

국어활동

※「한끝 초등 국어」는 다음 저작물의 교과서 수록 부분을 재인용하여 만들었습니다.

단원	제재 이름	지은이	나온 곳	한끝 쪽수	교과서 쪽수
1	「궁시렁궁시렁 나라」	허명희	「붕어빵 아저씨 결석하다」, ㈜푸른책들, 2002.	18쪽	6~7쪽
1	「내 안에는 사자가 있어, 너는?」	가브리엘레 클리마 글, 유지연 옮김	「내 안에는 사자가 있어, 너는?」, 도서출판 그린북, 2020.	19쪽	10~23쪽
3	「도, 개, 걸, 윷, 모의 말뜻」	서찬석	「우리 민속놀이에는 어떤 이야기가 담겨 있을까?」, ㈜학산문화사, 2004.	49쪽	34쪽
3	「반달가슴곰 발자국」	박인주	「세밀화로 그린 보리 어린이 동물 흔적 도감」, ㈜도서출판 보리, 2016.	52쪽	32쪽
6	「혼저옵서예, 제주!」	팝콘스토리 글, 강경효 그림	「제주에서 보물찾기 1」, 아이세움, 2019.	99쪽	76~78쪽
6	공익 광고 (「바다에 버린 쓰레기는 결국 돌아옵니다」)		한국방송광고진흥공사, 2018.	100쪽	81쪽
6	광고 (「가는 톡이 고와야 오는 톡이 곱지」)		한국방송광고진흥공사, 2019.	101쪽	82쪽
7	「시끌시끌 소음 공해 이제 그만!」	정연숙 글, 최민오 그림	「시끌시끌 소음 공해 이제 그만!」, 와이즈만BOOKs, 2019.	117쪽	84~93쪽
8	「잠꼬대」	김옥애	「숨어 있는 것들」, 청개구리, 2023.	136쪽	100쪽
8	「밤에도 놀면 안 돼?」	이주혜	「밤에도 놀면 안 돼?」, 노란돼지, 2010.	137쪽	104~105쪽

이제 국어 공부를 시작해 볼까요?

1 장면을 상상하며

무엇을 배울까요?

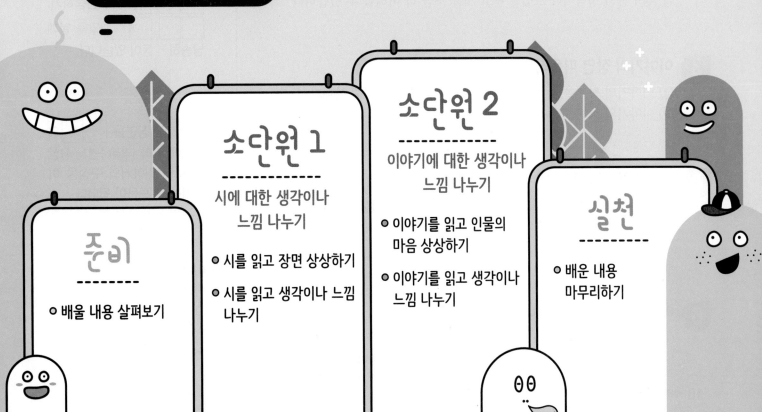

준비

⊙ 배울 내용 살펴보기

소단원 1

시에 대한 생각이나
느낌 나누기

⊙ 시를 읽고 장면 상상하기

⊙ 시를 읽고 생각이나 느낌
나누기

소단원 2

이야기에 대한 생각이나
느낌 나누기

⊙ 이야기를 읽고 인물의
마음 상상하기

⊙ 이야기를 읽고 생각이나
느낌 나누기

실천

⊙ 배운 내용
마무리하기

1 장면을 떠올리며 시 읽기
① 시를 소리 내어 읽으면서 자연스럽게 장면을 떠올립니다.
② 전체 내용이나 분위기와 관련한 장면을 떠올릴 수 있습니다.
③ 특정한 연이나 시구에 해당하는 장면을 떠올릴 수 있습니다.
→ 시를 읽고 떠올린 장면은 사람마다 다를 수 있습니다.

2 시를 읽고 장면 상상하기
예 「헬리콥터」의 장면을 여러 가지 방법으로 상상하기

시의 장면을 상상하는 방법	상상한 장면
시의 내용을 생각하며 장면 상상하기	학교가 끝나자 신발주머니를 돌리며 집으로 가는 아이들의 모습
인상 깊은 표현을 생각하며 장면 상상하기	"발이 땅에서 떠오르는 아이들"에서 날 듯이 기뻐하는 아이들의 모습
자신의 경험과 비교하며 장면 상상하기	방학식 날, 학교 끝나고 신나게 집으로 달려가던 내 모습

3 시를 읽고 생각이나 느낌 나누기
→ '호로록', '호로록호로록'과 같은 말을 흉내 내는 말이라고 합니다.
① 서로 번갈아 가며 낭송하기, 흉내 내는 말을 함께 낭송하기 등 여러 가지 방법으로 시를 낭송해 봅니다.
② 시를 읽고 떠오르는 생각이나 느낌을 친구들과 이야기해 봅니다.
③ 생각이나 느낌은 비슷한 점도 있지만 다른 점도 있습니다.
④ 친구들의 생각이나 느낌을 듣고 시를 조금 더 이해할 수 있습니다.

4 이야기의 장면 떠올리기
① 이야기의 장면을 차례대로(시간의 순서에 따라) 나열해 봅니다.
② 이야기의 장면을 동작으로 표현해 봅니다.

5 이야기를 읽고 인물의 마음 상상하기
① 이야기의 상황, 인물의 말이나 행동을 바탕으로 인물의 마음을 상상합니다. → 같은 이야기 상황에서도 상상하는 인물의 모습은 사람마다 다를 수 있습니다.
② 상상한 인물의 마음을 문장으로 표현해 봅니다.

→ 이야기에 대한 생각이나 느낌을 말로 표현함으로써 자신의 생각을 구체화할 수 있습니다.
6 이야기를 읽고 생각이나 느낌 나누기
① 이야기를 읽고 떠오른 생각이나 느낌을 말합니다.
② 이야기에 대한 생각이나 느낌을 다양한 방법으로 표현합니다.

핵심 확·인·문·제
정답과 해설 ● 2쪽

1 시를 읽고 떠올린 장면은 사람마다 다를 수 있습니다.
(○ , ×)

2 다음에서 장면을 떠올린 방법을 골라 ○표를 하시오.

학교가 끝나면 날아오를 듯이 기분이 좋았던 경험이 있었는데, 그때 나의 모습과 시에 나온 아이들의 모습이 비슷해.

(1) 시의 내용을 생각하며 장면 상상하기 ( )
(2) 자신의 경험과 비교하며 장면 상상하기 ( )
(3) 인상 깊은 표현을 생각하며 장면 상상하기 ( )

3 시를 낭송하는 방법에는 서로 □□□ 가며 낭송하기, □□□□ 말을 함께 낭송하기 등이 있습니다.

4 이야기의 장면을 □□의 순서에 따라 나열하면서 상상해 보면 이야기의 구성을 이해하는 데 도움이 됩니다.

5 이야기를 읽고 떠오른 생각이나 느낌은 말로 표현하지 않고 머릿속에 간직합니다.
(○ , ×)

떡볶이

정두리

달콤하고 조금 매콤하고
콧잔등에 땀이 ♥송골송골
그래도 호호거리며 먹고 싶어.

벌써 입속에 침이 고이는걸
'맛있다' 소리까지 함께 삼키면서
단짝끼리 오순도순 함께 먹고 싶어.
　　　정답게 이야기하거나 의좋게 지내는 모양.

- **글의 종류:** 시
- **글의 특징:** 달콤하고 조금 매워 콧잔등에 땀이 맺히지만 호호거리며 떡볶이를 먹고 싶어 하는 마음과, '맛있다'는 소리도 떡볶이와 함께 삼켜 나오지 않을 만큼 떡볶이를 좋아하는 마음을 알 수 있습니다.

♥송골송골 땀이나 소름, 물방울 따위가 살갗이나 표면에 잘게 많이 돋아나 있는 모양.

교과서 핵심

◉**이 시를 읽고 떠오르는 장면 예**

- 떡볶이를 보고 입속에 침이 고인 모습
- 콧잔등에 땀이 맺힌 채 떡볶이를 먹는 모습
- 단짝과 함께 오순도순 떡볶이를 먹는 모습

---

1 이 시에서 말하는 '떡볶이'에 대한 설명으로 알맞지 <u>않은</u> 것은 무엇입니까? (　　)

① 혼자 먹고 싶다.
② 호호거리며 먹고 싶다.
③ 달콤하고 조금 매콤하다.
④ 입속에 침이 고이게 한다.
⑤ 먹을 때 콧잔등에 땀이 송골송골 맺힌다.

역량　　　　　　　📖 교과서 문제

2 이 시를 읽고 떠오르는 장면을 이야기한 친구의 이름을 쓰시오.

> 정우: 어제 저녁으로 가족끼리 떡볶이를 먹었어.
> 윤주: 매콤한 떡볶이를 먹으면서 땀을 흘리는 아이의 모습이 떠올랐어.

(　　　　　　　　)

3 다음은 자신이 좋아하는 이야기를 친구들에게 소개한 내용입니다. 글을 읽고 알 수 있는 내용을 <u>두 가지</u> 고르시오. (　　,　　)

> 얼마 전에 『치과 의사 드소토 선생님』이라는 책을 읽었어. 지혜롭게 여우를 골탕 먹이는 드소토 선생님의 이야기가 정말 재미있었어.

① 읽게 된 계기
② 좋아하는 까닭
③ 이야기의 제목
④ 이야기와 관련한 자신의 경험
⑤ 이야기에 등장하는 인물의 모습

서술형

4 문제 3번에서 친구가 소개한 이야기를 듣고 궁금한 점을 한 가지 쓰시오.

_____

_____

헬리콥터

이병승

학교 끝났다, ♥오버

신발주머니 가방
머리 위로
빙글빙글 돌리며
달린다

두두두두두 두두두두

발이 땅에서 떠오르는 아이들
모두 다 헬리콥터 되어.

난다, 난다
신난다

• 글의 종류: 시
• 글의 특징: 학교가 끝나고 신이 나서 신발주머니 가방을 머리 위로 돌리며 집으로 달려가는 아이들의 모습을 헬리콥터가 되어 날아간다고 재미있게 표현한 시입니다.

♥오버 무선 통신 따위에서, 한쪽 대화의 끝을 알릴 때 하는 말.
예 "여기는 비둘기, 맹호 나오라, 오버."
"맹호 나왔다, 오버."

👀 교과서 핵심

○시를 읽고 여러 가지 방법으로 장면 상상하기
• 시의 내용을 생각하며 장면 상상하기
• 자신의 경험과 비교하며 장면 상상하기
• 인상 깊은 표현을 생각하며 장면 상상하기

📖 교과서 문제

1 아이들이 신난 까닭은 무엇입니까? (　　　)

① 하늘을 날아서
② 학교가 끝나서
③ 헬리콥터를 보아서
④ 달리기가 재미있어서
⑤ 발이 땅에서 떠올라서

핵심 역량

2 다음은 어떤 방법으로 이 시의 장면을 상상한 것인지 빈칸에 알맞은 말을 쓰시오.

　저도 학교가 끝나면 날아오를 듯이 기분이 좋았던 경험이 있었는데, 그때 저의 모습과 시에 나온 아이들의 모습이 비슷한 것 같습니다.

• 자신의 (　　　　　)와/과 비교하며 장면 상상하기

📖 교과서 문제

3 헬리콥터가 된 아이들의 모습을 흉내 내는 말을 찾아 쓰시오.

(　　　　　　　　　)

핵심

4 이 시의 내용을 생각하며 장면을 상상한 것을 찾아 ○표를 하시오.

(1) 학교가 끝나자 신발주머니를 돌리며 집으로 가는 아이들의 모습이 떠오른다.

(　　　)

(2) 헬리콥터의 소리를 흉내 내는 말을 사용하니 헬리콥터가 된 아이들의 모습을 더 실감 나게 상상할 수 있었다.

(　　　)

짜장 요일

방주현

오늘 ♥급식은 짜장면이다!

호로록, 한 입 먹으면
♥콧잔등에
맛있는 짜장 점 일곱 개

호로록호로록, 두 입 먹으면
입가에
맛있는 짜장 수염 두 가닥

마주 앉은 친구가
웃는 소리도
짜장짜장 들리는 날

- **글의 종류**: 시
- **글의 특징**: 급식으로 나온 짜장면을 맛있게 먹는 친구들의 모습을 떠올리며 시를 읽을 수 있습니다.

♥급식 식사를 공급함. 또는 그 식사.

♥콧잔등 콧등의 잘록한 부분. 또는 콧방울 위의 잘록하게 들어간 곳인 '코허리'를 낮잡아 이르는 말.
예 운동을 하니 콧잔등에 땀방울이 송송 맺혔다.

교과서 핵심

● 시를 읽고 생각이나 느낌 나누기 예

- 친구의 웃는 소리가 짜장짜장 들린다는 표현이 재미있었습니다.
- 지난 주말에 짜장면을 먹었는데 얼굴에 온통 짜장 양념이 묻어 있었던 것이 생각납니다.

📖 교과서 문제

1 짜장면을 한 입 먹고 나면 어떤 일이 생긴다고 했습니까? (   )

① 짜장짜장 하고 웃게 된다.
② 마주 앉은 친구가 즐거워한다.
③ 입에서 호로록호로록 소리가 난다.
④ 맛있는 짜장 수염 두 가닥이 생긴다.
⑤ 콧잔등에 짜장 점이 일곱 개 생긴다.

📖 교과서 문제

2 이 시의 제목을 '짜장 요일'이라고 한 까닭은 무엇입니까? (   )

① 짜장면을 매일 먹고 싶기 때문에
② 오늘 급식에 짜장면이 나왔기 때문에
③ 가족끼리 짜장면을 먹는 날이기 때문에
④ 짜장면을 먹는 요일이 정해져 있기 때문에
⑤ 친구의 웃는 소리가 짜장짜장 들리기 때문에

📖 교과서 문제

3 다음 친구들이 시를 낭송한 방법으로 알맞은 것을 골라 ○표를 하시오.

> 다 같이: 호로록호로록,
> 진우: 두 입 먹으면

(1) 서로 번갈아 가며 낭송하기 (   )
(2) 흉내 내는 말을 함께 낭송하기 (   )

핵심 **역량**

4 이 시에서 말하는 사람과 비슷한 경험을 이야기한 친구의 이름을 쓰시오.

> 예나: 친구의 웃는 소리가 짜장짜장 들린다는 표현이 재미있어.
> 규현: 아빠와 비빔밥을 먹었을 때 아빠 턱에 묻은 고추장이 빨간 점처럼 보였어.

(   )

할머니와 하얀 집

이윤우

❶ 깊은 숲속에 눈처럼 하얗고 예쁜 집이 있었어.

그 집에는 하얗고 예쁜 집을 자랑스러워하는 할머니가 살았어. 하얗고 예쁜 고양이랑 함께 말이야.

중심 내용 눈처럼 하얗고 예쁜 집에 할머니와 고양이가 함께 살았다.

❷ 할머니는 하얀 집을 늘 하얗게 만들려고 날마다
5 노력했어. 그러다 보니 걱정도 점점 늘어 갔어.

'밤에 새들이 들어와 똥이라도 싸 놓으면 어떡하지?'

'다람쥐나 너구리 같은 녀석들이 쳐들어오면?'

어떤 날은 너무 걱정이 되어 잠도 못 잤어.

10 할머니는 하얀 집에 뭐라도 묻을까 봐 아무도 초대하지 않았어. 할머니는 외롭지 않았을까?

아니야. 할머니 옆에는 늘 하얀 고양이가 있었거든.

중심 내용 할머니는 하얀 집이 더러워질까 봐 늘 걱정했고, 하얀 집에 뭐라도 묻을까 봐 아무도 초대하지 않았다.

❸ 여느 때처럼 할머니는 하얀 집을 구석구석 여기저기 청소했어.

15 그런데 문득 이상한 기분이 들었어.

하얀 고양이가 사라진 거야!

저녁이 되었는데도 하얀 고양이는 보이지 않았어.

'대체 어디 간 걸까? 찾으러 나가야 하나? 집을 비우면 못된 녀석들이 우리 집을 망가뜨릴지도 몰라.'

할머니는 이러지도 저러지도 못했지. 5

그렇게 며칠이 지나자 하얀 고양이가 돌아왔어.

고양이를 보자마자 할머니는 "후유." 하고 가슴을 쓸어내렸어.

할머니는 다시 하얗고 예쁜 집을 여기저기 살피고 다녔어. 10

그리고 그 옆에는 하얀 고양이가 있었지.

중심 내용 어느 날 하얀 고양이가 사라졌다가 며칠이 지나 집으로 돌아왔다.

- **글의 종류**: 이야기
- **글의 특징**: 하얗고 예쁜 집을 자랑스러워하고, 집을 늘 하얗게 만들려고 노력하던 할머니가 새끼 고양이들과 함께 살게 되면서 달라집니다. 새로운 것에서 즐거움을 찾은 할머니의 모습을 확인할 수 있는 이야기입니다.

교과서 핵심

● 할머니의 마음 상상하기 ①

하얀 고양이가 보이지 않음.	하얀 고양이를 찾느라 집을 비우면 다른 동물들이 집을 망가뜨릴까 봐 이러지도 저러지도 못함. → 불안한 마음, 걱정되는 마음

---

1 눈처럼 하얗고 예쁜 집에는 누가 살고 있는지 빈칸에 알맞은 말을 쓰시오.

- ( )와/과 하얗고 예쁜
  ( )이/가 살고 있었다.

📖 교과서 문제

2 할머니가 집에 아무도 초대하지 않은 까닭은 무엇입니까? ( )

① 혼자 있는 것을 좋아해서
② 혼자 있어도 외롭지 않아서
③ 청소하느라 쉴 시간이 없어서
④ 고양이가 집에 손님이 오는 것을 싫어해서
⑤ 하얀 집에 뭐라도 묻을까 봐 걱정되어서

핵심

3 하얀 고양이가 보이지 않았을 때 할머니의 마음을 두 가지 고르시오. (,)

① 집이 망가져서 속상한 마음
② 하얀 고양이가 걱정되는 마음
③ 말도 없이 나간 고양이가 괘씸한 마음
④ 금방 돌아올 거라 믿고 안심하는 마음
⑤ 이러지도 저러지도 못하고 불안한 마음

서술형

4 할머니가 하얀 고양이를 찾으러 나가지 않은 까닭을 쓰시오.

_____

_____

❹ 그러던 어느 날, 할머니는 깜짝 놀랐어. / 할머니 눈에 뭔가 작고 꼬물꼬물 움직이는 게 보이는 거야.

세상에! 새끼 고양이들이었어.

할머니는 어쩔 줄 몰랐어.

5 그날부터 할머니의 집은 예전과 달라졌어.

하얀 고양이랑은 생김새부터 성격까지 모두 다른 녀석들 때문에 말이야.

하얀 집은 점점 난장판이 되었어.
여러 사람이 어지러이 뒤섞여 떠들어 대거나 뒤엉켜 뒤죽박죽이 된 곳. 또는 그런 상태.

빨강이는 할머니 스웨터를 다 풀어 놓았어.

10 노랑이는 하얀 벽에 온통 발자국을 찍어 놓았고, 분홍이는 할머니가 마시던 커피를 쏟아 버렸지.

녀석들은 쏟고, 흘리고, 묻히고, 깨뜨렸어.

할머니는 계속 정리하고, 치우고, 닦았어.

날마다 한바탕 소동을 정리하고 나면 할머니는

15 지쳐서 곯아떨어졌어.
몹시 곤하여 정신을 잃고 잤어.

중심 내용 어느 날 새끼 고양이들이 태어났고, 할머니의 집은 예전과 달리 점점 난장판이 되었다.

❺ 그런데 시간이 가면 갈수록 할머니 눈에 신기한 게 보이기 시작했어.

빨강이, 노랑이, 분홍이는 다 달랐어.

빨강이는 호기심이 많아서 모든 걸 궁금해했고, 노랑이는 모험을 좋아해서 높은 곳에 자주 올라갔어. 분홍이는 겁이 많아서 어디든 잘 숨었어.

새끼 고양이들은 무럭무럭 자랐어. 그리고 여전히 여기저기 흔적을 남기고 다녔지.

5 할머니는 언젠가부터 걱정하거나 화내지 않았어. 오히려 그런 고양이들을 보고 또 보는 게 즐거웠어.

할머니 집은 이제 눈처럼 하얗지 않아.

그래도 할머니는 괜찮대.

10 요즘 할머니에겐 즐거운 일이 아주 많이 생겼거든.

중심 내용 집이 더 이상 하얗지 않았지만, 할머니는 새끼 고양이들을 보며 즐거움을 느꼈다.

교과서 핵심

● 할머니의 마음 상상하기 ②

집에서 새끼 고양이들을 발견함.	작고, 꼬물꼬물 움직이는 새끼 고양이들을 보고 어쩔 줄 몰라 함. → 놀란 마음, 당황한 마음
새끼 고양이들이 집 안을 어지름.	걱정하거나 화내지 않음. → 고양이가 어지럽혀도 괜찮은 마음, 고양이를 보는 것이 즐거운 마음

핵심

5 집에서 새끼 고양이들을 발견했을 때 할머니의 마음으로 알맞은 것을 두 가지 고르시오.
(,   )

① 반가웠다.   ② 화가 났다.
③ 깜짝 놀랐다.   ④ 안심이 되었다.
⑤ 어쩔 줄 몰랐다.

📖 교과서 문제

6 하얀 집은 왜 난장판이 되었습니까? (   )

① 할머니가 청소를 하지 않아서
② 할머니가 손님을 자주 초대해서
③ 하얀 고양이가 계속 새끼를 낳아서
④ 새끼 고양이들의 성격이 다 달라서
⑤ 새끼 고양이들이 쏟고, 흘리고, 묻히고, 깨뜨려서

📖 교과서 문제

7 일이 일어난 차례대로 빈칸에 번호를 쓰시오.

할머니는 하얗고 예쁜 집을 자랑스러워하며 하얀 고양이와 함께 살았다.
하얀 고양이가 새끼를 낳았다.
집이 더는 하얗지 않았지만 할머니는 즐거웠다.
할머니는 새끼 고양이들이 난장판으로 만든 집 안을 정리하느라 지쳐서 곯아떨어졌다.

서술형   📖 교과서 문제

8 할머니께서 집이 눈처럼 하얗지 않아도 괜찮다고 생각한 까닭은 무엇인지 쓰시오.

_____

소단원 2 ⟩ 이야기를 읽고 생각이나 느낌 나누기

엉뚱한 수리점

차재혁

❶ 살랑살랑 시원한 산들바람이 나무 사이로 불어
오자, 심심했던 아이들이 광장 분수대로 나와 숨
시원하고 가볍게 부는 바람.
바꼭질을 하기 시작했어요.

소이와 친구들은 날이 어두워지는 것도 모르고
5 깔깔거리면서 놀았죠.

중심 내용 소이와 친구들은 날이 어두워지는 것도 모르고 놀았다.

❷ 그렇게 시간이 지나 깜깜한 밤이 되자, 엉뚱한
수리점 창문에 불이 켜졌어요. 수리할 물건을 들
고 있던 어른들이 하나둘씩 줄을 서기 시작했죠.
고장 나거나 허름한 데를 손보아 고칠.

하지만 그 광경을 │ ㉠ │ 지켜보던 소이 눈에는
10 그 물건들이 고장 난 것처럼 보이지 않았어요. 의자
에 앉아 있던 아저씨에게 다가가 소이가 물었죠.

"아저씨는 왜 │ ㉡ │ 의자를 가지고 나왔어요?"

"쉿! 조용히 해 주겠니? 삐거덕거리는 곳을 찾아
야 고칠 수가 있단다."

[A] "그래요? 제 방 의자도 삐거덕삐거덕하지만,
정말 재미있는데. 제 의자도 고쳐야 할까요?"

"옷장이 정말 멋있어요. 그런데 이 옷장은 어디가
고장 난 거죠?"

"안에 넣은 물건을 │ ㉢ │ 찾을 수가 없어서 왔 5
단다. 한번 넣으면 절대로 못 찾아."

"그래요? 숨바꼭질할 때 숨으면 딱 좋겠는데요!"

- **글의 종류:** 이야기
- **글의 특징:** 엉뚱한 수리점에 수리할 물건을 가지고 온 어른들과 소이의 대화를 통해 장면을 상상하면서 인물들에 대한 생각이나 느낌을 떠올릴 수 있습니다. 또한, 자신이 고치고 싶은 물건은 무엇인지 자유롭게 상상해 볼 수 있습니다.

교과서 핵심

◦ 장면을 상상하며 이야기 읽기 ① 예

- 광장 분수대 앞에서 소이가 친구들과 노는 장면
- 엉뚱한 수리점 앞에 어른들이 줄을 서 있는 장면
- 소이가 엉뚱한 수리점 앞에 줄 서 있는 어른들에게 물건의 무엇이 고장 났는지 질문하는 장면

📖 교과서 문제

1 엉뚱한 수리점은 무엇을 하는 곳입니까?
( )

① 엉뚱한 물건을 고쳐 주는 곳이다.
② 멀쩡한 물건을 고쳐 주는 곳이다.
③ 고장 난 물건을 고쳐 주는 곳이다.
④ 재미없는 물건을 고쳐 주는 곳이다.
⑤ 쓸모없는 물건을 고쳐 주는 곳이다.

3 [A]에서 느낄 수 있는 소이의 마음을 짐작하
여 쓰시오.

( )

📖 교과서 문제

4 보기 의 낱말 풀이를 보고, ㉠~㉢에 들어갈
알맞은 낱말을 찾아 선으로 이으시오.

보기

- 도무지: 아무리 해도.
- 멀쩡한: 흠이 없이 온전한.
- 곰곰이: 이리저리 깊이 생각하며.

2 소이는 옷장 안에 넣은 물건을 찾을 수 없다
는 아저씨의 말을 듣고 무엇을 할 때 숨으면
딱 좋겠다고 말했는지 쓰시오.

( )

(1) ㉠ • • ① 도무지

(2) ㉡ • • ② 곰곰이

(3) ㉢ • • ③ 멀쩡한

"너도 고칠 게 있니? 난 화분에서 쓸모없는 강아지풀이 자꾸만 자라서 고치려고 왔는데."

"그걸 왜 고쳐요? 강아지풀로 간지럼을 태우면 엄청 재미있는데!"

5 그때 머리 위로 '휙' 하고 유령이 지나가는 게 보였어요.

"어! 침대 밑에 있던 유령이다!"

"아저씨는 이 유령 때문에 잠을 한숨도 못 잤어. 다시는 침대 밑으로 들어가지 못하게 할 거야!"

10 "그러지 마세요. 제 친구라고요."

"꼬마야! 내 이름을 어떻게 고치면 좋을까? 박명성? 박유명? 박신사? 박부자?"

소이는 골똘히 생각했어요.
한 가지 일에 온 정신을 쏟아 딴생각이 없이.
'박공룡이란 이름이 이상한가? 멋진 이름인데.'

중심 내용 소이는 어른들이 고치고 싶어 하는 물건을 고치지 않는 것이 더 재미있을 것 같다고 생각했다.

15 ❸ "너도 고치고 싶은 게 있니? 아저씨는 무엇이든 고칠 수가 있단다. 말해 보렴."

"정말요? 그럼 이 빗자루를 진짜 새처럼 날 수 있게 고쳐 주세요! 빗자루를 타고 구름 위를 훨훨 날아 보고 싶거든요."

"뭐라고? 진짜 새처럼 날 수 있게 고쳐 달라고? 그렇게 만들 수는 없어. 하지만 청소할 때 쓰는 5 빗자루로 튼튼하게 고칠 수는 있지. 그렇게 고쳐 줄까?"

깜짝 놀란 소이는 도망치듯 집으로 돌아와 창문 밖 수리점을 보면서 생각했어요.

'왜 재미있는 걸 재미없게 만들려고 하는 걸까? 10 난 절대 고치지 않을 거야.'

중심 내용 소이는 어른들이 재미있는 걸 재미없게 만들려고 한다고 생각했다.

교과서 핵심

● **장면을 상상하며 이야기 읽기 ② 예**

- 엉뚱한 수리점에 물건을 가지고 온 어른들과 소이가 이야기를 나누는 장면
- 소이의 머리 위로 유령이 '휙' 하고 지나가는 장면
- 소이가 빗자루를 들고 도망치듯 집으로 돌아오는 장면

📖 교과서 문제

5 소이는 엉뚱한 수리점 아저씨께 무엇을 고쳐 달라고 했는지 빈칸에 알맞은 말을 쓰시오.

- (   )을/를 (   ) 처럼 날 수 있게 고쳐 달라고 했다.

핵심 **역량**

6 이 글을 읽고 떠오른 생각이나 느낌을 이야기한 친구의 이름을 쓰시오.

> 유나: 빗자루를 타고 하늘을 나는 장면을 몸짓으로 표현해 봤어.
> 혜리: 이야기를 읽고 어른들이 물건을 고치지 않았으면 좋겠다고 생각했어. 그럼 훨씬 재미있을 것 같아.

(   )

📖 교과서 문제

7 이 글에서 일이 일어난 차례대로 빈칸에 번호를 쓰시오.

	소이는 창문 밖 수리점을 보면서 재미있는 것을 재미없게 고치지 않을 것이라고 생각했다.
	소이는 친구들과 날이 어두워지는 것도 모르고 깔깔거리면서 놀고 있었다.
	소이가 빗자루를 새처럼 날게 고쳐 달라고 했지만 아저씨는 청소할 때 쓰는 빗자루로 튼튼하게 고쳐 준다고 했다.
	깜깜한 밤이 되자, 엉뚱한 수리점에 불이 켜지고 수리할 물건을 들고 있던 어른들이 하나둘씩 줄을 서기 시작했다.

궁시렁궁시렁 나라

허명희

침대 밑 나라에서 하는 말
들어 볼래?

새것일 때는 좋다고 써 놓곤
책상머리에 앉았다 하면
　책상의 한쪽 자리.
뒤꽁무니부터 잘근잘근 씹고,
아직 몽당연필이 되려면 멀었는데도
내가 이 구석에 있는 것조차도 모르고 있으니,
아니, 안다 해도 일부러 허리 굽혀서
끄집어내지도 않을 거야.

보면 몰라?
거긴 20센티미터 자도 있고
작년 생일날 아빠 졸라서 산
로봇도 울다 지금껏 잠만 자고 있는데,
저기 봐, 엄마 귀고리가 반짝이는걸,
잃어버렸다고 밖에서는 난리가 났더군.

그뿐인 줄 알아?
동전, 스티커 사진, 양말 한 짝……
궁시렁궁시렁……

이 나라에서
뽀얗게 먼지 뒤집어쓴 채
할 줄 아는 말이라곤
궁시렁궁시렁뿐이야.

1 이 시에서 '내'가 있는 장소가 어디인지 쓰시오.

(　　　　　　　)

2 이 시를 읽고 떠올릴 수 있는 장면을 바르게 말한 친구의 이름을 쓰시오.

> 민범: 침대 밑의 공간에 물건들을 가지런히 정리해 보관하고 있는 장면이 떠올라.
> 승아: 정리 정돈을 제대로 못 해서 물건이 방 안에 가득히 쌓여 있는 장면이 떠올라.
> 민재: 엄마의 잃어버린 귀고리가 침대 밑에 먼지를 뒤집어쓴 채 놓여 있는 장면이 떠올라.

(　　　　　　　)

3 이 시를 읽고 인상 깊은 표현을 생각하며 장면을 상상한 것을 찾아 기호를 쓰시오.

> ㉠ '궁시렁궁시렁'이라는 표현을 보고 물건들이 주인에게 불만을 드러내는 장면을 상상했어.
> ㉡ 아끼던 물건을 잃어버린 줄 알고 새로 샀는데 한참 뒤에 책상 밑에서 다시 찾은 적이 있어. 그때 지우개에 미안한 마음이 들었던 기억이 떠올랐어.

(　　　　　　　)

실력 키우기 · 10~25쪽 **소단원 2. 이야기에 대한 생각이나 느낌 나누기**

내 안에는 사자가 있어, 너는?

글: 가브리엘레 클리마, 옮김: 유지연

세상에는 셀 수 없이 많은 아이가 있어요. 아이들은 저마다 다르답니다. 똑같은 아이는 하나도 없어요.

이 아이는 물고기 같아요.

아이는 말을 잘 안 해요.

5 "왜 그러니?" / "너는 왜 다른 아이들 같지 않니?"

엄마는 걱정이 되어 물어요.

물고기 아이는 다른 아이들과 다르지 않아요.

그저 어항 속에 사는 물고기처럼 말수가 적을 뿐이에요.

물고기 아이를 행복하게 하려면

10 인내심이 필요해요.

아이가 안심하고 바다를 향해 헤엄쳐 나갈 수 있도록 내버려두세요.

이 아이는 토끼 같아요.

언제나 이리저리 바쁘게 뛰어다니죠.

"가만히 좀 있어 보라니까. 잠깐 멈춰 봐!"

15 사람들이 한목소리로 외쳐요.

토끼 아이는 멈추기가 힘들어요.

아이 눈에는 모두가 너무 느리거든요.

토끼 아이를 행복하게 하려면

자유롭게 뛰어놀 수 있는 공간을 마련해 주세요. 〈중략〉

20 **나비 같은 아이가 있어요.**

섬세하고 보드라운 아이죠.

깃털처럼 가볍게 날아와 속삭이듯 조심스레 말해요.

나비처럼 가냘픈 날개가 부스러지지 않도록 조심해야 해요.
몸이나 팔다리 따위가 몹시 가늘고 연약한.

나비 아이를 행복하게 하려면

25 자유롭게 날게 해 주세요.

잠자리채로 잡아 가두면 영영 날지 못할지도 몰라요. 〈중략〉

그런데 여러분은 어떤 아이예요? / 궁금해요. / 말해 줄래요?

4 물고기 같은 아이는 어떤 특징이 있습니까? ( )

① 늘 화가 나 있다.
② 말을 잘 안 한다.
③ 바쁘게 뛰어다닌다.
④ 섬세하고 보드랍다.
⑤ 거침이 없고 거칠다.

5 자유롭게 뛰어놀 수 있는 공간을 마련해 주어야 행복한 아이는 어떤 동물과 비슷합니까?
( )

① 사자   ② 황소
③ 토끼   ④ 나비
⑤ 물고기

6 나비 같은 아이에게 하고 싶은 말을 알맞게 쓴 것을 골라 ○표를 하시오.

(1) 너는 성격이 거칠고 싸움을 잘할 것 같아. ( )
(2) 너는 섬세해서 내 마음을 헤아려 줄 것 같아.
( )

7 자신과 비슷한 동물이 무엇일지 생각해 보고, 그 동물과 어떤 점이 비슷한지 쓰시오.

(1) 비슷한 동물	
(2) 비슷한 점	

1~4

> 채송화야
> 난 네가 / 장대비에 쓸려 갈까 봐
> 밤새 눈 뜨고 지켜봤단다
>
> 해바라기야
> 난 네가 / 장대비에 쓰러질까 봐
> 밤새 눈 감고 맘 졸였단다
>
> — 「서로」, 조영수

1 빈칸에 알맞은 말을 넣어 해바라기가 채송화를 밤새 눈 뜨고 지켜본 까닭을 완성하시오.

• 채송화가 (　　　　　　　)에 쓸려 갈까 봐

2 채송화는 해바라기가 장대비에 쓰러질까 봐 어떻게 하였습니까? (　　)

① 밤새 같이 비를 맞았다.
② 밤새 눈 감고 맘 졸였다.
③ 밤새 해바라기에게 말을 걸었다.
④ 밤새 해바라기를 붙잡고 있었다.
⑤ 밤새 눈 뜨고 해바라기를 지켜봤다.

역량

3 이 시를 읽고 떠올릴 수 있는 장면으로 알맞은 것을 두 가지 고르시오. (　,　)

① 해바라기와 채송화가 서로를 걱정하는 장면
② 해바라기와 채송화에 우산을 씌워 주는 장면
③ 해바라기와 채송화가 장대비를 맞고 있는 장면
④ 해바라기와 채송화를 꺾어 꽃병에 꽂아 둔 장면
⑤ 해바라기와 채송화가 함께 장대비에 쓸려 가는 장면

핵심

4 이 시를 읽고 떠오른 생각이나 느낌을 이야기한 친구의 이름을 쓰시오.

> 지유: 채송화와 해바라기가 밤새 서로를 걱정한 마음이 따뜻하게 느껴져.
> 순호: 우산이 없는데 소나기가 내려서 그칠 때까지 한참을 학교에서 기다린 적이 있어.

(　　　　　　　　　　)

5 다음 낱말을 보고 밑줄 친 모음자를 발음할 때 입 모양이 같은 것끼리 선으로 이으시오.

(1) ●　얘기(이야기)　　　● ① 예방
(2) ●　예의　　　　　● ② 쟤(저 아이)

6 다음 두 개의 모음을 차례대로 발음할 때 소리 나는 모음자는 무엇입니까? (　　)

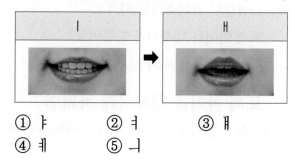

ㅣ → ㅐ

① ㅑ　　② ㅕ　　③ ㅒ
④ ㅖ　　⑤ ㅢ

7 다음의 입 모양으로 발음하는 모음자가 들어간 낱말은 무엇입니까? (　　)

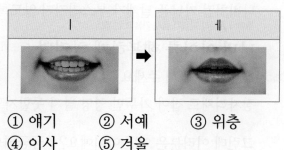

ㅣ → ㅔ

① 얘기　　② 서예　　③ 위층
④ 이사　　⑤ 겨울

단원 평가

1~3

달콤하고 조금 매콤하고
콧잔등에 땀이 송골송골
그래도 호호거리며 먹고 싶어.

㉠벌써 입속에 침이 고이는걸
'맛있다' 소리까지 함께 삼키면서
단짝끼리 오순도순 함께 먹고 싶어.

1 이 시에서 말한 떡볶이의 맛으로 알맞은 것을 두 가지 고르시오. (,)

① 쓰다.
② 짜다.
③ 달콤하다.
④ 새콤하다.
⑤ 조금 매콤하다.

2 이 시에서 말하는 사람이 ㉠처럼 된 까닭은 무엇입니까? ( )

① 떡볶이를 먹고 싶어서
② 떡볶이가 너무 매워서
③ 혼자 떡볶이를 먹어서
④ 물을 마시며 떡볶이를 먹어서
⑤ 단짝과 함께 떡볶이를 만들어서

서술형

3 이 시를 읽고 떠오르는 장면을 한 가지만 쓰시오.

_____

_____

4~6

학교 끝났다, 오버

신발주머니 가방
머리 위로 / 빙글빙글 돌리며
달린다

두두두두두 두두두두

발이 땅에서 떠오르는 아이들
모두 다 헬리콥터 되어.

난다, 난다 / 신난다

4 아이들이 신발주머니 가방을 돌린 까닭은 무엇입니까? ( )

① 그냥 가기 지루해서
② 학교가 끝나 신이 나서
③ 학교에 빨리 가고 싶어서
④ 헬리콥터 흉내를 내고 싶어서
⑤ 신발주머니 가방에 구멍이 나서

5 이 시에서 아이들의 모습을 빗대어 표현한 말을 찾아 쓰시오.

( )

중요

6 이 시를 읽고 인상 깊은 표현을 생각하며 장면을 상상한 친구의 이름을 쓰시오.

기주: 방학식 날, 학교 끝나고 신나게 집으로 달려가던 내 모습이 떠올랐어.
세나: "발이 땅에서 떠오르는 아이들"에서 날 듯이 기뻐하는 아이들의 모습을 상상할 수 있었어.

( )

7~9

> 오늘 급식은 짜장면이다!
>
> 호로록, 한 입 먹으면
> 콧잔등에
> 맛있는 짜장 점 일곱 개

7 짜장면을 먹고 콧잔등에 생긴 것은 무엇입니까? ( )

① 짜장면 　② 주근깨 　③ 짜장 점
④ 짜장 국물 　⑤ 짜장 수염

중요

8 이 시의 흉내 내는 말과 관련된 생각이나 느낌을 이야기한 것을 골라 ○표를 하시오.

(1) 우리 가족이 토요일 점심으로 짜장면을 자주 먹는 게 떠올라. ( )

(2) 점심시간에 짜장면을 '호로록' 먹으면서 신이 난 아이들의 모습이 떠올라. ( )

서술형

9 이 시에서 말하는 사람과 비슷한 경험이나 생각을 한 적을 떠올려 한 가지만 쓰시오.

_____

_____

국어 활동

10 다음은 시를 읽고 어떤 방법으로 장면을 떠올린 것인지 빈칸에 알맞은 말을 쓰시오.

> 아끼던 물건을 잃어버린 줄 알고 새로 샀는데 한참 뒤에 책상 밑에서 다시 찾은 적이 있어. 그때 지우개에게 미안한 마음이 들었던 기억이 떠올랐어.

• 자신의 ( )와/과 비교하며 장면 상상하기

11~13

㉮ 하얀 집은 점점 난장판이 되었어.

빨강이는 할머니 스웨터를 다 풀어 놓았어.

노랑이는 하얀 벽에 온통 발자국을 찍어 놓았고, 분홍이는 할머니가 마시던 커피를 쏟아 버렸지.

㉠녀석들은 쏟고, 흘리고, 묻히고, 깨뜨렸어.

할머니는 계속 정리하고, 치우고, 닦았어.

날마다 한바탕 소동을 정리하고 나면 할머니는 지쳐서 곯아떨어졌어.

㉯ 새끼 고양이들은 무럭무럭 자랐어. 그리고 여전히 여기저기 흔적을 남기고 다녔지.

할머니는 언젠가부터 걱정하거나 화내지 않았어. 오히려 그런 고양이들을 보고 또 보는 게 즐거웠어.

할머니 집은 이제 눈처럼 하얗지 않아.

그래도 할머니는 괜찮대.

11 ㉠의 결과로 하얀 집은 어떻게 되었는지 이 글에서 찾아 세 글자로 쓰시오.

( )

중요

12 글 ㉮에서 할머니의 마음을 알맞게 상상한 것을 두 가지 고르시오. (,)

① 지친다. 　　　② 기쁘다.
③ 속상하다. 　　④ 신이 난다.
⑤ 아무렇지 않다.

13 할머니가 언젠가부터 걱정하거나 화내지 않은 까닭은 무엇입니까? ( )

① 집이 다시 눈처럼 하얘져서
② 걱정하거나 화낼 힘이 없어서
③ 고양이들을 보는 것이 즐거워서
④ 고양이들이 흔적을 남기지 않아서
⑤ 새끼 고양이들이 모두 집을 떠나서

14~16

㉮ "너도 고칠 게 있니? 난 화분에서 쓸모없는 강아지풀이 자꾸만 자라서 고치려고 왔는데."
"그걸 왜 고쳐요? 강아지풀로 간지럼을 태우면 엄청 재미있는데!"

㉯ "너도 고치고 싶은 게 있니? 아저씨는 무엇이든 고칠 수가 있단다. 말해 보렴."
"정말요? 그럼 이 빗자루를 진짜 새처럼 날 수 있게 고쳐 주세요! 빗자루를 타고 구름 위를 훨훨 날아 보고 싶거든요."

14 글 ㉮에서 강아지풀로 무엇을 할 수 있다고 하였습니까? (   )

① 화분에 키우기
② 간지럼 태우기
③ 집 안을 꾸미기
④ 강아지랑 놀아 주기
⑤ 친구들과 장난감 만들기

15 글 ㉯에서 빗자루를 새처럼 날 수 있게 고쳐 달라고 한 까닭은 무엇입니까? (   )

① 빗자루가 새처럼 생겨서
② 다른 빗자루는 모두 날 수 있어서
③ 원래 하늘을 날아다니던 빗자루여서
④ 빗자루를 타고 구름 위를 날고 싶어서
⑤ 친구들에게 빗자루를 타고 나는 모습을 자랑하고 싶어서

실력 UP

16 자신이 고치고 싶은 물건을 생각해 엉뚱한 수리점에 수리를 부탁하는 주문서를 쓰시오.

고치고 싶은 물건	고칠 내용

17 다음 빈칸에 공통으로 들어갈 동물로 알맞은 것은 무엇입니까? (   )

이 아이는 (   ) 아이예요.
날카로운 이빨과 우렁찬 목소리를 갖고 있죠.
(   ) 아이는 늘 화가 나 있는 것 같아요.

① 나비   ② 토끼   ③ 사자
④ 원숭이   ⑤ 물고기

18~19

채송화야
난 네가
장대비에 쓸려 갈까 봐
밤새 눈 뜨고 지켜봤단다

18 이 시에서는 말하는 이의 어떤 마음이 느껴지는지 빈칸에 알맞은 말을 쓰시오.

• 채송화를 밤새 (   )하는 마음

중요

19 이 시를 읽고 떠오르는 장면을 이야기한 친구의 이름을 쓰시오.

민하: 채송화가 밤새 장대비를 맞으면서 힘들어하는 모습이 떠올랐어.
서우: 비가 오는 날 우산을 함께 쓰고 가는 친구들의 모습이 떠올랐어.

(   )

20 다음의 입 모양으로 발음하는 모음자에 ○표를 하시오.

ㅣ	ㅐ

(1) ㅐ (   )   (2) ㅖ (   )

1단원

월

일

● 글씨를 바르게 써 보시오.

급	식
급	식
급	식

소	동
소	동
소	동

호	기	심
호	기	심
호	기	심

즐	거	운		일	이		많
즐	거	운		일	이		많

이		생	겼	거	든	.
이		생	겼	거	든	.

2

서로 존중해요

무엇을 배울까요?

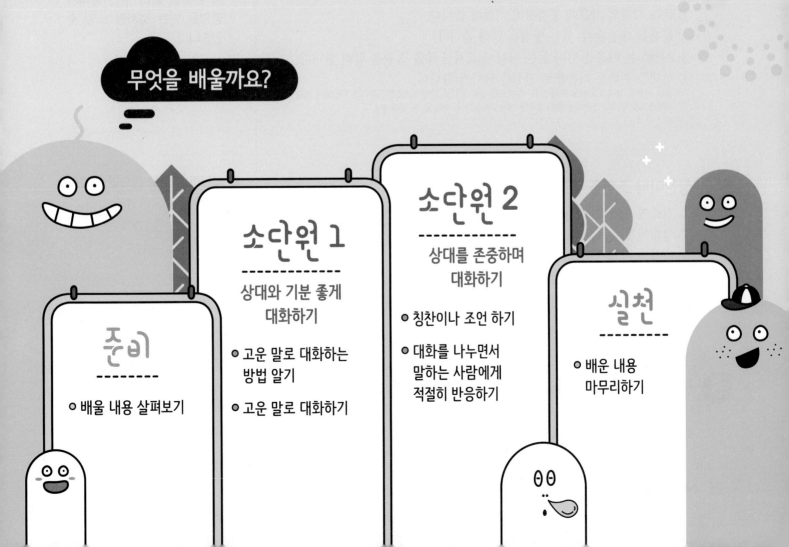

준비

○ 배울 내용 살펴보기

소단원 1

상대와 기분 좋게
대화하기

● 고운 말로 대화하는
방법 알기

● 고운 말로 대화하기

소단원 2

상대를 존중하며
대화하기

● 칭찬이나 조언 하기

● 대화를 나누면서
말하는 사람에게
적절히 반응하기

실천

● 배운 내용
마무리하기

1 고운 말로 대화하는 방법 알기

→ 고운 말은 다른 사람의 마음을 헤아려서 부드럽게 하는 말입니다.

① 욕설이나 비속어를 사용하면 안 됩니다. → 비속어는 예절에 어긋나게 대상을 낮추어 보거나 하찮게 여기는 말입니다.
② 친구의 말을 잘 듣고 상황에 알맞은 말을 합니다.
③ 자신의 상황을 고운 말을 사용해서 말하고, 친구 이야기를 공감하며 들어 줍니다. 공감은 다른 사람의 생각과 마음에 대하여 자신도 그렇게 느끼는 것을 말합니다.
④ 친구의 기분을 살펴 말하고, 자신의 기분을 살펴 준 것에 고마움을 표현합니다.

2 칭찬하는 방법 알기

→ 칭찬은 상대가 잘하는 점이나 노력하는 점, 상대의 좋은 점 따위를 높이 평가해 주는 것입니다.

① 열심히 노력하는 점을 찾아 칭찬합니다.
② 칭찬하는 점과 그 까닭이 드러나게 이야기합니다.
③ 좋은 점을 너무 부풀리지 않고 진심으로 칭찬합니다.

3 조언하는 방법 알기

→ 조언은 다른 사람에게 어려움이 있을 때 도움이 되도록 말로 알려 주는 것입니다.

① 듣는 사람의 마음에 공감하며 격려해 줍니다.
② 문제를 해결할 수 있는 방법을 말해 줍니다.
③ 걱정하는 마음을 담아 듣는 사람이 고치면 좋을 습관을 알려 줍니다.
④ 상대를 위하는 마음으로 진심을 담아 말합니다.
→ 듣는 사람도 상대가 자신을 도와주려는 마음으로 말한 조언을 긍정적으로 받아들이고 자신에게 필요한 내용을 찾아봅니다. 조언하는 말을 들으면 내가 노력해야 할 점을 알 수 있습니다.

4 칭찬이나 조언을 주고받으면 좋은 점

① 기분이 좋아집니다.
② 상대에게 위로를 해 줄 수 있습니다.
③ 내가 노력해야 할 점을 알 수 있습니다.
④ 말하는 사람과 더 가까워질 수 있습니다.

5 대화를 나누면서 말하는 사람에게 적절히 반응하는 방법

① 말하는 사람을 쳐다보며 대화 내용에 집중합니다.
② 대화를 끝까지 듣고 말하는 사람에게 공감해 줍니다.
③ 상황에 알맞은 표정을 지으며 부드러운 말투로 말합니다.

핵심 확·인·문·제

정답과 해설 ● 5쪽

1 ☐☐ ☐은/는 다른 사람의 마음을 헤아려서 부드럽게 하는 말입니다.

2 칭찬을 할 때는 칭찬하는 점과 그 ☐☐이/가 드러나야 합니다. ☐☐을/를 이야기하지 않으면 진심으로 느껴지지 않을 수 있습니다.

3 조언할 때 구체적인 문제 해결 방법을 알려 주면 상대가 명령을 받는 것처럼 느낄 수 있습니다.
(○ , ×)

4 칭찬하는 말을 들으면 기분이 좋아집니다.
(○ , ×)

5 대화를 나눌 때에는 상대의 말이 끝나기 전이라도, 좋은 생각이 떠오르면 바로 대답해 줍니다.
(○ , ×)

꽃같이 예쁜 말

작사: 차유림, 작곡: 조승필

꽃같이 예쁜 말

사랑해 고마워

꽃같이 예쁜 말

넌 참 예뻐 넌 참 멋져

꽃같이 예쁜 말

넌 할 수 있어 무엇이든

꽃같이 예쁜 말

수고했어 힘들었지

꽃같이 예쁜 말 예쁜 말

넌 정말 최고야 최고야

이 말만 들으면 힘이 불끈불끈

꽃같이 예쁜 말 예쁜 말

넌 정말 대단해 대단해

이 말만 들으면 웃음이 하하호호

모두 함께 해 봐요

꽃같이 예쁜 말 예쁜 말

우린 할 수 있어요

꽃같이 예쁜 말

꽃같이 예쁜 말

• **글의 내용**: 여러 가지 고운 말을 꽃같이 예쁜 말이라고 하며 모두 함께 예쁜 말을 해 보자고 노래합니다.

교과서 핵심

◎ **다른 사람과 주고받을 수 있는 고운 말 예**

> 사랑해, 고마워, 넌 참 예뻐, 넌 참 멋져, 넌 할 수 있어 무엇이든, 수고했어, 힘들었지, 넌 정말 최고야 최고야, 넌 정말 대단해 대단해

---

1 꽃같이 예쁜 말이 <u>아닌</u> 것은 무엇입니까?

( )

① 고마워 ② 수고했어
③ 넌 참 멋져 ④ 넌 정말 대단해
⑤ 넌 정말 답답해

2 이 노래에서 들으면 힘이 불끈불끈 솟는 말은 무엇인지 찾아 쓰시오.

( )

서술형 📖 교과서 문제

3 이 노래에 나오는 고운 말을 누구에게 말하고 싶은지 생각해서 쓰시오.

(1) 말하고 싶은 사람	
(2) 하고 싶은 말	

핵심 **역량**

4 다른 사람과 주고받을 수 있는 고운 말로 알맞지 <u>않은</u> 것은 무엇입니까? ( )

① 어디 아프니? → 귀찮게 하지 마.
② 넌 잘하고 있어. → 고마워! 너도 힘내!
③ 상 받았구나. 축하해! → 네가 축하해 주니 기분이 좋아.
④ 실수로 지우개 떨어뜨려서 미안해. → 괜찮아. 일부러 그런 것 아니잖아.
⑤ 노래를 잘 부르는 네가 부러워. → 칭찬 고마워. 나는 달리기를 잘하는 네가 부러워.

5 친구와 고운 말로 대화한 후에 들었던 생각이나 느낌을 이야기한 친구의 이름을 쓰시오.

> 민주: 숙제를 도와준 친구에게 "고마워."라고 말했어.
> 재호: 친구에게 그림을 잘 그린다는 칭찬을 받으니 기분이 좋았어.

( )

● 하늘이와 친구들의 대화를 살펴보기

① 우아, 쉬는 시간이다! 우리, 쌓기 놀이 같이 하는 거 어때?

정현 / 하영 / 민서 / 하늘

② 오! 좋은 생각이야. 넷이서 하면 정말 재미있거든.

③ 아, 짜증 나! 나는 쌓기 놀이보다 보드게임이 더 재미있단 말이야.

④ 그래? 나는 보드게임하는 것도 좋아. 하영아, 너는 어때?

어....... 뭐가?

• 그림 설명: 하늘이가 쉬는 시간에 친구들에게 쌓기 놀이를 하자고 말하는 상황에서 정현이는 짜증을 내며 대답하였고, 하영이는 하늘이의 말에 집중하지 않고 있습니다.

🐌 교과서 핵심

● 고운 말을 사용해 하늘이와 친구들의 대화를 완성하기 예

하늘: 우아, 쉬는 시간이다! 우리, 쌓기 놀이 같이 하는 거 어때?

민서: 오! 좋은 생각이야. 넷이서 하면 정말 재미있거든.

정현: 나는 보드게임이 하고 싶지만 지금은 네 의견을 따를게. 다음 쉬는 시간에는 보드게임하자!

하영: 그래. 나도 쌓기 놀이 하고 싶었어.

📖 교과서 문제

1 장면 ①과 ②처럼 민서와 대화했을 때 하늘이의 기분은 어떠했을지 빈칸에 알맞은 말을 쓰시오.

• 민서가 하늘이의 말을 잘 듣고 (   )해 주어 기분이 좋았을 것이다.

📖 교과서 문제

2 장면 ③에서 정현이의 말을 들었을 때 하늘이의 기분은 어떠했을지 알맞은 것에 ○표를 하시오.

(1) 정현이가 짜증을 내며 말해 당황스러웠을 것이다. (   )

(2) 정현이가 자신의 말을 집중해서 들어 주어 고마웠을 것이다. (   )

(3) 정현이가 하고 싶은 말을 당당하게 해서 멋있다고 생각했을 것이다. (   )

핵심 역량

3 정현이는 하늘이와 어떻게 대화해야 합니까? (   )

① 자신의 의견만을 고집한다.
② 하늘이의 말에 무조건 찬성한다.
③ 하늘이에게 말하는 순서를 양보한다.
④ 자신의 상황을 고운 말로 잘 설명한다.
⑤ 자신의 기분이 좋지 않음을 먼저 밝힌다.

4 하영이의 대화 태도로 알맞은 것을 두 가지 고르시오. (,   )

① 하늘이와 기분 좋게 대화했다.
② 하늘이의 말에 무조건 찬성했다.
③ 하늘이의 말을 귀담아듣지 않았다.
④ 자신의 의견을 정확히 말하지 않았다.
⑤ 하늘이의 말을 잘 듣고 의견을 말했다.

● 고운 말로 대화하는 알맞은 방법 알기

가
기분이 안 좋아 보인다. 어디 아프니?

어제부터 머리가 좀 아파. 걱정해 줘서 고마워.

㉠

자신의 기분을 살펴 준 것에 고마움을 나타낸다.

나
가위를 깜빡 잊고 가져오지 못했어. 네 가위 좀 빌려줄래?

가위가 없어서 깜짝 놀랐겠다. 오늘 나랑 같이 사용하자. 여기 있어!

자신의 상황을 이해할 수 있게 설명한다.

㉡

• 그림 설명: 가는 남자아이가 기분이 안 좋아 보이는 여자아이를 걱정해 주는 상황이고, 나는 여자아이가 준비물이 없는 남자아이에게 준비물을 빌려 주는 상황입니다. 여러 가지 상황에서 고운 말로 대화하는 알맞은 방법을 알 수 있습니다.

교과서 핵심

● 고운 말을 사용해 대화하는 방법
• 상대의 기분을 살펴 말합니다.
• 친구의 말을 공감하며 들어 줍니다.
• 상대의 기분이 상하지 않게 말합니다.
• 욕설이나 비속어를 사용하면 안 됩니다.
• 자신의 상황을 이해할 수 있게 설명합니다.
• 친구의 말을 잘 듣고 상황에 알맞은 말을 합니다.
• 자신의 기분을 살펴 준 것에 고마움을 표현합니다.

2
단원
월
일

🔖 교과서 문제

5 고운 말로 대화하는 알맞은 방법 가운데 ㉠과 ㉡에 들어갈 내용을 선으로 이으시오.

(1) ㉠ •   • ① 공감하며 들어 준다.

(2) ㉡ •   • ② 상대의 기분을 살펴 말한다.

🔖 교과서 문제

6 친구와 부딪쳤을 때 친구에게 할 수 있는 알맞은 말은 무엇입니까? (   )

① 아, 짜증 나! 조심 좀 해.
② 네가 부딪쳤으니 네가 먼저 사과해.
③ 앗, 깜짝이야! 너 때문에 넘어졌잖아.
④ 앞을 좀 잘 보고 다녀. 다칠 뻔했잖아.
⑤ 다치지 않았니? 내가 급하게 가느라 못 봤어. 미안해.

7 다음 대화에서 본일이가 대답할 고운 말로 알맞은 것에 ○표를 하시오.

준혁: 난 그림 그리기를 좋아해.
본일: _____

(1) 그림 그리는 걸 좋아하는 애가 왜 그렇게 그림을 못 그리니? (   )
(2) 네가 그림 그리기를 좋아해서 그런지 네 그림을 보면 기분이 좋아져. (   )

핵심   🔖 교과서 문제

8 고운 말을 사용하여 대화하는 방법으로 알맞지 않은 것은 무엇입니까? (   )

① 상황에 알맞은 말을 한다.
② 상대의 이야기를 공감하며 듣는다.
③ 상대의 기분이 상하지 않게 말한다.
④ 비속어를 사용하여 친한 느낌을 준다.
⑤ 내 상황을 고운 말을 사용해서 말한다.

● 고운 말로 대화를 나누었던 경험을 떠올려 말해 보기

• 그림 설명: ㉮는 등교하면서 어머니와 인사하는 상황, ㉯는 친구에게 같이 놀자고 제안하는 상황, ㉰는 전학 가는 친구와 인사하는 상황, ㉱는 할머니께서 손녀에게 생일 선물을 주시는 상황입니다. 고운 말로 대화하는 여러 가지 상황을 살펴보고, 고운 말로 대화를 나누었던 경험을 친구들과 이야기해 볼 수 있습니다.

교과서 핵심

◦ 상황에 알맞은 고운 말 사용하기

등교하면서 인사하는 상황	조심히 다녀오라고 말합니다.
같이 놀자고 제안하는 상황	재미있게 놀자고 말합니다.
전학 가는 친구와 인사하는 상황	친구에게 자주 연락하자고 말합니다.
할머니께서 손녀에게 생일 선물을 주시는 상황	선물을 준 사람에게 고마운 마음을 표현합니다.

핵심

1 그림 ㉮~㉱에 나타난 상황이 <u>아닌</u> 것은 무엇입니까?　　　　　　　(　　)

① 등교하면서 인사하는 상황
② 같이 놀자고 이야기하는 상황
③ 전학 가는 친구와 인사하는 상황
④ 전학 간 학교에서 새 친구를 만난 상황
⑤ 할머니가 손녀에게 생일 선물을 주는 상황

2 그림 ㉰의 상황에서 ㉠에 들어갈 고운 말로 알맞은 것을 골라 ○표를 하시오.

(1) 너와 헤어져서 아쉬워. 앞으로 자주 연락하자.　　　　　　　(　　)
(2) 잘 가! 나는 여기 친구들이 많아서 너랑 헤어져도 아쉽지 않아.　(　　)

3 ㉡에 어울리는 고운 말로 알맞은 것은 무엇입니까?　　　　　　　(　　)

① 우아, 생일 선물 뭐예요?
② 할머니, 생신 축하드려요.
③ 안녕하세요. 그동안 건강하셨어요?
④ 제 생일을 축하해 주셔서 고맙습니다.
⑤ 제가 좋아하는 것으로 준비한 거 맞죠?

4 친한 친구가 멀리 이사 가서 슬퍼하는 윤지에게 고운 말을 한 친구의 이름을 쓰시오.

> 석준: 울보처럼 또 우는 거야? 넌 너무 눈물이 많아.
> 창민: 걱정 마. 전화나 편지로 자주 연락하면 될 거야.

(　　　　　　　)

● 고운 말로 대화해 보기

㉠

가

승훈아,
내가 늦었지?

기다리느라
힘들었어. 다음부터는
좀 일찍 오면 좋겠어.

나

아직도 휴대 전화를
하고 있네.

정말
재미있어요.

이제 휴대 전화
그만하고 책을
읽는 게 어때?

㉡

• 그림 설명: 가는 여자아이가 남자아이와의 약속 시간에 늦은 상황이고, 나는 엄마가 휴대 전화를 계속 보는 딸과 이야기를 나누는 상황입니다. 각각의 상황에서 고운 말로 대화를 완성해 보고, 대화 상황을 하나 골라 짝과 함께 역할놀이를 해 볼 수 있습니다.

교과서 핵심

◦ 고운 말로 대화를 잘했는지 확인하기
• 상대의 말을 공감하며 들었나요?
• 상대의 기분을 살피며 말했나요?
• 상황에 알맞은 대화를 나누었나요?

역량

5 ㉠에서 여자아이가 할 수 있는 고운 말로 알맞은 것은 무엇입니까? (   )

① 그렇게 화낼 것까진 없잖아?
② 너도 예전에 약속 시간보다 늦게 온 적이 있었잖아.
③ 다음에 네가 늦으면 나도 똑같이 말해 줄 테니 두고 봐.
④ 늦은 건 미안하지만 기분이 상해서 너랑 놀고 싶지 않아.
⑤ 미안해. 오다가 오랜만에 만난 친구와 이야기하다가 늦었어.

6 ㉡에 들어갈 고운 말을 골라 ○표를 하시오.

(1) 엄마, 한창 재미있는데 왜 갑자기 책을 읽으라고 하시는 거예요? (   )
(2) 엄마, 제가 휴대 전화를 너무 오랫동안 했네요. 이제 책 읽을게요. (   )

서술형 핵심

7 다음 상황에서 빈칸에 들어갈 고운 말을 쓰시오.

> 다리에 깁스를 한 친구가 운동장으로 나가고 싶어 하는 상황
>
> 민수: 어디 가려고?
> 은호: 응, 답답해서 운동장에 나가고 싶어.
> 민수: _____
> _____

8 고운 말로 대화를 잘했는지 확인할 수 있는 질문으로 알맞지 않은 것을 무엇입니까? (   )

① 비속어를 사용하지는 않았나요?
② 상대의 말을 공감하며 들었나요?
③ 상대의 기분을 살피며 말했나요?
④ 상황에 알맞은 대화를 나누었나요?
⑤ 상대에게 도움이 되는 조언을 했나요?

소단원 2

크니프의 친구 사귀기

윤선아

- 글의 종류: 이야기
- 글의 특징: 크니프와 속삭이의 대화를 통해 칭찬하거나 조언하는 말을 알아볼 수 있습니다.

오늘도 크니프는 혼자 있었어요.

"아, 심심해. 아무도 나랑 놀아 주지 않아. 난 정말 외톨이야."

그때 어디선가 아주 작고도 작은 노랫소리가 들려왔어요.

"누구지? 노래를 참 잘 부른다."

5 크니프의 큰 목소리에 방울새 속삭이는 깜짝 놀랐어요.

"정말 내 노랫소리가 들려? 아무도 못 듣던데. 난 속삭이야. 목소리는 작지만 아는 건 많지!"

둘은 잠시 마주 보았어요.

"나는 크니프야. ㉠너는 목소리가 참 예쁘구나. 정말 좋겠다."

10 "왜? ㉡너는 목소리가 커서 멋있는걸."

"아냐, 아냐! 아무도 날 좋아하지 않아. 아무도 나랑 이야기도 하지 않고, 놀려고 하지도 않아."

크니프는 뾰족한 발가락을 꼼지락거리며 말했어요.

"친구 사귀는 방법은 생각보다 간단해. 친구를 만나면 먼저 반갑게 인

15 사해 봐!"

속삭이는 싱긋 웃었어요.

교과서 핵심

칭찬하거나 조언하는 말

칭찬	
뜻	상대가 잘하는 점이나 노력하는 점, 상대의 좋은 점 따위를 높이 평가해 주는 것
예	• "너는 목소리가 참 예쁘구나." • "너는 목소리가 커서 멋있는걸."

조언	
뜻	다른 사람에게 어려움이 있을 때 도움이 되도록 말로 알려 주는 것
예	"친구를 만나면 먼저 반갑게 인사해 봐!"

📖 교과서 문제

1 속삭이는 크니프의 어떤 점이 멋있다고 했습니까? ( )

① 목소리가 큰 점
② 친구가 많은 점
③ 목소리가 예쁜 점
④ 노래를 잘하는 점
⑤ 소리를 잘 듣는 점

핵심

2 ㉠, ㉡에 대한 설명으로 알맞은 것을 두 가지 고르시오. (,)

① 기쁘고 고마운 마음이 드는 말이다.
② 상대의 고민을 해결해 주는 말이다.
③ 자랑하고 싶은 점을 이야기하고 있다.
④ 상대가 잘하는 점을 이야기하고 있다.
⑤ 부풀려 말해서 진심이 느껴지지 않는다.

📖 교과서 문제

3 크니프가 아무도 자신을 좋아하지 않는다고 했을 때 속삭이가 어떻게 말했는지 골라 ○표를 하시오.

(1) 친구를 사귀려면 먼저 반갑게 인사해 보라고 알려 주었다. ( )
(2) 그동안 잘못한 일을 반성하고 고쳐야 친구가 생길 거라고 알려 주었다.
( )

4 문제 3번에서 속삭이가 한 말처럼 다른 사람에게 어려움이 있을 때 도움이 되도록 말로 알려 주는 것을 무엇이라고 하는지 쓰시오.

( )

● 칭찬하거나 조언하는 방법 알아보기

핵심

5 칭찬하는 말을 하는 방법으로 알맞지 <u>않은</u> 것은 무엇입니까? ( )

① 좋은 점을 너무 부풀리지 않는다.
② 듣는 사람의 기분을 생각하며 말한다.
③ 칭찬하는 점과 그 까닭이 드러나게 말한다.
④ 상대를 위하는 마음으로 진심을 담아 말한다.
⑤ 칭찬할 점을 다 말한 후 잘못한 점도 함께 말한다.

6 조언하는 방법을 생각하며 ㉠에 들어갈 알맞은 말을 골라 ○표를 하시오.

(1) 그냥 하면 돼. ( )
(2) 날마다 10분씩 줄넘기 연습을 해 보면 어떨까? ( )

서술형 📖 교과서 문제

7 친구에게 칭찬하거나 조언하고 싶은 내용을 떠올려 칭찬하거나 조언하는 말을 쓰시오.

(1) 칭찬하거나 조언하고 싶은 점	
(2) 그 까닭	
(3) 칭찬하거나 조언하는 말	

역량 📖 교과서 문제

8 칭찬이나 조언을 주고받으면 좋은 점으로 알맞지 <u>않은</u> 것은 무엇입니까? ( )

① 상대에게 위로를 해 줄 수 있다.
② 말하는 사람과 더 가까워질 수 있다.
③ 상대의 잘못된 점을 지적할 수 있다.
④ 칭찬하는 말을 들으면 기분이 좋아진다.
⑤ 조언하는 말을 들으면 내가 노력해야 할 점을 알 수 있다.

소단원 2  대화를 나누면서 말하는 사람에게 적절히 반응하기

● 대화할 때 적절히 반응하는 방법 알아보기

• 그림 설명: ㉮~㉰의 대화 상황에서 적절히 반응하지 못한 점을 찾으며, 대화를 나눌 때 상대에게 적절히 반응하는 방법을 생각해 볼 수 있습니다.

교과서 핵심

○ 그림 ㉮~㉰의 대화에서 적절히 반응하지 못한 점 찾기

그림 ㉮	듣는 사람이 말하는 사람을 쳐다보지 않고 딴 생각을 하고 있습니다.
그림 ㉯	듣는 사람이 말하는 사람의 질문에 화내듯이 답하고 있습니다.
그림 ㉰	말하는 사람의 말이 끝나기도 전에 듣는 사람이 끼어들어서 상대를 무시하는 답을 하고 있습니다.

📖 교과서 문제

1 그림 ㉮에서 ㉠의 반응이 적절하지 않은 까닭을 골라 ○표를 하시오.

(1) 말하는 사람의 말이 끝나기 전에 끼어들어 말했기 때문이다. (   )

(2) 말하는 사람을 쳐다보지 않고 딴생각을 하고 있기 때문이다. (   )

역량

2 그림 ㉯에서 여자아이가 남자아이의 말을 듣고 기분이 상했다면 그 까닭은 무엇입니까?
(   )

① 남자아이가 거짓말을 해서
② 남자아이가 화내듯이 답해서
③ 남자아이가 자기 말을 듣지 않아서
④ 남자아이가 자기를 놀리듯이 답해서
⑤ 남자아이가 묻는 말에 답을 하지 않아서

📖 교과서 문제

3 그림 ㉰에서 여자아이가 적절히 반응하며 대화하려면 어떻게 해야 하는지 알맞게 말한 친구의 이름을 쓰시오.

> 서영: 상대를 무시하는 말을 해서는 안 돼.
> 주은: 대화를 끝까지 듣고 상대가 고칠 점을 말해 주어야 해.

(   )

핵심

📖 교과서 문제

4 대화할 때 적절히 반응하는 방법으로 알맞은 말을 보기에서 골라 빈칸에 쓰시오.

> 보기
>
> 표정   말투   공감

• 상황에 알맞은 (   )을/를 지으며 부드러운 (   )(으)로 말한다.

국어 활동

실력 키우기 · 26~29쪽 **소단원 1. 상대와 기분 좋게 대화하기**

● 고운 말로 대화하는 방법으로 알맞은 것 찾기

❶ 상대의 말을 공감하며 들어 줍니다.

❷ 기분이 좋으면 무조건 크게 말합니다.

❸ 말하는 사람의 상황만 생각합니다.

❹ 친구의 말을 잘 듣고 상황에 맞는 말을 합니다.

❺ 상대의 기분이 상하지 않도록 말합니다.

❻ 친한 친구나 동생에게 비속어를 사용합니다.

1 고운 말로 대화하는 방법으로 알맞은 것을 <u>모두</u> 찾아 번호를 쓰시오.

( )

2 고운 말로 대화하는 친구에게 ○표를 하시오.

민정: 경기에 져서 속상해.
현수: 됐거든, 너 때문에 진 거야! ( )
영훈: 괜찮아, 다음에 또 잘 하면 돼. 힘내자. ( )

실력 키우기 · 30~31쪽 **소단원 2. 상대를 존중하며 대화하기**

● 대화할 때 적절히 반응하는 방법 찾기

상대의 말에 맞장구를 쳐 준다. ☐

좋은 생각이 떠올랐을 때에는 대화를 끊고 바로 말한다. ☐

상대를 바라보면서 끝까지 듣는다. ☐

급한 일을 하면서 상대의 말을 듣는다. ☐

대화 내용에 어울리는 표정을 짓는다. ☐

내 기분만 생각하면서 대답한다. ☐

상대의 말에 공감하면서 알맞은 몸짓을 한다. ☐

말차례를 지키며 대화한다. ☐

무조건 큰 소리로 반응한다. ☐

3 칭찬하거나 조언할 때 주의할 점으로 알맞은 것에 ○표를 하시오.
(1) 도와주려는 내 마음을 담아 듣는 사람이 노력할 점을 알려 준다. ( )
(2) 상대의 기분이 좋아지도록 잘한 점을 최대한 부풀려서 말한다. ( )

4 대화할 때 적절히 반응하는 방법으로 알맞은 것은 무엇입니까? ( )
① 맞장구를 쳐 준다.
② 내 기분만 생각한다.
③ 상대를 바라보지 않는다.
④ 무조건 큰 소리로 반응한다.
⑤ 좋은 생각이 떠오르면 대화를 끊고 말한다.

역량　　　　　　　　　　　　📖 교과서 문제

1 전학 온 친구의 마음을 생각하며 고운 말로 대화한 것을 두 가지 고르시오. (　　,　　)

① 이것저것 물어보고 귀찮게 하지 마.
② 우리 학교에 정말 잘 왔어. 잘 지내자.
③ 같은 반이 됐으니 앞으로 친하게 지내자.
④ 우리 학교 별로 안 좋은데, 뭐하러 전학 왔니?
⑤ 친구 사귀려면 힘들겠네? 하지만 전학 왔으니 어쩔 수 없지.

　　　　　　　　　　　　📖 교과서 문제

2 고운 말로 대화하는 방법으로 알맞은 것을 모두 골라 기호를 쓰시오.

┌─────────────────────────────┐
│ ㉠ 찌푸린 표정으로 말한다.　　　　　　 │
│ ㉡ 듣는 사람을 바라보며 말한다.　　　 │
│ ㉢ 욕설이나 비속어를 사용하지 않는다. │
│ ㉣ 하고 싶은 말이 떠오르면 바로 말한다.│
└─────────────────────────────┘

　　　　　　(　　　　　　　　)

핵심

3 보기 의 대화를 살펴보고, 알맞은 말을 골라 ○표를 하시오.

┌─보기────────────────────┐
│ 은지: 너는 노래를 참 잘 부르는구나. 목소리 │
│ 　　 가 정말 듣기 좋아.　　　　　　　　 │
│ 현아: 고마워.　　　　　　　　　　　　　 │
└─────────────────────────┘

• 은지는 현아가 (잘하는 / 못하는) 점을 찾아 (칭찬하는 / 조언하는) 말을 하고 있다.

핵심　　　　　　　　　　　　📖 교과서 문제

4 다음 상황에서 주현이가 해 줄 수 있는 조언으로 알맞은 것은 무엇입니까? (　　　)

┌─────────────────────────────┐
│ 규리: 책이 자꾸 쓰러져 사물함 정리가 어려 │
│ 　　 운데 좋은 방법이 없을까?　　　　　 │
│ 주현: _____ │
└─────────────────────────────┘

① 그걸 내가 어떻게 아니?
② 사물함을 왜 정리해야 해?
③ 책을 쓰러지지 않게 세우면 되잖아.
④ 책꽂이를 사용하면 잘 정리할 수 있어.
⑤ 너 사물함 정리 좀 해야겠다. 너무 어지러워.

5 보기 의 사진을 살펴보고, 빈칸에 들어갈 알맞은 낱말을 쓰시오.

┌─보기────────────────────┐
│ 　안다　　　　　　　　앉다　　　 │
└─────────────────────────┘

• 어머니께서 동생을 [　　　] 있다.

　　　　　　(　　　　　　　　)

　　　　　　　　　　　　📖 교과서 문제

6 보기 의 사진을 살펴보고, 낱말을 맞게 쓴 문장에 ○표를 하시오.

┌─보기────────────────────┐
│ 　짓다　　　　　　　　짖다　　　 │
└─────────────────────────┘

(1) 입을 크게 벌리고 <u>짓는</u> 개를 보고 놀랐어요.　　　　　　　　　　(　　　)
(2) 입을 크게 벌리고 <u>짖는</u> 개를 보고 놀랐어요.　　　　　　　　　　(　　　)

1~2

> 꽃같이 예쁜 말 예쁜 말
>
> 넌 정말 대단해 대단해
>
> 이 말만 들으면 웃음이 하하호호
>
> 모두 함께 해 봐요
>
> 꽃같이 예쁜 말 예쁜 말

1 이 노래에 나오는 고운 말을 찾아 쓰시오.

( )

2 이 노래에서 꽃같이 예쁜 말을 들으면 어떻다고 했습니까? ( )

① 꽃처럼 예뻐진다.
② 우쭐한 기분이 든다.
③ 웃음이 하하호호 난다.
④ 힘이 불끈불끈 솟는다.
⑤ 무엇이든 할 수 있다는 생각이 든다.

3~4

> 하늘: 우아, 쉬는 시간이다! 우리, 쌓기 놀이 같이 하는 거 어때?
>
> 민서: ㉠오! 좋은 생각이야. 넷이서 하면 정말 재미있거든.
>
> 정현: 아, 짜증 나! 나는 쌓기 놀이보다 보드게임이 더 재미있단 말이야.

실력UP

3 고운 말로 대화하는 방법 가운데 ㉠과 관련 있는 것은 무엇입니까? ( )

① 말하는 사람의 상황만 생각한다.
② 친구의 이야기를 공감하며 들어 준다.
③ 내 기분이 좋으면 무조건 크게 말한다.
④ 내 상황을 고운 말을 사용해서 말한다.
⑤ 자신의 기분을 살펴준 것에 고마움을 표현한다.

4 정현이의 이야기를 듣고 하늘이가 당황했다면 그 까닭은 무엇이겠습니까? ( )

① 정현이가 짜증을 내며 말해서
② 정현이에게 미안한 마음이 들어서
③ 정현이가 말하는 중간에 끼어들어서
④ 정현이의 처지를 이해해 주기 싫어서
⑤ 정현이가 자신의 의견을 따르지 않아서

중요

5 다음 대화를 살펴보고, 빈칸에 공통으로 들어갈 말을 쓰시오.

> 기분이 안 좋아 보인다. 어디 아프니?
>
> 어제부터 머리가 좀 아파. 걱정해 줘서 고마워.

> 남자아이는 상대의 □□□을/를 살펴 말하고 있고, 여자아이는 자신의 □□□을/를 살펴 준 것에 고마움을 표현하면서 서로 고운 말로 대화하고 있다.

( )

서술형

6 그림 그리기를 좋아한다고 말하는 친구에게 해 줄 수 있는 고운 말을 생각해서 쓰시오.

_____

7 고운 말로 대화하도록 빈칸에 들어갈 알맞은 말에 ○표를 하시오.

> 영재: 국어 시간에 내가 발표할게.
> 수진: _____

(1) 이 욕심쟁이야, 너만 할 거야? ( )
(2) 좋아. 이번에는 네가 하고 다음에는 내가 할게. ( )

8 다음 상황에서 승훈이가 할 수 있는 알맞은 고운 말에 ○표를 하시오.

> 소희가 승훈이와 만나기로 약속한 시간보다 늦게 도착한 상황
>
> 소희: 승훈아, 내가 늦었지?
> 승훈: _____

(1) 기다리느라 힘들었어. 다음부터는 좀 일찍 오면 좋겠어.　　　　　(　)
(2) 내가 너 늦을 줄 알았어. 제발 약속 시간 좀 잘 지켜 줄래?　　　　(　)

9 고운 말로 대화한 후 들었던 생각이나 느낌을 알맞게 이야기한 친구의 이름을 쓰시오.

> 현주: 고운 말을 사용하니까 상대의 상황을 더 잘 이해할 수 있었어.
> 민수: 친한 친구가 멀리 이사 가서 슬퍼하는 친구를 위로해 준 적이 있어.

(　　　　　　　　　)

국어 활동

10 고운 말로 대화할 수 있도록 알맞은 말을 선으로 이으시오.

(1) 왜 이렇게 안 끼워지지? ・　　・① 내가 도와줄 게. 같이 만들자.

(2) 같이 그림 그리러 가자. ・　　・② 우산을 씌워 줘서 정말 고마워!

(3) 우산이 없구나. 나랑 같이 쓰자. ・　　・③ 미안해. 나 지금 숙제해야 해. 다음에 같이 놀자.

실력 UP

11 다음 대화에서 크니프와 속삭이가 칭찬을 잘 한 까닭은 무엇인지 알맞은 것을 골라 ○표를 하시오.

> 크니프: 너는 목소리가 참 예쁘구나. 정말 좋겠다.
> 속삭이: 너는 목소리가 커서 멋있는걸.

(1) 상대의 좋은 점을 찾아 칭찬했다. (　)
(2) 잘못한 점과 칭찬할 점을 함께 말했다. (　)
(3) 좋은 점을 조금만 부풀려서 진심으로 칭찬했다. (　)

중요

12 조언하는 방법으로 알맞지 <u>않은</u> 것은 무엇입니까? (　　)

① 상대를 무시하듯이 말하지 않는다.
② 상대를 도우려는 마음을 가지고 말한다.
③ 듣는 사람의 마음에 공감하며 격려해 준다.
④ 걱정하는 마음을 담아 듣는 사람이 고칠 점을 알려 준다.
⑤ 문제를 해결할 수 있는 구체적인 방법은 알려 주지 않는다.

13 칭찬이나 조언을 주고받으면 좋은 점이 무엇인지 생각하며 보기 에서 알맞은 낱말을 골라 빈칸에 쓰시오.

> 보기
> 위로　　　기분　　　노력

(1) 칭찬하는 말을 들으면 (　　　　)이/가 좋아진다.
(2) 조언하는 말을 들으면 내가 (　　　　) 해야 할 점을 알 수 있다.

14 다음 대화에서 여자아이의 반응이 적절하지 **않은** 까닭은 무엇입니까? ( )

어젯밤에 무서운 꿈을…….

야, 꿈인데 뭐가 무섭다고 그래?

① 상대를 쳐다보지 않았기 때문에
② 상대를 무시하는 답을 했기 때문에
③ 상대의 말이 다 끝나고 말했기 때문에
④ 상대의 말에 건성으로 대답했기 때문에
⑤ 상대의 말을 잘 듣지 않고 딴 생각을 했기 때문에

15 말하는 사람에게 적절히 반응하며 대화하려면 어떻게 해야 할지 알맞은 것에 ○표를 하시오.

> 나래: 혹시 내 물통이 어디 있는지 아니?
> 진우: 내가 그걸 어떻게 알아? 다른 친구한테 물어봐!

(1) 진우는 화내듯이 대답하지 말고 부드러운 말투로 말해야 한다. ( )
(2) 나래는 자기 물건이 어디 있는지 다른 친구에게 물어보지 말고 스스로 찾아야 한다. ( )

16 대화할 때 적절히 반응하는 방법으로 알맞지 **않은** 것은 무엇입니까? ( )

① 말하는 사람을 쳐다본다.
② 부드러운 말투로 말한다.
③ 상황에 알맞은 표정을 짓는다.
④ 말하는 사람에게 공감해 준다.
⑤ 할 말이 떠오르면 바로 말한다.

17 칭찬하거나 조언할 때 주의할 점으로 알맞은 것을 골라 기호를 쓰시오.

> ㉠ 상대의 기분이 좋아지도록 잘한 점을 최대한 부풀려서 말한다.
> ㉡ 도와주려는 내 마음을 담아 듣는 사람이 노력할 점을 알려 준다.
> ㉢ 듣는 사람이 고칠 점을 잘 알 수 있도록 화난 말투로 조언해 준다.

( )

18 전학 온 친구에게 하고 싶은 고운 말을 생각해서 쓰시오.

_____

_____

19 칭찬하거나 조언하는 말을 바르게 한 친구의 이름을 쓰시오.

> 윤재: 야! 친구들이 청소하는 것 안 보이니?
> 세나: 너는 항상 책상 서랍을 깨끗하게 잘 정리하더라.
> 해미: 네가 웬일로 장난치지 않고 청소를 열심히 하니?

( )

20 빈칸에 들어갈 알맞은 낱말을 보기에서 골라 쓰시오.

> 보기
> 안고   앉고   짓는   짖는

(1) 어머니께서 동생을 ( ) 있다.
(2) 입을 크게 벌리고 ( ) 개를 보고 놀랐어요.

● 글씨를 바르게 써 보시오.

깜	짝
깜	짝
깜	짝

방	울	새
방	울	새
방	울	새

많	지
많	지
많	지

	너	는		목	소	리	가
	너	는		목	소	리	가

참		예	쁘	구	나	.
참		예	쁘	구	나	.

3

내용을 살펴요

무엇을 배울까요?

준비

○ 배울 내용 살펴보기

소단원 1

글을 읽고
중심 내용 파악하기

● 글을 읽고 중심 내용을
파악하는 방법 알기

● 글을 읽고 내용 간추리기

소단원 2

사물을 설명하는
글 쓰기

● 사물을 설명하는 글을
쓰는 방법 알기

● 자신이 좋아하는 사물을
설명하는 글 쓰기

실천

● 배운 내용
마무리하기

1 글을 읽고 중심 내용을 파악하기

① 글을 읽기 전 제목을 먼저 살펴보고 어떤 내용일지 짐작해 봅니다.
② 글쓴이가 하고 싶은 말이 무엇인지 찾아봅니다.
③ 글쓴이가 그렇게 말한 까닭을 찾습니다.

2 글을 읽고 내용 간추리기

> 글을 읽으며 각 문단별로 중요한 문장과 덜 중요한 문장을 구분합니다.

↓

> 중요하다고 생각하는 문장에 밑줄을 그어 봅니다.

↓

> 중요하다고 생각하는 문장들을 연결해 글을 간추려 봅니다.

3 설명하는 글을 쓰는 방법 생각하기

① 설명하려는 <u>대상</u>을 정합니다. ──→ 글에서 설명하는 물건이나 사람 따위를 가리켜 대상이라고 합니다.
② 설명하려는 대상의 특징을 생각합니다.
③ 설명을 듣거나 읽는 사람이 궁금해할 내용을 생각합니다.

4 자신이 좋아하는 사물을 설명하는 글 쓰기

──→ 좋아하는 물건, 즐거웠던 일, 기억에 남는 책 등

① 자신이 좋아하는 것을 머릿속에 떠올린 후, 친구들에게 알리고 싶은 것, 자세하게 설명할 수 있는 것을 골라 봅니다.
② 설명하려는 대상과 특징을 정해 봅니다.
③ 설명하려고 하는 대상의 특징이 잘 드러나게 글을 써 봅니다.

5 자신이 좋아하는 사물을 설명하는 글을 쓸 때 주의할 점

① 중심 내용이 잘 나타나게 씁니다.
② 친구들이 궁금해할 내용을 씁니다.
③ 사물의 특징이 잘 드러나게 씁니다.
④ 읽는 사람이 알기 쉽게 여러 가지 특징을 씁니다.

→ 글을 읽는 친구들이 사물에 대해 알 수 있도록 대상의 여러 가지 특징을 자세하게 설명해 줍니다.

핵심 확·인·문·제

정답과 해설 ● 9쪽

1 글의 제목을 보면 글쓴이가 이야기하려는 중심 내용을 미리 생각해 볼 수 있습니다.

(○ , ×)

2 글에서 ☐☐ 내용을 찾을 때에는 중요한 문장과 덜 중요한 문장을 구분합니다.

3 사물을 설명하는 글을 쓰는 방법을 생각하며 ㉠~㉣을 순서대로 나열하시오.

> ㉠ 대상을 설명하는 글을 씁니다.
> ㉡ 설명하고 싶은 대상을 정합니다.
> ㉢ 대상에 알맞은 특징을 탐색합니다.
> ㉣ 설명하는 글에 알맞은 특징을 정합니다.

( )-( )-( )-( )

4 사물을 설명하는 글을 쓸 때에는 글을 쓰는 사람이 궁금한 내용을 씁니다.

(○ , ×)

5 자신이 좋아하는 사물을 설명하는 글을 쓸 때에는 사물의 여러 가지 ☐☐을/를 자세히 설명합니다.

● 그림을 보고 어떤 상황인지 생각해 보기

> 이 물건은 동그란 모양입니다.

> 유정

• **그림 설명:** 대상의 특징을 설명하는 친구와 그 설명을 듣고 각자 다른 물건을 떠올리는 친구들의 모습을 보여 주고 있습니다.

교과서 핵심

● 그림 속 상황의 문제점 생각하기

| • 물건의 특징 가운데 동그란 모양이라는 사실만을 설명하였습니다. |
| • 친구들이 각각 다른 동그란 모양의 물건을 떠올리고 있습니다. |

↓

| 대상을 설명할 때에는 설명하려는 대상의 특징이 잘 드러나도록 자세하게 설명해야 합니다. |

📖 교과서 문제

1 유정이가 설명하려고 하는 물건은 어떤 모양인지 ○표를 하시오.

• (세모난 , 네모난 , 동그란) 모양입니다.

2 유정이의 설명을 듣고 떠올릴 수 있는 물건으로 알맞지 않은 것은 무엇입니까? (   )

① 물병
② 시계
③ 지구본
④ 농구공
⑤ 휴대 전화

서술형   📖 교과서 문제

3 친구들이 각각 다른 물건을 떠올린 까닭은 무엇인지 쓰시오.

_____

_____

핵심

4 대상을 설명할 때 주의할 점으로 알맞은 것을 찾아 기호를 쓰시오.

| ㉠ 친구들이 좋아하는 대상만 골라서 설명한다. |
| ㉡ 대상을 잘 나타내는 여러 가지 특징을 설명한다. |
| ㉢ 설명을 듣고 친구들이 그 대상을 알아맞히기 어렵게 한다. |

(   )

소단원 1 ‹ 글을 읽고 중심 내용을 파악하는 방법 알기

진심으로 사과하는 법을 알아 둬

박현숙

❶ 누구나 잘못을 했을 때 상대에게 사과를 꼭 해야 해. 마음속으로만 잘못했다고 생각하면 상대는 알 수가 없잖아. 내 마음을 읽을 수 없으니까 말이야. 또 중요한 한 가지! 사과할 때는 왜 미안한지
5 도 말해야 해. 무엇을 잘못해서 ♥뉘우치고 있다는 것을 알려 주어야 상대도 사과하는 사람의 진심을 느끼고 받아들여 주거든. 그리고 다시는 그런 일을 하지 않을 거라는 약속도 해야 한단다.

(중심 내용) 잘못을 하면 상대에게 사과를 꼭 해야 한다.

❷ 또 무작정 사과만 해 놓고 상대가 받아 주든지
10 말든지 신경 쓰지 않는 사람도 있어. 사과를 받아 주는 것은 나 때문에 상처를 받은 상대가 결정해야 하기 때문에, "내 사과를 받아 줄래?"라고 정중하게 물어봐야 해. 진심으로 사과하면 받아 주지 않는 사람은 없을 거야.

태도나 분위기가 점잖고 엄숙하게.

(중심 내용) 사과를 할 때에는 상대에게 사과를 받아 줄 것인지 정중하게 물어봐야 한다.

15 ❸ 그런데 실컷 사과를 하고도 엉뚱하게 더 화가 나게 만드는 사람들이 꼭 있어.

"나도 잘못했지만 너도 잘못했어." 이렇게 끝에 토를 달기 때문이야. 사과를 하면서 이렇게 따진

어떤 말 끝에 그 말에 대하여 덧붙여 말하기.

다면 차라리 사과를 하지 않는 편이 더 나아. 다시 다투게 될지도 모르거든.

(중심 내용) 사과를 할 때에는 상대의 잘못을 따지지 않는다.

❹ "미안해. 하지만……." 이런 식으로 이유를 대 5 거나 변명을 하는 것도 좋지 않아. 변명을 하다 보면 상대를 ♥탓하게 되거든. 사과를 하려고 마음먹었으면 정말 딱 사과만 하는 거야. 깨끗하게 자신의 잘못을 인정하고 진심으로 사과하고 화해한다면 더 좋은 친구가 될 수 있어.

(중심 내용) 사과를 할 때에는 이유를 대거나 변명을 하지 않는다.

• 글의 특징: 잘못을 했을 때 상대에게 사과해야 하는 까닭과 사과하는 방법을 설명하는 글입니다.

♥뉘우치고 스스로 제 잘못을 깨닫고 마음속으로 가책을 느끼고.

♥탓하게 핑계나 구실로 삼아 나무라거나 원망하게.

🐌 교과서 핵심

○ 글에서 중심 내용을 찾는 방법
• 제목을 보고 무슨 내용일지 짐작합니다.
• 글쓴이가 하고 싶은 말이 무엇인지 찾아봅니다.
• 글쓴이가 그렇게 말한 까닭을 찾습니다.

핵심

1 이 글의 제목을 보고 무엇에 대한 내용일지 알맞게 짐작한 친구의 이름을 쓰시오.

민지: 사과하는 방법을 설명할 것 같아.
수빈: 사과를 한 경험을 이야기할 것 같아.

( )

📖 교과서 문제

2 잘못을 했을 때 사과해야 하는 까닭으로 알맞은 말에 ○표를 하시오.

• 마음속으로만 잘못했다고 생각하면 상대가 알 수 (있기 , 없기) 때문이다.

3 사과하는 방법으로 알맞지 <u>않은</u> 것은 무엇입니까? ( )

① 왜 미안한지 말한다.
② 자신의 잘못을 인정한다.
③ 상대의 잘못은 없는지 따져 본다.
④ 다시는 그런 일을 하지 않을 거라고 약속한다.
⑤ "내 사과를 받아 줄래?"라고 정중하게 물어본다.

📖 교과서 문제

4 사과할 때 변명하는 것이 좋지 않은 까닭은 무엇인지 쓰시오.

( )

빗자루

윤혜신

❶ 빗자루는 먼지나 쓰레기를 쓸어 모으는 청소 도구야. 수수, 갈대, 댑싸리, 대나무 같은 것을 ㉠묶어 만들지. 옛날에는 집집마다 마당 한쪽에 쉽
사람이나 사물을 한데 붙어 있도록 끈 따위로 동여.
싸리나 댑싸리를 길러서 직접 만들었어.

▲ 쉽싸리

▲ 댑싸리

[중심 내용] 빗자루의 쓰임새와 빗자루를 만드는 재료

❷ 빗자루를 어떻게 만드는지 아니? 먼저 갈대나 수수 줄기를 소금물에
5 삶는데, 이렇게 하면 줄기가 ㉡질겨져. 그런 다음에 그늘에 말려서 납작
물건이 쉽게 해지거나 끊어지지 아니하고 견디는 힘이 세져.
한 칼로 줄기에 묻은 ♥나락이나 꽃가루 들을 깨끗이 긁어내. 그러고는 줄
기를 ㉢가지런히 정리해서 어른 엄지손가락 굵기만큼씩 묶어. 그 묶음을
여럿이 층이 나지 않고 고르게.
쓰임새에 따라 한두 개나 수십 개를 뭉쳐 끈으로 ♥동여매지. 이제 묶은
자루 끝을 가지런히 잘라 주면 빗자루가 되는 거야.

[중심 내용] 빗자루를 만드는 방법

• 글의 종류: 설명하는 글
• 글의 특징: 옛날부터 사용되던 빗자루를 설명하는 글입니다. 설명하는 대상의 특징을 살펴보며 중심 내용을 간추려 봅니다.

♥나락 벼.
♥동여매지 끈이나 새끼, 실 따위로 두르거나 감거나 하여 묶지.

🐌 교과서 핵심

◉ 중심 내용이 무엇인지 생각하며 글 읽기

• 글을 읽기 전 제목, 사진, 그림을 먼저 살펴보고 어떤 내용일지 짐작해 봅니다.
• 글이 몇 개의 덩어리로 구성되어 있는지, 어려운 낱말은 없는지 전체적으로 훑어 봅니다.
• 글을 읽은 뒤 내용을 파악하려는 질문에 답을 찾아봅니다.

📖 교과서 문제

1 빗자루는 무엇을 할 때 쓰는 물건인지 빈칸에 알맞은 말을 쓰시오.

• ( ) 때 씁니다.

📖 교과서 문제

3 빗자루를 만드는 데 사용되지 <u>않는</u> 것은 무엇입니까? ( )

① 수수 　　　 ② 갈대
③ 나락 　　　 ④ 대나무
⑤ 댑싸리

📖 교과서 문제

4 ㉠~㉢과 뜻이 반대인 낱말을 골라 ○표를 하시오.

(1)	㉠	물어, 모아, 풀어
(2)	㉡	억세져, 즐거워져, 연해져
(3)	㉢	둘쭉날쭉, 조용히, 나란히

핵심

📖 교과서 문제

2 이 글에서 중요한 내용이라고 생각하는 문장에 ○표를 하시오.

(1) 빗자루는 먼지나 쓰레기를 쓸어 모으는 청소 도구야. ( )

(2) 이제 묶은 자루 끝을 가지런히 잘라 주면 빗자루가 되는 거야. ( )

❸ 빗자루는 만든 재료나 생김새에 따라 이름도 가지가지야. 싸리 줄기로 만들어 흔히 마당비로 쓰는 빗자루를 '싸리비'라고 하지. 수수로 만든 빗자루는 '장목비'라고 하고, 갈대 이삭을 묶어 만든 빗자루는 '갈목비'라고
벼나 보리 따위 곡식에서, 꽃이 피고 꽃대의 끝에 열매가 많이 열리는 부분.
해. 대나무를 끼워 손잡이를 길게 한 빗자루는 '대장 비', 솔가지나 솔잎으
5 로 만들어 ♥사랑방이나 작은 방이나 화로 둘레를 치우는 데 쓰던 빗자루
사물의 테두리나 바깥 언저리.
는 '솔비', 방비 자루에 고운 ♥수를 놓은 빗자루는 '꽃비'야.
방을 쓸기 위한 빗자루.
중심 내용 재료나 생김새에 따라 다양한 빗자루의 이름

❹ 심심한 오후에는 이 빗자루로 인형 놀이도 했어. 얼굴도 팔도 없는 빗자루 인형이었지만 말이야. 서양에는 마법사가 빗자루를 타고 하늘을 날아다닌다는 이야기가 있잖아. 어렸을 때 이 이야
10 기를 듣고 서양에는 빗자루를 타고 날아다니는 마법사가 정말 로 있는 줄 알았다니까.

중심 내용 빗자루로 하는 놀이

♥사랑방 한옥에서 남자 주인이 지내면서 손님을 맞이하는 방.

♥수 자수. 헝겊에 색실로 그림이나 글자 따위를 바늘로 떠서 놓는 일. 또는 그 그림이나 글자.

교과서 핵심

○「빗자루」의 중심 내용

설명 대상	빗자루
쓰임새	먼지나 쓰레기를 쓸어 모으는 청소 도구
만드는 방법	갈대나 수수 줄기를 소금물에 삶은 뒤 그늘에 말린다. 줄기를 묶고 자루 끝을 가지런히 잘라 준다.
이름	만든 재료나 생김새에 따라 달라진다.
놀이	인형 놀이를 하며 놀기도 했다.

서술형 📖교과서 문제

5 이 글에서 설명하는 빗자루의 특징을 한 가지 찾아 쓰시오.

_____

_____

📖교과서 문제

6 빗자루의 이름은 어떻게 정해지는지 두 가지 고르시오. (　,　)

① 재료에 따라
② 색깔에 따라
③ 쓰임새에 따라
④ 생김새에 따라
⑤ 사용하는 사람에 따라

📖교과서 문제

7 빗자루로 하는 놀이에는 어떤 것이 있다고 했는지 쓰시오.

(　　　　　　)

8 빗자루 이름과 그 재료가 알맞게 연결된 것은 무엇입니까? (　)

	빗자루 이름	재료
①	싸리비	수수
②	장목비	솔잎
③	꽃비	대나무
④	갈목비	갈대 이삭
⑤	대장 비	싸리 줄기

핵심

9 이 글의 중심 내용이 무엇인지 알맞게 이야기한 친구의 이름을 쓰시오.

> 재호: 이 글을 읽고 빗자루의 여러 가지 이름을 알 수 있었어.
> 윤성: 빗자루를 타고 하늘을 날아다니는 모습이 담긴 이야기가 재미있을 것 같아.

(　　　　　　)

소단원 2 〉 사물을 설명하는 글을 쓰는 방법 알기

여러 가지 옷차림

❶ 우리는 날마다 여러 가지 옷을 볼 수 있습니다. 친구들이 입는 옷에는 치마도 있고 바지도 있습니다. 또 ㉠친구들이 입는 옷의 색이나 무늬도 다양합니다. 거리에서 사람들을 만날 때면 저마다 다
5 른 모습의 옷을 함께 볼 수 있습니다.

<중심 내용> 우리는 날마다 여러 가지 옷을 볼 수 있다.

❷ ㉡어떤 장소인지에 따라서 볼 수 있는 옷이 달라집니다. 수영장에서는 수영복을, 체육관이나 운동장에서는 ♥활동하기 편한 운동복을 많이
10 볼 수 있습니다. 결혼식장에서 볼 수 있는 특별한 옷은 웨딩드레스입니다.
결혼식 때, 신부가 입는 서양식 혼례복.

▲ 웨딩드레스

<중심 내용> 장소에 따라 볼 수 있는 옷이 달라진다.

❸ ㉢하는 일에 따라서도 ♥옷차림이 달라집니다.
15 소방관은 뜨거운 불로부터 몸을 보호하려고 헬멧과 장갑, 열을 막을 수 있는 특별한 옷을 입습니다.

요리하는 사람은 음식을 청결하게 만들려고
맑고 깨끗하게.
요리용 모자를 쓰거나 앞치마를 두릅니다.

<중심 내용> 하는 일에 따라 옷차림이 달라진다.

▲ 요리사

❹ 우리는 날마다 여러 가지 옷차림을 볼 수 있습 5
니다. 오늘 여러분은 어떤 옷을 입고 있나요? 그 옷을 고른 까닭은 무엇인가요? 우리 주변에서 볼 수 있는 여러 가지 옷차림을 자세히 살펴보세요.

<중심 내용> 주변에서 볼 수 있는 여러 가지 옷차림을 살펴보자.

- **글의 종류**: 설명하는 글
- **글의 특징**: 장소와 직업에 따라 달라지는 옷차림의 특징을 설명하고 있습니다.
- ♥활동하기 몸을 움직여 행동하기.
- ♥옷차림 옷을 차려입은 모양.

교과서 핵심

○ **사물을 설명하는 방법**
- 설명하려는 대상을 정합니다.
- 설명하려는 대상의 특징을 생각합니다.
- 설명을 듣거나 읽는 사람이 궁금해할 내용을 생각합니다.

📖 교과서 문제

1 이 글은 무엇을 설명하고 있는지 쓰시오.

(   )

📖 교과서 문제

2 장소에 따라 볼 수 있는 옷으로 알맞은 것을 찾아 선으로 이으시오.

(1) 수영장 •   • ① 운동복

(2) 체육관 •   • ② 수영복

(3) 결혼식장 •   • ③ 웨딩드레스

핵심

3 ㉠~㉢ 가운데 글에서 중심 내용에 해당하지 <u>않는</u> 것의 기호를 쓰시오.

(   )

역량   📖 교과서 문제

4 이 글을 읽고 궁금한 점을 이야기한 것으로 알맞지 <u>않은</u> 것은 무엇입니까? (   )

① 나라마다 다른 옷을 입겠지?
② 무엇에 따라 옷차림이 달라지는 걸까?
③ 모자나 신발도 옷이라고 할 수 있을까?
④ 날씨에 따라서는 옷이 어떻게 달라질까?
⑤ 우리 반 친구들이 입고 있는 옷은 어떤 색인지 궁금해.

소단원 2 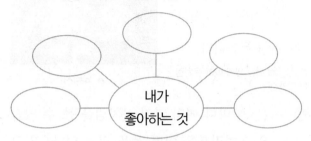 〈 자신이 좋아하는 사물을 설명하는 글 쓰기 통합

● 설명하고 싶은 대상을 생각해 보기

(1) 자신이 좋아하는 것을 떠올려 보기

```
            ○        ○
        ○                ○
              내가
           좋아하는 것
        ○                ○
```

(2) 자신이 좋아하는 것의 특징을 떠올려 보기

내가 좋아하는 것: _____

> 보기
>
> 색   모양   크기   냄새
> 맛   사용 방법   주의할 점

● 자신이 좋아하는 것을 설명하는 글을 써 보기

> 제목: ·····························
>
> ·······································
>
> ·······································
>
> ·······································

● 설명하는 글을 쓸 때 주의할 점을 생각하며 글을 고쳐 써 보기

• 친구들이 궁금해할 내용을 썼나요?

• 설명하고 싶은 내용을 자세히 썼나요?

• 설명하려는 대상의 특징이 잘 드러나게 썼나요?

📖 교과서 문제

1 자신이 좋아하는 것을 떠올려 빈칸에 쓰시오.

내가 좋아하는 것	

서술형

2 문제 1번에서 적은 것 가운데에서 하나를 골라 보기 를 참고하여 그 특징을 빈칸에 쓰시오.

> 보기
>
> 색   모양   크기   냄새
> 맛   사용 방법   주의할 점

(1)	내가 좋아하는 것	
(2)		
(3)		

역량

3 자신이 좋아하는 것의 특징을 어떻게 설명할지 알맞게 이야기하지 <u>않은</u> 친구의 이름을 쓰시오.

> 보미: 내가 좋아하는 과일의 이름만 알려 줄 거야.
>
> 여름: 자전거 각 부분의 이름이나 자전거 탈 때 주의할 점을 설명할 거야.
>
> 가을: 내가 기르는 물고기 색이나 크기, 어떤 먹이를 먹는지 알려 줘야겠지?

(   )

핵심

4 자신이 좋아하는 것을 설명하는 글을 쓸 때 주의할 점으로 알맞은 것에 ○표를 하시오.

(1) 자신이 알고 싶은 내용을 쓴다. (   )

(2) 친구가 좋아하는 것을 자세히 설명한다.

(   )

(3) 설명하려는 대상의 특징이 잘 드러나게 쓴다. (   )

실력 키우기 · 32~35쪽 **소단원 1. 글을 읽고 중심 내용 파악하기**

도, 개, 걸, 윷, 모의 말뜻

서찬석

윷가락 네 개를 던져 평평한 부분 하나가 나오면 도, 두 개가 나오면 개, 세 개가 나오면 걸, 네 개가 나오면 윷, 하나도 안 나오면 모가 됩니다. 이것은 그대로 끗수를 나타내는데, 다만 마지막의 모는 다섯의 끗수를 가리킵니다.
점수.

5　도, 개, 걸, 윷, 모는 가축의 이름을 따온 것이라 합니다. 도는 돼지, 개는 개, 걸은 양, 윷은 소 그리고 모는 말을 가리킵니다.

좀 더 자세히 알아보면, 도는 '돝'에서 생겨난 말입니다. '돝'은 돼지를 가리키는 옛말입니다. 지금도 나이가 많은 사람 가운데에서 산돼지를 '멧돝'으로 부르는 경우가 있습니다. 도는 '돝'에서 'ㅌ'이

10　탈락한 말입니다.

개는 지금도 개이니 다른 설명이 필요 없습니다.

걸은 양의 옛말입니다.

윷은 소의 방언에서 나온 말입니다. 방언 가운데에는 소를 '슈',
어느 한 지방에서만 쓰는, 표준어가 아닌 말. '사투리'와 같은 말임.
'슛', '슝' 따위로 부르는 경우가 있는데, 이런 말들이 변해 윷이 되었

15　다고 합니다. / 모 역시 말의 방언인 '몰', '모', '메' 따위에서 생겨난 말이라고 합니다.

1 이 글에서 설명하는 내용으로 알맞은 것에 ○표를 하시오.

(1) 윷가락은 다섯 개를 던진다. 　　（　　）

(2) 도, 개, 걸, 윷, 모는 가축의 이름에서 따온 것이다. 　　（　　）

2 빈칸에 알맞은 말을 넣어 '도'의 중심 내용을 완성하시오.

도
(1) 윷가락 네 개를 던져 평평한 부분이 (　　　　)이/가 나올 때를 가리킨다.
(2) (　　　　)을/를 가리키는 옛말에서 이름을 따왔다.

실력 키우기 · 36~37쪽 **소단원 2. 사물을 설명하는 글 쓰기**

● 그림을 보고 설명하고 싶은 음식을 떠올려 보기

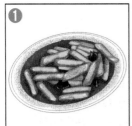
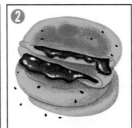

3 그림 ❶~❺를 보고 설명하고 싶은 음식을 떠올려 쓰시오.

（　　　　　　　　　　）

4 문제 3번에서 떠올린 음식의 특징을 표에 정리해 쓰시오.

(1) 음식 이름	
(2) 모양 또는 색깔	
(3) 맛	
(4) 재료	

핵심   📖 교과서 문제

1 자신이 좋아하는 사물을 설명하는 글을 쓸 때 주의할 점으로 알맞은 것을 <u>두 가지</u> 고르시오.   (,)

① 중심 내용이 잘 나타나게 쓴다.
② 사물의 특징이 잘 드러나게 쓴다.
③ 내가 알기 쉽게 여러 가지 특징을 쓴다.
④ 사물의 특징은 한 가지만 자세하게 쓴다.
⑤ 사물을 설명하는 글에서는 생김새만 쓴다.

📖 교과서 문제

2 사진 속 사물을 설명하는 글을 쓰려고 할 때, 사물의 특징으로 알맞은 것을 <u>모두</u> 골라 ○표를 하시오.

	이름 색깔 맛 생김새 연주 방법 놀이 방법 요리 방법

3~4

　말은 귀로 듣고 글은 눈으로 보아요. 가까이 있는 사람들이 서로 뜻을 주고받는 데에는 말이 편해요. 그렇지만 멀리 있는 사람이나 여러 사람한테 무언가를 알리는 데에는 글이 더 편하지요. 그래서 아주 옛날부터 사람들은 글자를 썼어요.

3 이 글에서 설명하는 대상이 무엇인지 쓰시오.
( )

핵심

4 이 글의 중심 내용을 알맞게 간추린 것은 무엇입니까?   ( )

① 말은 귀로 듣는다.
② 글은 눈으로 본다.
③ 아주 옛날부터 사람들은 글자를 썼다.
④ 가까이 있는 사람들이 뜻을 주고받는 데에는 말이 편하다.
⑤ 글자는 멀리 있는 사람이나 여러 사람에게 무언가를 알리기에 편하다.

5~6

❶ 강아지: 헥! / 헥! / 헥헥!
받침 구조대: 어떡하지?
강아지: 너무너무 더워요.
　햇볕이 세상을 찜통에 넣고 푹푹 (㉠) 것 같아요.
❷ 받침 구조대: 수영장을 만들면 어떨까요?
강아지: 좋은 생각이에요!
　물을 가득 채우고 수박도 동동 띄울래요. 휴, ㉡<u>사랐다</u>.

5 ㉠에 들어갈 낱말로 알맞은 것은 무엇입니까?   ( )

① 사는   ② 살는
③ 삼는   ④ 삶는
⑤ 삵는

6 ㉡을 바르게 고쳐 쓰시오.
( )

📖 교과서 문제

7 문장에 알맞은 낱말을 골라 ○표를 하시오.
(1) 강아지가 내 볼을 (할타서 , 핥아서) 깜짝 놀랐어.
(2) 아끼던 우산을 (잃어버렸어요 , 이러버렸어요).

1~3

진심으로 사과하는 법을 알아 둬

㉮ 누구나 잘못을 했을 때 상대에게 사과를 꼭 해야 해. 마음속으로만 잘못했다고 생각하면 상대는 알 수가 없잖아. 내 마음을 읽을 수 없으니까 말이야. 또 중요한 한 가지! 사과할 때는 왜 미안한지도 말해야 해. 무엇을 잘못해서 뉘우치고 있다는 것을 알려 주어야 상대도 사과하는 사람의 진심을 느끼고 받아들여 주거든.

㉯ 그런데 실컷 사과를 하고도 엉뚱하게 더 화가 나게 만드는 사람들이 꼭 있어.

"나도 잘못했지만 너도 잘못했어." 이렇게 끝에 토를 달기 때문이야. 사과를 하면서 이렇게 따진다면 차라리 사과를 하지 않는 편이 더 나아. 다시 다투게 될지도 모르거든.

중요

1 이 글의 중심 내용을 찾는 방법으로 알맞지 <u>않은</u> 것은 무엇입니까? (   )

① 제목을 보고 글의 내용을 짐작해 본다.
② 글쓴이가 그렇게 말한 까닭을 찾아본다.
③ 글쓴이가 하고 싶은 말이 무엇인지 찾아본다.
④ 중요하다고 생각하는 문장에 밑줄을 그어 본다.
⑤ 내가 알고 있는 내용을 설명하고 있는지 찾아본다.

2 이 글을 읽고 바르게 이해한 친구의 이름을 쓰시오.

> 은채: 글 ㉮를 읽고 사과해야 하는 까닭과 방법을 알 수 있었어.
> 소라: 글 ㉯를 보면 글쓴이는 나와 상대가 모두 잘못했을 때는 사과를 하지 않는 편이 낫다고 생각하는 것 같아.

(   )

3 이 글을 읽고 바르게 사과한 친구에게 ○표를 하시오.

(1) 마음속으로만 잘못했다고 생각한 정선
(   )

(2) 무엇을 잘못해서 뉘우치고 있는지 말한 진주
(   )

4~7

㉮ 빗자루는 먼지나 쓰레기를 쓸어 모으는 청소 도구야. 수수, 갈대, 댑싸리, 대나무 같은 것을 ⊙묶어 만들지.

㉯ 빗자루는 만든 재료나 생김새에 따라 이름도 가지가지야. 싸리 줄기로 만들어 흔히 마당비로 쓰는 빗자루를 '싸리비'라고 하지.

4 이 글에서 설명하는 물건은 무엇입니까?

(   )

중요

5 이 글의 중심 내용을 다음과 같이 정리할 때 빈칸에 알맞은 말을 찾아 쓰시오.

(1) 쓰임새	먼지나 쓰레기를 쓸어 모으는 ( )(이)다.
(2) 이름	만든 재료나 ( )에 따라 이름이 달라진다.

6 빗자루는 무엇으로 만드는지 찾아 쓰시오.

(   )

7 ⊙과 뜻이 반대인 낱말은 무엇입니까?

(   )

① 모아   ② 풀어   ③ 엮어
④ 매어   ⑤ 합쳐

8~9

㉮ 반달가슴곰은 네 발로 걷기도 하고 두 발로 서서 걷기도 한다. 발바닥이 크고 두껍고 털이 거의 없다. 앞발과 뒷발 모두 발가락이 다섯 개이고, 발톱이 또렷하게 찍힌다.

뒷발 발자국이 사람 발자국과 무척 비슷하다. 사람 발처럼 좁고 길며 앞이 넓고 뒤가 좁다.

㉯ 반달가슴곰은 몸집이 크고 무거워서 잘 뛰지 않고 주로 걷는다. 사람이 안짱걸음으로 걸을 때처럼 발자국이 안쪽으로 나 있다.

국어 활동

8 이 글을 읽고 빈칸에 알맞은 말을 쓰시오.

(1) 반달가슴곰의 발바닥은 ( ) 두껍고 ( )이/가 거의 없다.

(2) 반달가슴곰은 몸집이 크고 무거워서 주로 ( ).

국어 활동

9 이 글에서 설명한 반달가슴곰 발자국의 특징은 무엇입니까? ( )

① 냄새 ② 색깔
③ 모양 ④ 쓰임새
⑤ 만질 때 느낌

실력 UP

10 사물의 특징을 찾을 때 도움이 되는 질문으로 알맞지 않은 것은 무엇입니까? ( )

① 내가 겪은 일인가요?
② 무엇으로 만들었나요?
③ 생김새는 어떠한가요?
④ 만드는 방법은 무엇인가요?
⑤ 어디에서 주로 볼 수 있나요?

11~12

㉮ 어떤 장소인지에 따라서 볼 수 있는 옷이 달라집니다. 수영장에서는 수영복을, 체육관이나 운동장에서는 활동하기 편한 운동복을 많이 볼 수 있습니다.

㉯ 하는 일에 따라서도 옷차림이 달라집니다. 소방관은 뜨거운 불로부터 몸을 보호하려고 헬멧과 장갑, 열을 막을 수 있는 특별한 옷을 입습니다. 요리하는 사람은 음식을 청결하게 만들려고 요리용 모자를 쓰거나 앞치마를 두릅니다.

중요

11 ㉮, ㉯의 중심 문장에 각각 밑줄을 그으시오.

실력 UP

12 이 글의 내용을 알맞게 이해한 것에 ○표를 하시오.

(1) 옷차림을 보고 그 사람의 직업을 알 수도 있다. ( )

(2) 거리에서 만나는 사람들은 같은 옷을 입고 있다. ( )

(3) 체육관에 갈 때에는 반드시 운동복을 입어야 한다. ( )

13 보기 의 낱말을 살펴보고 빈칸에 알맞은 말을 쓰시오.

보기

| 얇고 | 긴 | 짧은 | 두께 |

날씨에 따라서 입는 옷이 달라지기도 합니다.

날씨가 더울 때에는 두께가 _____, 소매가 _____ 옷을 입습니다. 날씨가 추울 때에는 _____이/가 두껍고, 소매가 _____ 옷을 입습니다.

정답과 해설 ● 11쪽

서술형

14 보기 를 참고하여 자신이 좋아하는 놀이를 설명하는 글을 쓰시오.

┌─ 보기 ─────────────────────────┐
│ 필요한 사람 수   준비물   놀이 장소 │
│ 놀이 규칙   놀이할 때 주의할 점   │
└──────────────────────────────┘

(1) 놀이 이름: _____

(2) 놀이 방법: _____

_____

_____

15 좋아하는 음식을 설명하는 글을 쓰는 방법으로 알맞지 <u>않은</u> 것은 무엇입니까? (　　)

① 설명하려는 음식을 정한다.
② 읽는 사람이 알기 쉽게 쓴다.
③ 읽는 사람이 궁금해할 내용을 쓴다.
④ 설명하고 싶은 내용을 자세하게 쓴다.
⑤ 설명하려는 음식의 특징을 한 가지만 쓴다.

16~17

┌──────────────────────────────┐
│ 윷가락 네 개를 던져 평평한 부분 하나가 나 │
│ 오면 도, 두 개가 나오면 개, 세 개가 나오면 │
│ 걸, 네 개가 나오면 윷, 하나도 안 나오면 모가 │
│ 됩니다. 이것은 그대로 끗수를 나타내는데, 다 │
│ 만 마지막의 모는 다섯의 끗수를 가리킵니다. │
│ 도, 개, 걸, 윷, 모는 가축의 이름을 따온 것 │
│ 이라 합니다. 도는 돼지, 개는 개, 걸은 양, 윷 │
│ 은 소 그리고 모는 말을 가리킵니다.   │
└──────────────────────────────┘

국어 활동

16 '걸'에 대한 설명으로 알맞은 것에 ○표를 하시오.

(1) 셋의 끗수를 가리킨다. (　　)
(2) 윷가락을 던져 평평한 부분이 두 개가 나올 때이다. (　　)

국어 활동

17 '모'의 특징을 찾아 선으로 이으시오.

모 •

• (1) ┌ 평평한 부분 한 개 ┐ • • (3) 말

• (2) ┌ 평평한 부분 없음. ┐ • • (4) 돼지

중요

18 사물을 설명하는 글을 쓸 때 주의할 점으로 알맞은 것에 ○표를 하시오.

(1) 사물의 여러 가지 특징을 쓴다. (　　)
(2) 글쓴이의 특징이 잘 드러나게 쓴다. (　　)
(3) 읽는 사람이 잘 알고 있는 사실을 쓴다. (　　)

19 좋아하는 과일을 설명하는 글을 쓸 때, 사물에 어울리는 특징으로 알맞지 <u>않은</u> 것은 무엇입니까? (　　)

① 맛   ② 이름
③ 색깔   ④ 모양
⑤ 작동 방법

서술형

20 자신이 좋아하는 것을 설명하는 짧은 글을 쓰시오.

_____

_____

따라 쓰기

● 글씨를 바르게 써 보시오.

없	잖	아
없	잖	아
없	잖	아

않	는
않	는
않	는

긁	어	내
긁	어	내
긁	어	내

	수	수		줄	기	를		소
	수	수		줄	기	를		소

금	물	에		삶	아	요	.
금	물	에		삶	아	요	.

4

마음을 전해요

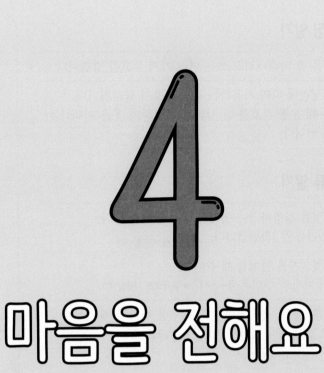

무엇을 배울까요?

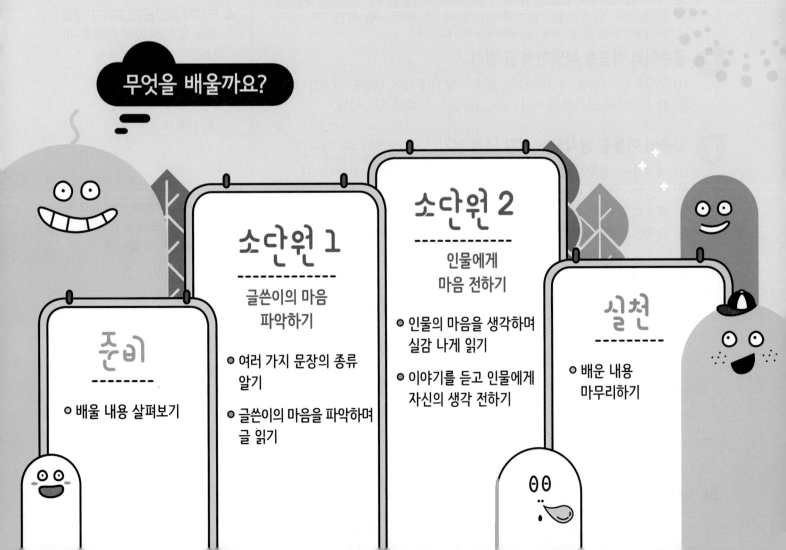

준비

● 배울 내용 살펴보기

소단원 1

글쓴이의 마음
파악하기

● 여러 가지 문장의 종류
알기

● 글쓴이의 마음을 파악하며
글 읽기

소단원 2

인물에게
마음 전하기

● 인물의 마음을 생각하며
실감 나게 읽기

● 이야기를 듣고 인물에게
자신의 생각 전하기

실천

● 배운 내용
마무리하기

교과서 핵심

1 문장 부호의 뜻과 특징 알기

뜻	문장의 뜻을 잘 나타내려고 쓰는 여러 가지 부호를 말합니다.
특징	• 글쓴이의 생각에 따라 사용하는 문장 부호가 달라집니다. • 글을 읽을 때 문장 부호를 잘 살펴보면 문장의 뜻을 이해하는 데 도움이 됩니다.

2 여러 가지 문장의 종류 알기

설명하는 문장	무엇을 설명하거나 생각을 나타낼 때 씁니다. 예 우리들은 2학년입니다.⟶ 마침표를 사용합니다.
묻는 문장	무엇인가를 물어볼 때 씁니다. 예 이 가방의 주인은 누구지?⟶ 물음표를 사용합니다.
감탄하는 문장	기쁨, 슬픔, 놀람처럼 강한 느낌을 나타낼 때 씁니다. 예 오늘 내 생일이어서 기뻐!⟶ 느낌표를 사용합니다.

⟶ '~구나'의 형태는 감탄하는 문장에서만 사용합니다.

3 편지에 대해 알기

① 편지는 안부를 묻거나 소식을 전하려고 또는 마음을 전하려고 상대에게 보내는 글을 말합니다.

② 처음에는 편지를 받는 사람과 첫인사를 쓰고, 중간에는 전하고 싶은 말을 씁니다. 마지막에는 끝인사와 쓴 날짜, 쓴 사람을 씁니다.
받는 사람이 윗사람이면 쓴 사람에 '○○ 올림'이라고 써야 합니다.↵

4 글쓴이의 마음을 파악하며 글 읽기

① 문장을 쓴 까닭을 생각해 보고, 문장의 앞뒤에 나온 내용도 살펴봅니다.

② 한 문장에서 글쓴이의 여러 가지 마음을 느낄 수도 있습니다.

5 인물의 마음을 생각하며 실감 나게 읽기 → • 문장의 종류에 알맞게 읽습니다.
• 알맞은 크기로 읽습니다.

① 이야기 속 상황과 인물의 말과 행동에서 인물의 마음을 짐작합니다.

② 인물의 마음과 비슷한 마음을 느꼈던 경험을 떠올리며 인물의 마음에 충분히 공감해 봅니다.

③ 짐작한 인물의 마음에 어울리는 목소리로 실감 나게 읽어 봅니다.

6 이야기 속 인물이 되어 하고 싶은 말 주고받기

이야기에 나오는 인물이 되어 모둠 친구들과 대화를 주고받아 봅니다.

예 「송아지와 바꾼 무」에 나오는 인물이 되어 하고 싶은 말 주고받기 → 인물의 마음을 짐작하여 답합니다.

친구 1
농부 아저씨, 커다란 무가 나왔을 때 어떤 마음이 드셨나요?

이야기 속 인물이 된 친구
큰 무를 보고 깜짝 놀랐어요. 그렇게 큰 무가 있을 거라고 생각해 본 적이 없거든요.

친구 2
욕심꾸러기 농부님, 송아지를 주고 어떤 선물을 기대하셨나요?

송아지보다 더 큰 선물을 받을 거라고 기대했어요.

핵심 확·인·문·제

정답과 해설 ● 12쪽

1 문장의 뜻을 잘 나타내려고 쓰는 여러 가지 부호를 ☐☐☐☐(이)라고 합니다.

2 글을 읽을 때 문장 부호를 살펴보면 글을 빨리 읽을 수 있습니다.

(○ , ×)

3 감탄하는 문장은 자기의 ☐☐을/를 강하게 표현하기 위해 씁니다.

4 편지의 끝부분에 들어갈 내용으로 알맞은 것에 ○표를 하시오.

(1) 첫인사　　　　( )

(2) 편지를 쓴 사람　( )

(3) 전하고 싶은 말　( )

5 글쓴이의 마음을 짐작하기 위해서는 글쓴이가 문장을 쓴 까닭을 생각해 봅니다.

(○ , ×)

6 이야기 상황과 인물의 말과 행동에서 인물의 ☐☐을/를 짐작해 보고, 이에 어울리는 ☐☐☐(으)로 실감 나게 읽습니다.

● 문장 부호에 주의하며 편지를 읽어 보기

○○초등학교 2학년 어린이들에게

㉠여러분, 안녕하세요? 저는 ○○미술관 관장입니다. 지난 화요일에 우리 미술관을 방문해 주어서 고마웠어요. ㉮즐거운 시간 보냈나요? ㉯저도 여러분을 만나 매우 반가웠어요!

5 ㉡우리 미술관에서 본 작품들 가운데 어떤 작품이 가장 기억에 남았나요? 박수근 화가의 「공기놀이하는 아이들」을 기억하고 있는지 궁금하네요. ㉰이 그림은 여자아이 세 명이 공기놀이하는 모습을 그린 것이에요. 육십 년 전, 가난으로 힘든 시기에도 행복한 한때를 보내는 아이들의 모습이 인상 깊은 작품입니다. 이렇게 뜻깊은 작품을 오랫동안 기억

10 해 주었으면 좋겠습니다.

우리 미술관에서는 11월에 어린이들이 그린 그림을 전시할 예정이에요. 어린이들이 20년 뒤에 자신의 모습을 상상하며 그린 그림들이죠. ㉢정말 멋진 작품들이에요! ㉣여러분을 특별 전시회에 초대하고 싶어요. 꼭 와 주길 바라요.

15 그럼 우리 11월에 미술관에서 만나요.

20○○년 ○○월 ○○일
○○미술관 관장 씀

• 글의 종류: 편지글
• 글의 특징: 미술관 관장님이 미술관을 방문했던 어린이들에게 쓴 편지로, 어린이들이 그린 그림들을 전시하는 특별 전시회에 ○○초등학교 2학년 어린이들을 초대하는 내용입니다. 문장 부호의 쓰임을 생각하며 편지를 읽어 볼 수 있습니다.

교과서 핵심

● 문장 부호 알기

• 문장 부호는 문장의 뜻을 잘 나타내려고 쓰는 여러 가지 부호를 말합니다.
• 문장 부호에는 마침표(.), 물음표(?), 느낌표(!) 등이 있습니다.
• 글쓴이의 생각에 따라 사용하는 문장 부호가 달라집니다.
• 글을 읽을 때 문장 부호를 잘 살펴보면 문장의 뜻을 이해하는 데 도움이 됩니다.

---

1 이 글은 누가 누구에게 보낸 편지인지 빈칸에 알맞은 말을 쓰시오.

• 이 글은 (   )이/가
(   )에게 보
낸 편지입니다.

2 이 편지를 쓴 까닭으로 알맞은 것은 무엇입니까? ( )

① 어린이들의 작품을 전시하고 싶어서
② 어린이들을 특별 전시회에 초대하고 싶어서
③ 어린이들이 뜻깊은 작품을 자주 보러 와 주기를 바라서
④ 어린이들에게 미술관 관람 예절을 지켜 달라고 부탁하고 싶어서
⑤ 어린이들이 「공기놀이하는 아이들」을 기억하고 있는지 궁금해서

핵심 📖 교과서 문제

3 ㉠~㉣ 가운데 같은 문장 부호가 쓰인 문장끼리 알맞게 짝 지어진 것은 무엇입니까? ( )

① ㉠-㉡ ② ㉠-㉢ ③ ㉡-㉢
④ ㉡-㉣ ⑤ ㉢-㉣

📖 교과서 문제

4 문장 ㉮~㉰가 어떻게 쓰였는지 선으로 알맞게 이으시오.

(1) ㉮ •   • ① 기쁨, 슬픔, 놀람처럼 강한 느낌을 나타낸다.

(2) ㉯ •   • ② 무엇을 설명하거나 생각을 나타낸다.

(3) ㉰ •   • ③ 무엇인가를 물어본다.

소단원 1 〉 여러 가지 문장의 종류 알기

📖 교과서 문제

1 밑줄 친 문장이 어떻게 쓰였는지 빈칸에 알맞은 말을 쓰시오.

난 줄넘기를 좋아해.

그래? 나는 축구가 가장 재미있어.

• 무엇을 (　　　)하거나 (　　　)을/를 나타낼 때

2 ㉠과 ㉡ 가운데 무엇인가를 물어보는 문장으로 알맞은 것을 골라 기호를 쓰시오.

㉠우체국이 어디 있나요?

우체국 가세요? ㉡저기 모퉁이를 돌면 우체국이 바로 보이실 거예요.

(　　　　　　　)

핵심

3 밑줄 친 문장을 알맞게 설명한 것에 ○표를 하시오.

그래, 많이 아팠겠구나. 금방 치료해 줄게.

이가 너무 아파요!

(1) 문장 부호 가운데 물음표를 사용하였다.
(　　　)

(2) 기쁨, 슬픔, 놀람처럼 강한 느낌을 나타낸다. (　　　)

서술형

4 감탄하는 문장을 떠올려 쓰시오.

(　　　　　　　　　　　　　　)

5~7

가 공연은 몇 시에 시작하나요?

나 2시 30분에 시작합니다.

다 여기 상추 씨앗이 있어.

라 씨앗이 참 작구나!

마 주인공이 병에 걸려서 너무 슬펐어!

바 그 뒤에 주인공은 어떻게 되었을까?

사 종이 가장자리를 모두 안으로 접으면 강아지 모양이 된단다.

아 우아, 신기해요!

자 나랑 공놀이할래?

차 그래, 좋아.

핵심 📖 교과서 문제

5 가~차를 문장의 종류에 따라 나누어 쓰시오.

설명하는 문장	묻는 문장	감탄하는 문장

6 다음 중 종이 접는 방법을 설명하려고 쓴 문장은 무엇입니까? (　　　)

① 나 　　② 라 　　③ 사
④ 아 　　⑤ 자

서술형 📖 교과서 문제

7 문장의 종류를 생각할 때 문장 가를 쓴 까닭을 쓰시오.

_____

_____

● **글쓴이의 마음을 생각하며 민우가 쓴 편지를 읽어 보기**

지후에게

지후야, 안녕? 나 민우야.

㉠지후야, 어제 네가 내 가방을 들어 주어서 큰 도움이 되었어. 내가 손을 다쳐서 가방을 어떻게 들까 걱정했거든. 그때 네가 도와준다고 해서

5 정말 기뻤어! 그런데 고맙다는 말을 제대로 하지 못해서 이렇게 편지를 써.

지난 체육 시간에 달리기 경주를 했던 거 기억해? 네가 이겼잖아. 달리기만큼은 자신 있었는데 내가 지니까 많이 속상했어. 그래서 그동안 너한테 말도 제대로 하지 않았어. 그런데 너는 오히려 나를 걱정해 주고 가방도 들어 주어서 미안했어.

다시 만나거나 연락하기 이전의 일정한 기간 동안.

10 지후야, 나를 도와주어서 고마워! 너는 운동도 잘하고, 마음도 참 따뜻한 멋진 친구야. 앞으로도 친하게 지내자.

그럼 안녕.

20○○년 ○○월 ○○일
너의 친구 민우 보냄

• **글의 종류:** 편지글
• **글의 특징:** 민우가 지후에게 가방을 들어 줘서 고마운 마음과 그동안 말도 제대로 하지 않아 미안한 마음을 전하고 있습니다. 다양한 문장에서 민우의 마음을 짐작해 볼 수 있습니다.

교과서 핵심

● **문장을 쓴 까닭 파악하기**

문장	문장을 쓴 까닭
지후야, 어제 네가 내 가방을 들어 주어서 큰 도움이 되었어.	고마운 까닭을 설명하려고
그때 네가 도와준다고 해서 정말 기뻤어!	지후가 도와준다고 하여 기쁜 느낌을 표현하려고
지난 체육 시간에 달리기 경주를 했던 거 기억해?	달리기 경주를 했던 일을 기억하는지 물으려고

📖 교과서 문제

1 민우는 누구에게 편지를 썼는지 쓰시오.

(   )

2 이 글의 형식을 다음과 같이 정리할 때, 빈칸에 들어갈 알맞은 말을 순서대로 쓰시오.

> 받는 사람 → (   ) → 전하고 싶은 말 → 끝인사 → (   ) → 쓴 사람

(   )

📖 교과서 문제

3 민우가 지후에게 말도 제대로 하지 않던 까닭으로 알맞은 것에 ○표를 하시오.

(1) 달리기 경주에서 지후에게 져서 속상했기 때문에 (   )

(2) 지후에게 고맙다는 말도 제대로 하지 못했기 때문에 (   )

4 문장 ㉠의 종류와 그 문장을 쓴 까닭을 생각해 빈칸에 공통으로 들어갈 말을 쓰시오.

문장의 종류	( )하는 문장
문장을 쓴 까닭	고마운 까닭을 ( )하려고

(   )

핵심 역량

5 편지를 읽고 민우의 마음을 알맞게 이해하지 <u>못한</u> 친구의 이름을 쓰시오.

> 지수: 지후에게 고마운 마음을 꼭 전하고 싶은 마음이 느껴져.
>
> 나라: 지난 달리기 경주에서 이겨 미안하다는 지후의 사과를 받고 싶은 거야.
>
> 상연: 지후에게 말도 제대로 하지 않을 정도로 달리기 경주에서 진 일이 속상했나 봐.

(   )

냄새 맡은 값

❶ 옛날에 마음씨 고약한 구두쇠 영감이 장터에 국밥집을 차렸어요. 국밥집은 장사가 아주 잘되었어요.

"히히, 이제 금방 부자가 되겠네."

어느 날, 옆 마을에 사는 최 서방이 국밥집 앞을 5 지나게 되었어요.

"킁킁, 킁킁! 아, 국밥 냄새 참 훌륭하네! 얼른 집에 가서 밥 먹어야겠다."
_{시간 끌지 않고 바로.}

중심 내용 최 서방이 국밥집 앞을 지나며 국밥 냄새를 맡았다.

❷ 최 서방은 코를 ♥벌름거리며 감탄했어요. 그리고 주린 배를 잡으며 얼른 집으로 가려고 돌아섰어 10 요. 그때 누군가 최 서방을 붙잡았어요.

"예끼, 나쁜 사람 같으니! 왜 그냥 가려는 거야?"
구두쇠 영감이 눈을 부릅뜨고 말했어요.

㉠ "아, 국밥 냄새를 맡았으면 값을 치르고 가야지."
_{주어야 할 돈을 내주고.}
최 서방은 기가 막혔지요.

"냄새 맡은 값이라니요? 이 무슨 말도 안 되는 소리요?"

"그럼 국밥에서 나온 냄새가 공짜인 줄 알았나?"

중심 내용 구두쇠 영감이 최 서방에게 냄새 맡은 값을 달라고 했다.

- 글의 종류: 이야기
- 글의 특징: 구두쇠 영감의 황당한 요구를 재치 있게 넘긴 최 서방의 이야기입니다. 이야기 속 상황에서 구두쇠 영감과 최 서방의 말과 행동을 보고 인물의 마음을 짐작할 수 있습니다.

♥벌름거리며 탄력 있는 물체가 부드럽고 넓게 자꾸 벌어졌다 우므러졌다 하며.
예 발표할 차례가 다가오자 너무 떨려 심장이 벌름거렸다.

🦉 교과서 핵심

○상황에 따른 인물의 마음 짐작하기

상황	인물	인물의 마음
구두쇠 영감이 최 서방에게 냄새 맡은 값을 치르라고 함.	구두쇠 영감	화나다. / 괘씸하다.
	최 서방	황당하다. / 어이없다.

1 이 글에 나오는 인물이 누구누구인지 쓰시오.

(   )

📖 교과서 문제

2 구두쇠 영감이 최 서방에게 내놓으라고 한 것에 ○표를 하시오.

(1) 국밥 먹은 값   (   )

(2) 국밥 냄새 맡은 값   (   )

서술형

3 최 서방처럼 억울한 일을 당했던 경험을 떠올려 쓰시오.

_____

_____

핵심

4 ㉠에서 짐작할 수 있는 각 인물의 마음을 선으로 이으시오.

(1) 구두쇠 영감 •   • ① 황당하다.

(2) 최 서방 •   • ② 괘씸하다.

역량

5 인물의 마음을 짐작하는 방법을 생각하며 빈칸에 알맞은 말을 쓰시오.

- 인물의 마음을 짐작하기 위해서는 이야기 속 ☐☐에서 인물의 ☐이나 ☐☐을/를 살펴본다.

4 단원
월
일

❸ 최 서방은 정말 어처구니가 없었어요. 그러다 갑자기 좋은 생각이 떠올라 손뼉을 쳤어요. 그러고는 구두쇠 영감에게 손짓했지요.

"이리 가까이 오시오. 냄새 맡은 값을 줄 테니⋯⋯."

5 최 서방은 돈주머니를 꺼내어 구두쇠 영감의 귀에 대고 흔들었어요.

"자, 이 소리가 들리지요?"

"이것은 ♥엽전 소리가 아닌가?"

구두쇠 영감은 눈을 동그랗게 뜨고 최 서방을 쳐

10 다보았어요.

"분명히 엽전 소리를 들었지요?"

"틀림없이 들었네."

"그럼 됐어요."

최 서방은 웃음이 가득한 얼굴로 고개를 끄덕였

15 어요. 구두쇠 영감이 어리둥절한 표정을 지었어요.

（중심 내용） 최 서방은 구두쇠 영감에게 엽전 소리를 들려주는 것으로 냄새 맡은 값을 치렀다.

❹ "뭐가 됐다는 거야? 어서 국밥 냄새 맡은 값이나 내놔."

최 서방은 구두쇠 영감에게 말했어요.

"무슨 소리요? 엽전 소리는 공짜인 줄 아시오? 엽전 소리를 그리 오래 들었으니 냄새 맡은 값은 치르고도 남았소."

5 ㉠"아니, 뭐라고?"

구두쇠 영감은 더는 아무 말도 못 하고 얼굴이 빨개졌어요. 쥐구멍에라도 숨고 싶은지 주변을 두리번거렸지요. 국밥집에 있던 사람들이 모두 웃음을 터뜨렸답니다.

（중심 내용） 구두쇠 영감은 최 서방에게 아무 말도 못 하고 자신의 행동을 부끄러워했다.

♥엽전 예전에 사용하던, 놋쇠로 만든 돈. 둥글고 납작하여 가운데에 네모진 구멍이 있다.

😀 **교과서 핵심**

○「냄새 맡은 값」을 실감 나게 읽기
• 알맞은 크기로 읽습니다.
• 이야기 내용이 잘 전달되도록 읽습니다.
• 인물의 마음에 어울리는 목소리로 읽습니다.

📖 교과서 문제

6 최 서방이 구두쇠 영감에게 엽전 소리를 들려준 까닭은 무엇인지 빈칸에 알맞은 말을 쓰시오.

• 냄새 맡은 값을 (   )(으)로 갚으면 된다고 생각했기 때문이다.

7 글 ❹에서 짐작할 수 있는 구두쇠 영감의 마음으로 알맞은 것은 무엇인가요? (   )

① 반가운 마음   ② 고마운 마음
③ 창피한 마음   ④ 부러운 마음
⑤ 흥미로운 마음

핵심

📖 교과서 문제

8 인물의 마음을 상상할 때 ㉠에 어울리는 목소리로 알맞은 것은 무엇입니까? (   )

① 큰 목소리로 신나게 말한다.
② 낮은 목소리로 편안하게 말한다.
③ 높은 목소리로 기분 좋게 말한다.
④ 떨리는 목소리로 사랑스럽게 말한다.
⑤ 당황한 목소리로 오히려 화를 내듯 말한다.

핵심

9 글을 실감 나게 읽는 방법으로 알맞은 것에 ○표를 하시오.

(1) 최대한 크고 빠르게 읽는다. (   )

(2) 듣는 사람이 좋아하는 목소리로 읽는다. (   )

(3) 인물의 마음에 어울리는 목소리로 읽는다. (   )

송아지와 바꾼 무

❶ 옛날, 어느 가을날 농부가 밭에서 무를 뽑고 있었습니다. 희고 탐스러운 무가 쑥쑥 뽑혀 나왔습니다. 그러다 농부는 커다란 무를 뽑았습니다. 어찌나 커다란 무였던지, 온 힘을 다해 끙끙대다 간신히 뽑았습니다.

＿탐스러운: 가지거나 차지하고 싶은 마음이 들 정도로 보기가 좋고 끌리는 데가 있는.

"세상에나! 이렇게 커다랗다니!"

농부가 저도 모르게 소리쳤습니다. 농부는 신이 나서 어깨를 들썩거렸습니다.

＿중심 내용 농부가 밭에서 커다란 무를 뽑았다.

❷ "이렇게 귀한 무를 그냥 먹을 수 없지. 사또에게 바쳐야지."

"사또, 제가 평생 농사를 지었지만 이렇게 커다란 무는 처음 봅니다. 사또께 이 무를 바치고 싶습니다."

사또는 껄껄껄 웃었습니다.

"그래, 고맙구나. 이렇게 커다란 무는 나도 본 적이 없다."

농부는 사또의 말을 듣고 환하게 웃으며 가려고 했습니다.

"기다리게. 귀한 선물을 받았으니 나도 무엇인가 보답을 하고 싶네만."

＿보답: 남의 호의나 은혜를 갚음.

농부는 깜짝 놀라 뒷걸음치며 세차게 손을 저었습니다. 사또가 다시 껄껄껄 웃으며 농부를 불렀습니다. 농부는 사또에게 말했습니다.

"아이고, 무슨 말씀입니까? 보답은 필요 없습니다."

사또가 인자하게 웃으며 고개를 저었습니다.

"내가 꼭 주고 싶으니 받아 주었으면 좋겠네."

그러고는 이방을 불렀습니다.

"이방, 요즈음 들어온 물건 가운데에서 농부에게 줄 것이 있느냐?"

이방은 송아지 한 마리를 끌고 나와 농부에게 주었습니다.

＿중심 내용 농부가 사또에게 커다란 무를 선물하자, 사또는 보답으로 농부에게 송아지를 주었다.

• 글의 종류: 이야기
• 글의 내용: 농부가 커다란 무를 사또에게 바치고 송아지를 얻자, 샘이 난 욕심꾸러기 농부가 더 큰 선물을 기대하며 사또에게 송아지를 바쳤다가 커다란 무를 받은 이야기입니다.

🐌 교과서 핵심

● 인물의 마음 짐작하기 ①

밭에서 커다란 무를 뽑았을 때 농부의 마음	즐겁다. / 뿌듯하다.
농부가 커다란 무를 선물했을 때 사또의 마음	흐뭇하다. / 기쁘다. / 고맙다.

📖 교과서 문제

1 농부는 밭에서 뽑은 커다란 무를 어떻게 했는지 쓰시오.

( )

2 농부가 커다란 무를 뽑고 한 말이나 행동으로 알맞은 것에 ○표를 하시오.

(1) 껄껄껄 웃었다. ( )
(2) 신이 나서 어깨를 들썩거렸다. ( )

3 사또가 농부에게 송아지를 준 까닭은 무엇인지 빈칸에 알맞은 말을 쓰시오.

• 농부에게 ( )하고 싶어서

핵심
4 농부에게 커다란 무를 선물받은 사또의 마음으로 알맞은 것을 두 가지 고르시오.

(,)

① 기쁘다. ② 고맙다.
③ 걱정된다. ④ 부담스럽다.
⑤ 실망스럽다.

❸ 이 이야기를 들은 욕심꾸러기 농부는 일하러 가다가 쿵쾅거리며 되돌아왔습니다. 욕심꾸러기 농부가 방바닥을 데굴데굴 구르며 소리쳤습니다.

"아이고, 배 아파! 무 하나에 송아지 한 마리라니!"

5 그러다 ♥문득 좋은 생각이 나서 벌떡 일어나 앉았습니다.

"사또께 송아지를 갖다 바치면 더 큰 선물을 받겠지?"

욕심꾸러기 농부는 송아지를 끌고 ♥빠른 걸음으로 10 사또에게 갔습니다.

_{중심 내용} 욕심꾸러기 농부가 송아지를 끌고 사또에게 갔다.

❹ "사또, 제가 소를 많이 키워 보았지만 이렇게 ♥살진 송아지는 처음 봅니다. 이 송아지를 사또께 드리고 싶습니다."

사또는 욕심꾸러기 농부를 잠시 바라보았습니다. 15 그러고는 이방을 불렀습니다.

"이방, 보답해야겠는데, 요즈음 들어온 물건 가운데에서 귀한 것이 뭐가 있느냐?"

"며칠 전에 들어온 커다란 무가 있습니다."

사또는 손뼉을 쳤습니다.

5 ㉠"옳지! 그 무를 내어다가 농부에게 주어라."

"아이고, 아까운 내 송아지!"

욕심꾸러기 농부는 울면서 집으로 돌아왔습니다.

_{중심 내용} 욕심꾸러기 농부는 사또에게 커다란 무를 받고 울면서 돌아왔다.

♥문득 생각이나 느낌 따위가 갑자기 떠오르는 모양.
_예 문득 친구가 한 말이 생각났다.

♥살진 살이 많고 튼실한.

🦉 교과서 핵심

● 인물의 마음 짐작하기 ②

착한 농부의 이야기를 들은 욕심꾸러기 농부의 마음	부럽다. / 샘나다.

_{교과서 문제}

5 욕심꾸러기 농부가 사또에게 받은 것은 무엇인지 쓰시오.

( )

_{핵심}

6 글 ❸과 ❹에서 짐작할 수 있는 욕심꾸러기 농부의 마음으로 알맞은 것은 무엇입니까?

( )

	❸	❹
①	부럽다.	행복하다.
②	샘나다.	후회된다.
③	놀라다.	미안하다.
④	뿌듯하다.	기대된다.
⑤	불안하다.	실망스럽다.

7 ㉠을 실감 나게 읽는 방법으로 알맞은 것은 무엇입니까? ( )

① 눈치를 보며 우물쭈물 말한다.
② 손뼉을 치며 큰 목소리로 말한다.
③ 고개를 끄덕이며 속삭이듯 말한다.
④ 깜짝 놀라며 떨리는 목소리로 말한다.
⑤ 미소를 지으며 조용한 목소리로 말한다.

_{역량}

8 욕심꾸러기 농부에게 전하고 싶은 생각을 떠올린 내용이 알맞지 <u>않은</u> 친구의 이름을 쓰시오.

> 민지: 사또에게 송아지를 바친 농부의 마음을 칭찬하고 싶어.
> 준영: 커다란 무를 가지고 무엇을 하고 싶은지 물어보고 싶어.

( )

국어 활동

소단원 1. 글쓴이의 마음 파악하기

• 문장의 종류에 따라 문장 분류하기

> ㉠ 앗, 차가워!
> ㉡ 줄넘기 줄 가져왔어?
> ㉢ 시원하고 참 달콤하다!
> ㉣ 실내화는 어디에 있나요?
> ㉤ 내일 우리 집에 올 수 있어?
> ㉥ 화장실은 복도 끝에 있습니다.
> ㉦ 수영 수업은 두 시에 시작합니다.
> ㉧ 오늘 점심에는 비빔밥을 먹을 거야.

1 설명하는 문장에는 '설', 묻는 문장에는 '묻', 감탄을 표현하는 문장에는 '감'을 쓰시오.

(1) ㉠: (   )
(2) ㉡: (   )
(3) ㉢: (   )
(4) ㉣: (   )
(5) ㉤: (   )
(6) ㉥: (   )
(7) ㉦: (   )
(8) ㉧: (   )

소단원 2. 인물에게 마음 전하기

떡 먹기 내기

❶ 두꺼비와 토끼는 떡을 꺼냈어. 따끈따끈한 떡은 보기만 해도 먹음직스러웠지. 둘은 군침을 삼키며 떡을 막 먹으려고 했어. 그런데 이를 어째, 갑자기 호랑이가 다가오는 게 아니겠어?

　㉠"얘들아, 어흥! 그 떡 맛있겠다. 나도 같이 먹자!"

5　두꺼비와 토끼는 호랑이와 떡을 같이 먹기 싫었어. 덩치 큰 호랑이는 많이 먹을 게 분명해. 게다가 호랑이는 떡 만드는 일은 아무것도 안 했잖아. 그런 주제에 떡만 먹겠다고 하니까 너무 얄미웠던 거야. 하지만 두꺼비와 토끼는 호랑이의 날카로운 이빨이 너무 무서웠지.

　㉡"그, 그래. 너도 같이 먹자."

10　㉢두꺼비와 토끼는 입을 삐죽이며 고개를 끄덕였어. 〈중략〉

중심 내용 두꺼비와 토끼는 떡을 같이 먹자고 하는 호랑이가 얄미웠지만, 호랑이가 무서워서 고개를 끄덕였다.

❷ 호랑이는 꾀를 내었어. / "얘들아, 우리 셋 가운데에서 나이가 가장 많은 어르신이 이 떡을 다 먹기로 하자!"

두꺼비와 토끼는 내키지 않았어. 하지만 호랑이의 억센 발톱이 너무 무서웠지. / "아, 알겠어. 그렇게 하자." 〈중략〉

중심 내용 호랑이는 셋 가운데에서 나이가 가장 많은 어르신이 떡을 다 먹자고 제안했다.

15　❸ "어흥, 나는 이 산이 처음 생길 때 태어났어. 어때? 내가 가장 어르신이지?"

2 두꺼비와 토끼, 호랑이가 먹고 싶어 하는 것은 무엇입니까?
(   )

3 ㉠에 어울리는 목소리에 ○표를 하시오.
(1) 지친 목소리로 기운 없이 읽는다. (   )
(2) 조금 무서운 목소리로 겁주듯이 읽는다. (   )

4 호랑이가 떡을 같이 먹자고 했을 때 인물의 마음을 알맞게 짐작한 친구의 이름을 쓰시오.

> 두리: ㉡에서 두꺼비와 토끼는 기쁜 마음으로 말하고 있어.
> 하나: ㉢을 보니 두꺼비와 토끼는 불만스러운 것 같아.

(   )

그러자 토끼가 냉큼 나섰지. / ㉣"흠, 그럼 내가 더 어르신이겠구
나. 내가 이 산을 만들었거든. 흙을 나르느라 얼마나 힘들었다고."
머뭇거리지 않고 가볍게 빨리.

그 말을 듣더니 두꺼비가 갑자기 울기 시작했어. 〈중략〉

5 "엉엉, 죽은 내 아들이 생각나서 그래. 내 아들이 토끼랑 같이 이
산을 만들려고 흙을 나르다가 그만 발을 헛디뎌 벼랑에서 떨어져
죽었거든." / 이를 어째. 이렇게 되면 두꺼비가 가장 나이가
많은 거잖아. 그럼 떡은 두꺼비 차지야.

"내기 다시 하자!" / 호랑이는 다급해져서 대뜸 외쳤어.

"좋아, 그러자. 다시 하자!" / 토끼도 얼른 고개를 끄덕였어. 두꺼
10 비는 둘이 얄미웠지만 어쩔 수 없이 그러자고 했어. 〈중략〉

중심 내용 호랑이와 토끼, 두꺼비의 나이 대결에서 두꺼비가 승리하자, 호랑이는 내기를 다시 하자고
했고 토끼도 그러자고 했다.

❹ "이번에는 저기 언덕에서 떡이 든 떡시루를 굴리는 거야. 달려가
서 그 떡시루를 가장 먼저 잡는 동물이 떡을 다 먹는 거다!"
떡을 찌는 데 쓰는 둥근 질그릇.

달리기에 자신 있는 호랑이는 틀림없이 자기가 이길 거라고 생각
했어. 떡을 혼자 다 먹을 생각에 저절로 웃음이 났어.

15 "좋아, 떡시루 잡으면 혼자서 다 먹는 거야!"

재빠른 토끼도 신나서 외쳤어. 가장 느린 두꺼비만 [㉮] 했어.

호랑이, 토끼, 두꺼비는 떡시루를 산꼭대기에서 힘껏 굴렸어. 떡
시루가 떼구루루 굴러갔어. 호랑이와 토끼는 온 힘을 다해 쏜살같
이 달려 내려갔어. 두꺼비만 느릿느릿 뒤에서 따라갔어.

20 그런데 이게 무슨 일이야? 두꺼비는 눈이 휘둥그레졌어. 산 중간에
있는 나무 밑동에 떡이 걸려 있는 게 아니겠어? 떼굴떼굴 굴러가다가
나무줄기에서 뿌리에 가까운 부분.
떡만 빠져나오고 빈 떡시루만 굴러 내려간 거지. / 두꺼비는 혼자서
냠냠 먹었어. / "아이고, 배불러라. 더는 못 먹겠다." 〈중략〉

중심 내용 굴러가는 떡시루를 가장 먼저 잡는 동물이 떡을 다 먹기로 했는데, 떡이 산 중간에 있는 나
무 밑동에 걸리는 바람에 느릿느릿 따라가던 두꺼비가 떡을 먹게 되었다.

❺ ㉤"호랑이야! 토끼야! 너희 주려고 남은 떡 짊어지고 왔어. 어서
25 먹어." / 호랑이와 토끼가 두꺼비 등에 붙은 떡을 보았어.

"다 들러붙었잖아! 더러워!" / 호랑이는 버럭 화를 내며 갔어.

"그렇게 지저분한 걸 어떻게 먹니?" / 토끼는 투덜대며 갔어.

그래서 떡이 그대로 두꺼비 등에 들러붙어 있게 되었지. 그때부터
두꺼비 등이 울퉁불퉁하게 된 거래.

중심 내용 호랑이와 토끼는 두꺼비가 짊어지고 온 떡을 더럽다며 먹지 않았고, 떡은 그대로 두꺼비
등에 들러붙어 있게 되었다.

5 가장 나이가 많은 동물에 ○표
를 하시오.

| 호랑이 토끼 두꺼비 |

6 내기를 다시 하기로 했을 때 토
끼의 마음으로 알맞은 것을 두
가지 고르시오. (,)
① 억울하다. ② 안심된다.
③ 다행이다. ④ 서운하다.
⑤ 미안하다.

7 두꺼비의 마음을 짐작하여 ㉮
에 들어갈 알맞은 말을 쓰시오.
( )

8 ㉣과 ㉤에 어울리는 목소리를
선으로 이으시오.

(1) ㉣ ·

· ① 배가 불러
느릿느릿한
목소리로

(2) ㉤ ·

· ② 자신만만하
게 확신에
찬 목소리로

9 두꺼비 등이 울퉁불퉁해진 까
닭을 쓰시오.

_____

_____

실천

서술형   📖 교과서 문제

1 다음 문장에 쓴 문장 부호는 어떤 상황에서 쓰이는지 쓰시오.

> 20년 뒤의 내 모습을 상상해서 그렸어.

_____

_____

📖 교과서 문제

2 다음 문장에 어울리는 문장 부호를 빈칸에 쓰시오.

• "아침에 무엇을 했니 ☐ "

📖 교과서 문제

3 다음 **조건** 에 맞는 문장 부호를 빈칸에 쓰시오.

> **조건**
> 기쁨, 슬픔, 놀람처럼 강한 느낌을 나타내는 문장을 만듭니다.

• "정말 글씨가 예쁘다 ☐ "

핵심

4 인물의 마음을 짐작하는 방법을 알맞게 말한 친구의 이름을 쓰시오.

> 소민: 인물이 어떤 말과 행동을 하는지 살펴보면 인물의 마음을 짐작할 수 있어.
> 종현: 이야기 속 상황은 계속 달라지기 때문에 이야기 속 상황은 인물의 마음을 짐작하는 데 도움이 되지 않아.

(   )

5 그림을 보고 뜻이 비슷한 낱말끼리 선으로 이으시오.

(1) 뛰다 •

(2) 굽히다 •

• ① 구부리다

• ② 달리다

📖 교과서 문제

6 그림을 보고 뜻이 비슷한 낱말을 **모두** 찾아 ○표를 하시오.

(1) 만나다

> 마주치다   헤어지다
> 바라보다

(2) 멈추다

> 서다   놀다   그치다

📖 교과서 문제

7 밑줄 친 낱말과 뜻이 비슷해 바꾸어 쓸 수 있는 낱말을 **보기** 에서 골라 쓰시오.

> **보기**
> 우레   나누어   모아   파도

(1) 가족이 힘을 <u>합쳐</u> 청소를 했습니다.

(   )

(2) <u>천둥</u>이 치고 세찬 비가 쏟아졌습니다.

(   )

중요

1 문장 부호에 대한 설명으로 알맞지 <u>않은</u> 것은 무엇입니까? ( )

① 문장의 뜻을 잘 나타내려고 사용한다.
② 글쓴이의 의도에 따라 다르게 사용한다.
③ 문장 부호가 달라져도 문장의 뜻은 같다.
④ 주로 문장 끝에 붙이는 여러 가지 부호이다.
⑤ 문장 부호를 살펴보면 문장의 종류를 알 수 있다.

2~4

> ㉮ 공연은 몇 시에 시작하나요?
>
> ㉯ 2시 30분에 시작합니다.
>
> ㉰ 주인공이 병에 걸려서 너무 슬펐어!
>
> ㉱ 그 뒤에 주인공은 어떻게 되었을까?
>
> ㉲ 종이 가장자리를 모두 안으로 접으면 강아지 모양이 된단다.
>
> ㉳ 우아, 신기해요 ㉠

2 ㉮~㉲ 가운데 감탄하는 문장은 무엇입니까? ( )

① ㉮   ② ㉯   ③ ㉰
④ ㉱   ⑤ ㉲

3 문장 ㉲를 알맞게 설명한 친구의 이름을 쓰시오.

> 지우: 종이 접는 방법을 묻기 위해 쓴 문장이야.
> 재영: '여기 상추 씨앗이 있어.'와 문장의 종류가 같아.

( )

4 ㉠에 들어갈 알맞은 문장 부호를 쓰시오.

( )

5~7

> 지후야, 어제 네가 내 가방을 들어 주어서 큰 도움이 되었어. 내가 손을 다쳐서 가방을 어떻게 들까 걱정했거든. ㉠그때 네가 도와준다고 해서 정말 기뻤어! 그런데 고맙다는 말을 제대로 하지 못해서 이렇게 편지를 써.
> 지난 체육 시간에 달리기 경주를 했던 거 기억해? 네가 이겼잖아. 달리기만큼은 자신 있었는데 내가 지니까 많이 속상했어. 그래서 그동안 너한테 말도 제대로 하지 않았어. 그런데 너는 오히려 나를 걱정해 주고 가방도 들어 주어서 미안했어.

5 이 글에 나타난 글쓴이의 마음이 <u>아닌</u> 것은 무엇입니까? ( )

① 가방을 어떻게 들까 걱정했다.
② 달리기 경주에서 져서 속상했다.
③ 지후가 도와준다고 해서 기뻤다.
④ 가방을 들어 준 지후에게 고맙고 미안했다.
⑤ 자신을 걱정해 주지 않은 지후에게 서운했다.

6 글쓴이가 지후에게 편지를 쓴 까닭으로 알맞은 것에 ○표를 하시오.

(1) 고맙다는 말을 제대로 하지 못해서
( )

(2) 다음 체육 시간에 달리기 경주를 다시 하자고 전하려고
( )

실력 UP

7 문장 ㉠의 종류와 문장을 쓴 까닭을 생각하여 빈칸을 완성하시오.

(1) 문장의 종류	_____ 문장
(2) 문장을 쓴 까닭	_____ _____ 하려고

8~10

㉮ "예끼, 나쁜 사람 같으니! 왜 그냥 가려는 거야?"

구두쇠 영감이 눈을 부릅뜨고 말했어요.

"아, 국밥 냄새를 맡았으면 값을 치르고 가야지."

㉯ 최 서방은 돈주머니를 꺼내어 구두쇠 영감의 귀에 대고 흔들었어요.

"자, 이 소리가 들리지요?"

"이것은 엽전 소리가 아닌가?"

구두쇠 영감은 눈을 동그랗게 뜨고 최 서방을 쳐다보았어요.

㉰ ㉠"무슨 소리요? 엽전 소리는 공짜인 줄 아시오? 엽전 소리를 그리 오래 들었으니 냄새 맡은 값은 치르고도 남았소."

"아니, 뭐라고?" / 구두쇠 영감은 더는 아무 말도 못 하고 얼굴이 빨개졌어요.

중요

8 글 ㉮~㉰에서 짐작할 수 있는 구두쇠 영감의 마음을 선으로 이으시오.

(1) ㉮ •　　　　• ① 괘씸하다.

(2) ㉯ •　　　　• ② 창피하다.

(3) ㉰ •　　　　• ③ 어리둥절하다.

실력UP

9 최 서방의 마음을 짐작하기 위해 살펴본 내용으로 알맞지 <u>않은</u> 것은 무엇입니까? (　　)

① 최 서방이 어떤 말을 했나요?
② 최 서방이 어떻게 행동했나요?
③ 최 서방에게 어떤 일이 일어났나요?
④ 구두쇠 영감이 최 서방에게 어떤 말을 했나요?
⑤ 냄새 맡은 값으로 엽전 대신 무엇을 줄 수 있나요?

10 ㉠에 어울리는 목소리에 ○표를 하시오.

당황한 목소리 , 당당한 목소리

중요

11 글을 실감 나게 읽는 방법을 생각하며 빈칸에 공통으로 들어갈 말을 쓰시오.

• 인물과 비슷한 (　　　　　)을/를 느꼈던 경험을 떠올려 본다.
• 인물의 (　　　　　)에 어울리는 목소리를 생각해 읽는다.

(　　　　　　　　　　)

국어 활동

12 무엇인가를 묻는 문장을 말한 친구의 이름을 쓰시오.

세미: 줄넘기 줄 가져왔어?
영광: 오늘 점심에는 비빔밥을 먹을 거야.

(　　　　　　　　　　)

13~16

"세상에나! 이렇게 커다랗다니!"

농부가 저도 모르게 소리쳤습니다. 농부는 신이 나서 어깨를 들썩거렸습니다.

"이렇게 귀한 무를 그냥 먹을 수 없지. 사또에게 바쳐야지."

"사또, 제가 평생 농사를 지었지만 이렇게 커다란 무는 처음 봅니다. 사또께 이 무를 바치고 싶습니다."

사또는 껄껄껄 웃었습니다.

"그래, 고맙구나. 이렇게 커다란 무는 나도 본 적이 없다." / 농부는 사또의 말을 듣고 환하게 웃으며 가려고 했습니다.

"기다리게. 귀한 선물을 받았으니 나도 무엇인가 보답을 하고 싶네만." / 농부는 깜짝 놀라 뒷걸음치며 세차게 손을 저었습니다.

13 이 글에서 알 수 있는 사실로 알맞지 <u>않은</u> 것은 무엇입니까? ( )

① 농부가 사또께 무를 바쳤다.
② 사또가 농부에게 고마워했다.
③ 사또는 농부의 선물을 기대했다.
④ 농부는 커다란 무를 귀하게 여겼다.
⑤ 농부는 보답을 받을 생각이 없었다.

14 이 글에서 짐작할 수 있는 농부의 마음으로 알맞지 <u>않은</u> 것은 무엇입니까? ( )

① 놀랍다. ② 부럽다. ③ 기쁘다.
④ 신기하다. ⑤ 뿌듯하다.

15 이 글에 나오는 인물의 말을 실감 나게 읽은 것에 ○표를 하시오.

(1) 농부: 사또에게 보답을 받을 거라는 확신에 찬 목소리로 ( )
(2) 사또: 흐뭇한 마음이 나타나도록 기분 좋은 목소리로 환하게 웃으며 ( )

서술형
16 이 글에 나오는 인물에게 전하고 싶은 말을 쓰시오.

_____

_____

17~18

> "얘들아, 어흥! 그 떡 맛있겠다. 나도 같이 먹자!"
> 두꺼비와 토끼는 호랑이와 떡을 같이 먹기 싫었어. 덩치 큰 호랑이는 많이 먹을 게 분명해. 게다가 호랑이는 떡 만드는 일은 아무것도 안 했잖아. 그런 주제에 떡만 먹겠다고 하니까 너무 얄미웠던 거야. 하지만 두꺼비와 토끼는 호랑이의 날카로운 이빨이 너무 무서웠지.
> ㉠"그, 그래. 너도 같이 먹자." / 두꺼비와 토끼는 입을 삐죽이며 고개를 끄덕였어.

국어 활동
17 두꺼비와 토끼가 ㉠과 같이 말한 까닭에 ○표를 하시오.

(1) 호랑이도 떡 만드는 일을 같이 해서 ( )

(2) 호랑이의 날카로운 이빨이 너무 무서워서 ( )

국어 활동
18 이 글에 나타난 인물의 마음이 알맞게 연결되지 <u>않은</u> 것은 무엇입니까? ( )

① 토끼 – 무섭다.
② 호랑이 – 얄밉다.
③ 호랑이 – 기대된다.
④ 두꺼비 – 못마땅하다.
⑤ 두꺼비 – 불만스럽다.

서술형
19 문장 부호를 활용하여 강한 느낌을 표현하는 문장을 만들어 쓰시오.

_____

_____

20 다음과 뜻이 비슷한 낱말은 무엇입니까? ( )

굽히다

① 놀다 ② 달리다
③ 그치다 ④ 구부리다
⑤ 마주치다

따라쓰기

● 글씨를 바르게 써 보시오.

미	술	관
미	술	관
미	술	관

장	터
장	터
장	터

엽	전
엽	전
엽	전

신	나	서
신	나	서

어	깨	를
어	깨	를

들	썩	거	렸	습	니	다	.
들	썩	거	렸	습	니	다	.

5
바른 말로
이야기 나누어요

무엇을 배울까요?

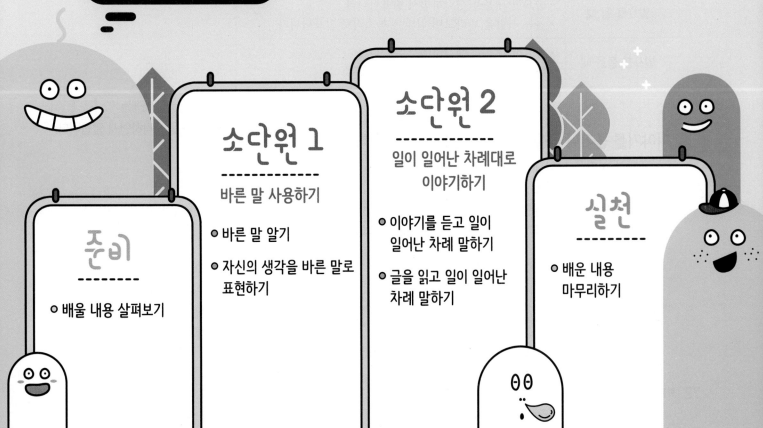

준비

○ 배울 내용 살펴보기

소단원 1

바른 말 사용하기

● 바른 말 알기

● 자신의 생각을 바른 말로 표현하기

소단원 2

일이 일어난 차례대로 이야기하기

● 이야기를 듣고 일이 일어난 차례 말하기

● 글을 읽고 일이 일어난 차례 말하기

실천

● 배운 내용 마무리하기

교과서 핵심

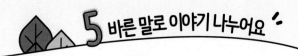

① 바른 말 알기

① 글자 모양이 비슷해서 잘못 사용하기 쉬운 낱말이 있습니다.
② 뜻을 정확히 파악하고 상황에 따라 바르게 구분해서 써야 합니다.
예 헷갈리기 쉬운 낱말

작다	크기가 보통보다 덜할 때 사용
적다	수나 양이 부족할 때 사용
바라다	어떤 일이나 상태가 이루어지거나 그렇게 되었으면 하고 기대할 때 사용
바래다	볕이나 습기를 받아 색이 변했을 때 사용

② 자신의 생각을 바른 말로 표현하기

발표할 내용 떠올리기

↓

발표할 내용 정리하기

↓

바른 말로 발표하기

③ 발표를 하거나 들을 때 주의할 점

발표를 할 때	• 중요한 내용을 생각하면서 발표합니다. • 듣는 사람을 바라보며 알맞은 목소리로 발표합니다.
발표를 들을 때	• 중요한 내용을 생각하면서 듣습니다. • 바른 말을 사용하는지 확인하면서 듣습니다.

④ 이야기를 듣거나 글을 읽고 일이 일어난 차례 말하기

① 글에서 시간을 나타내는 말을 찾습니다. ┌→ '아침', '점심', '오후', '밤' 등이 시간을 나타내는 말입니다.
② 시간을 나타내는 말에 따라 겪은 일을 차례대로 정리합니다.
③ 일이 일어난 차례에 맞게 내용을 간추립니다.
예 「아빠와 함께 추억 만들기」에서 세나가 겪은 일을 차례대로 정리하기

아침	'아빠와 함께 추억 만들기' 행사에 참여해서 감자를 캤습니다.
점심	감자를 물로 씻어 아궁이에 쪘습니다.
오후	아빠와 함께 놀이 활동에 참여했습니다.
밤	집으로 돌아오는 버스에서 아빠와 이야기를 하며 잠이 들었습니다.

핵심 확·인·문·제

정답과 해설 ● 17쪽

1 잘못 사용하기 쉬운 말은 ☐을/를 정확히 파악하고 상황에 따라 바르게 구분해서 써야 합니다.

2 '볕이나 습기를 받아 색이 변하다.'라는 뜻을 가진 낱말은 '(바라다 , 바래다)'입니다.

3 친구들에게 하고 싶은 이야기를 떠올린 뒤 발표할 내용을 정리합니다.
(○ , ×)

4 발표를 할 때에는 ☐☐☐ 내용을 생각하면서 말합니다.

5 '아침', '점심', '오후', '밤' 따위의 ☐☐을/를 나타내는 말을 사용해 일이 일어난 차례를 나타낼 수 있습니다.

● 파란색 말의 뜻을 생각하며 만화를 읽어 보기

• **그림 설명**: 민재가 '가르치다'를 써야 할 상황에 '가리키다'를 사용하여 지윤이가 민재의 말을 잘못 이해하였습니다. 두 아이의 대화 상황을 보고, 의사소통을 할 때 바른 말을 사용하는 것이 왜 중요한지 알 수 있습니다.

🐌 교과서 **핵심**

◦ **헷갈리기 쉬운 낱말의 뜻 ①**

가리키다	어떤 대상을 가리키는 것
가르치다	지식 따위를 알려 주는 것

1 민재는 지윤이에게 무엇을 알려 달라고 했는지 빈칸에 알맞은 말을 쓰시오.

• 모르는 낱말의 ( )을/를 알려 달라고 했다.

📖 교과서 문제

2 지윤이가 민재의 말을 잘못 이해한 까닭은 무엇입니까? ( )

① 말의 뜻이 헷갈렸기 때문에
② 민재가 너무 큰 소리로 말하였기 때문에
③ 민재가 갑자기 화를 내며 말하였기 때문에
④ 민재가 너무 작은 소리로 말하였기 때문에
⑤ 민재가 처음 보는 낱말의 뜻을 알려 달라고 했기 때문에

핵심

3 민재와 지윤이의 대화를 살펴보고, 각 낱말의 뜻을 알맞게 선으로 이으시오.

(1) 가리키다 •

(2) 가르치다 •

• ① 지식 따위를 알려 주다.

• ② 어떤 대상을 가리키다.

서술형 📖 교과서 문제

4 바른 말을 사용해야 하는 까닭은 무엇인지 쓰시오.

_____

_____

● 「제 꾀에 빠진 당나귀」에서 일이 일어난 차례를 파악해 보기

가

물에 빠지니 소금이 녹아 짐이 가벼워졌어요. 당나귀는 미소를 지었어요.

나

다음 날 주인은 솜 자루를 당나귀 등에 실었어요. 당나귀는 ♥꾀를 부려 일부러 물에 빠졌어요.

다

물을 먹은 솜은 매우 무거워졌어요. 당나귀는 무거운 짐을 싣고 힘들게 걸어갔어요.

라

어느 날 소금을 싣고 가던 당나귀는 힘들어 ♥버둥거리다 물속에 빠졌어요.

● 그림 설명: 이야기 「제 꾀에 빠진 당나귀」를 짧은 글과 그림으로 소개하고 있습니다.

♥꾀 일을 잘 꾸며 내거나 해결해 내거나 하는, 묘한 생각이나 수단.
    예 형은 꾀가 많습니다.

♥버둥거리다 덩치가 큰 것이 매달리거나 자빠지거나 주저앉아서 팔다리를 내저으며 자꾸 움직이다.

교과서 핵심

● 「제 꾀에 빠진 당나귀」의 내용

> 무거운 소금을 등에 싣고 가던 당나귀는 힘들어 버둥거리다 물속에 빠졌는데, 소금이 녹아 가벼워졌습니다. 다음 날 주인은 당나귀 등에 솜 자루를 실었는데, 당나귀가 어제의 일을 기억하고 꾀를 부려 일부러 물에 빠졌습니다. 그랬더니 솜이 물을 먹어 매우 무거워졌습니다. 결국 자신의 꾀에 넘어간 당나귀는 무거운 짐을 싣고 힘들게 걸어가게 되었습니다.

5 당나귀가 등에 실은 것을 두 가지 고르시오.
(,   )

① 솜   ② 물   ③ 옷
④ 흙   ⑤ 소금

6 당나귀가 두 번째로 물속에 빠진 까닭은 무엇입니까? (   )

① 몸을 씻기 위해서
② 더위를 식히기 위해서
③ 물에 빠진 주인을 구하기 위해서
④ 싣고 가던 짐이 무거워서 버둥거리다가
⑤ 무거운 짐을 싣고 가는 게 싫어서 일부러 꾀를 부려서

7 ㉰에 나타난 당나귀의 마음으로 알맞은 것은 무엇입니까? (   )

① 설렌다.
② 신난다.
③ 지루하다.
④ 후회된다.
⑤ 기대된다.

📖 교과서 문제

8 ㉮~㉣를 일이 일어난 차례대로 빈칸에 기호를 쓰시오.

(   ) → (   ) → (   ) → (   )

● 파란색 낱말에 주의하며 만화를 읽어 보기

① 사진첩 같이 보자.

좋아. 근데 사진첩이 바랐네.

윤재 지은

② 사진첩이 바랐다고? 사진첩 색이 흐려졌을 때는 '사진첩이 바랬다'고 말해야 해.

③ ㉠가방이 너무 적네.

④ 가방 크기가 작을 때는 '작다'고 말해야 해.

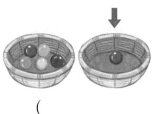

• **그림 설명:** 윤재와 지은이가 대화를 하는데, 지은이가 문장에 어울리지 않는 낱말을 사용하여 윤재가 바르게 고쳐 주고 있습니다. 대화에 사용된 '바라다'와 '바래다', '적다'와 '작다'는 글자 모양이 비슷해서 잘못 사용하기 쉬운 낱말입니다. 만화를 보고 헷갈리기 쉬운 낱말의 뜻을 정확하게 파악하고 상황에 따라 바르게 구분해서 써야 함을 알 수 있습니다.

🐛 **교과서 핵심**

○ 헷갈리기 쉬운 낱말의 뜻 ②

바라다	생각이나 바람대로 어떤 일이나 상태가 이루어지거나 그렇게 되었으면 하고 생각하다.
바래다	볕이나 습기를 받아 색이 변하다.

📖 교과서 문제

1 그림 ②에서 윤재가 어리둥절해한 까닭은 무엇인지 빈칸에 알맞은 말을 쓰시오.

• '바라다'라는 낱말의 (   )이/가 이 문장에 어울리지 않기 때문이다.

핵심

📖 교과서 문제

2 낱말에 어울리는 그림을 찾아 선으로 이으시오.

(1) 바라다 ·

· ①

(2) 바래다 ·

· ②

3 다음 그림에 어울리는 낱말을 이 만화에서 찾아 쓰시오.

↓

(   )

역량

4 ㉠에서 잘못 쓴 낱말을 바르게 고쳐 문장을 완성하시오.

(   )

● 문장을 읽고 파란색 낱말의 뜻을 생각해 보기

나와 내 짝꿍은 서로 (㉠) 과일을 좋아합니다.

농구와 축구는 하는 방법이 다릅니다.

일기에서 (㉡) 글자를 보았습니다.

물건값 계산이 틀렸습니다.

• 그림 설명: 그림을 통해 헷갈리기 쉬운 낱말인 '다르다'와 '틀리다'의 뜻을 구분할 수 있습니다.

교과서 핵심

● 문장을 읽고 낱말의 뜻 생각하기

①	다르다	좋아하는 과일이 서로 같지 않다는 뜻
②		농구와 축구를 하는 방법이 같지 않다는 뜻
③	틀리다	일기에 쓰인 글자가 맞지 않다는 뜻
④		물건값을 계산한 것이 어긋났다는 뜻

● 헷갈리기 쉬운 낱말의 뜻 ③

다르다	어떤 점이 서로 같지 않다.
틀리다	계산이나 사실 따위가 맞지 않다.

핵심

5 ㉠과 ㉡에 들어갈 알맞은 말을 보기 에서 찾아 각각 쓰시오.

보기

　　다른　　　　틀린

(1) ㉠: (　　　　　　)
(2) ㉡: (　　　　　　)

6 낱말 '다르다'의 뜻에는 '다', '틀리다'의 뜻에는 '틀'이라고 쓰시오.

(1) 어떤 점이 서로 같지 않다.　　(　　)
(2) 계산이나 사실 따위가 맞지 않다.
　　　　　　　　　　　　　　(　　)

📖 교과서 문제

7 다음 문장에서 알맞은 말을 골라 ○표를 하시오.

• 나와 형은 생김새가 조금 (다릅니다 , 틀립니다).

역량　　　　　　　　📖 교과서 문제

8 다음 낱말의 뜻을 생각하며 문장을 만들어 쓰시오.

(1) 잊어버리다	
(2) 잃어버리다	

📖교과서 문제

1 즐거운 학교생활을 위해 우리 반 친구들이 지켜야 할 일을 한 가지 떠올려 보기 와 같이 쓰시오.

보기
나와 생각이 다른 친구의 말을 존중하자.

(   )

2 문제 1번에서 떠올린 일을 친구들 앞에서 발표하기 위해 정리할 내용으로 알맞은 것을 두 가지 고르시오. (,   )

① 친구의 의견
② 지켜야 할 일
③ 관련한 생각이나 경험
④ 예상되는 친구들의 반응
⑤ 발표 주제를 보신 선생님의 반응

서술형

3 문제 1번에서 떠올린 일을 친구들 앞에서 발표할 때, 하고 싶은 말을 정리하여 쓰시오.

_____

_____

핵심

4 발표를 할 때 주의할 점을 알맞게 말하지 않은 친구의 이름을 쓰시오.

태양: 떠오르는 생각을 모두 발표해야 해.
하늘: 중요한 내용을 생각하면서 발표해야 해.
바다: 듣는 사람을 바라보며 알맞은 목소리로 발표해야 해.

(   )

핵심   📖교과서 문제

5 발표를 들을 때 주의할 점으로 알맞은 것을 두 가지 고르시오. (,   )

① 중요한 내용을 생각하면서 듣는다.
② 들을 때 말하는 사람을 보지 않는다.
③ 헷갈리는 말을 구분하지 않고 듣는다.
④ 발표하는 내용을 모두 쓰면서 듣는다.
⑤ 바른 말을 사용하는지 확인하면서 듣는다.

교과서 핵심

◉ 발표를 하거나 들을 때 주의할 점

발표를 할 때	• 중요한 내용을 생각하면서 발표합니다. • 듣는 사람을 바라보며 알맞은 목소리로 발표합니다.
발표를 들을 때	• 중요한 내용을 생각하면서 듣습니다. • 바른 말을 사용하는지 확인하면서 듣습니다.

아빠와 함께 추억 만들기

❶ 일요일 아침, 아빠와 나는 시골에서 하는 '아빠
와 함께 추억 만들기' 행사에 ♥참여했습니다. 가장
어떤 일을 시행함. 또는 그 일.
먼저 할 일은 '감자 캐기'였습니다. 우리는 마을 이
장님을 따라 감자밭으로 갔습니다. 그때, 어떤 아
5 이가 감자밭을 마구 파헤치며 물었습니다.

　"어, 그런데 감자가 어디 있어요? 하나도 안 보
이는데요?"

　"감자는 땅속에 꼭꼭 숨어 있지."

　이장님은 웃으며 우리에게 말했습니다.

10 "땅속에 묻힌 감자가 다치면 안 되니까 유리그
릇 다루듯 조심조심 캐야 합니다. 자, 그럼 모두
시작하세요!"

　우리는 잔뜩 들뜬 마음으로 쭈그려 앉아 감자를
캤습니다.

중심 내용 일요일 아침, 아빠와 나는 '아빠와 함께 추억 만들기' 행사에 참
여해 감자를 캤다.

15 ❷ 점심이 되자 우리는 직접 캔 감자를 물로 씻어
♥아궁이에 쪘습니다. 얼마 뒤 마당 가득 구수한 감

자 냄새가 솔솔 풍겼습니다.

　"자, 어서 이리들 오너라. 너희들이 캔 감자다."

　이장님은 김이 모락모락 나는 감자를 한 소쿠리
연기나 냄새, 김 따위가 계속 조금씩 피어오르는 모양.
꺼내 들고 왔습니다. 우리는 감자를 하나씩 집어
들어 후후 불며 맛있게 먹었습니다.　　　5

중심 내용 점심에는 직접 캔 감자를 아궁이에 쪄 맛있게 먹었다.

· 글의 종류: 이야기
· 글의 특징: 세나가 아빠와 함께 보낸 일요일 하루의 일이 시간을
나타내는 말과 함께 잘 나타나 있습니다.

♥참여했습니다 어떤 일에 끼어들어 관계하였습니다.
　예 동아리 활동에 적극적으로 참여했습니다.
♥아궁이 방이나 솥 따위에 불을 때기 위하여 만든 구멍.
　예 할머니께서 아궁이에 불을 지피셨습니다.

🦉 교과서 핵심

◦세나가 겪은 일을 시간을 나타내는 말에 따라 차례대로 정리하
기 ①

아침	'아빠와 함께 추억 만들기' 행사에 참여해서 감자를 캤다.
점심	감자를 물로 씻어 아궁이에 쪘다.

📖 교과서 문제

1 세나와 아빠는 '아빠와 함께 추억 만들기' 행사
에 가서 가장 먼저 무엇을 했습니까? (　　)

① 숨바꼭질　　② 준비 운동
③ 감자 캐기　　④ 감자 찌기
⑤ 그릇 만들기

3 이 글에서 시간을 나타내는 말을 두 가지 고
르시오.　　　　　　　(　　,　　)

① 아침
② 시골
③ 땅속
④ 점심
⑤ 솔솔

2 이장님이 감자를 캘 때 조심조심 캐야 한다고
한 까닭은 무엇입니까?　　　　(　　)

① 흙이 옷에 묻을 수 있어서
② 감자를 캐는 도구가 뾰족해서
③ 잘못하면 유리그릇이 깨질 수 있어서
④ 땅속에 묻힌 감자가 다치면 안 되어서
⑤ 감자밭에 위험한 물건이 있을 수 있어서

핵심
4 시간을 나타내는 말을 생각하며 다음 빈칸에
세나가 겪은 일을 쓰시오.

· 세나는 점심에 ＿＿＿＿＿＿＿＿

＿＿＿＿＿＿＿＿＿＿＿＿＿＿＿＿

5
단원

월

일

❸ 오후가 되자 놀이 시간이 되었습니다. 아빠가 아이를 업고 달리는 놀이였습니다.

"자, 세나야. 어서 업히렴."

나는 ♥얼떨결에 아빠 등에 업혔습니다.

5 "자, 다들 준비되셨지요? 그럼, 저기 말뚝을 박아 놓은 데까지 아이를 업고 가셨다가 되돌아오는 겁니다. 자, 출발!"

이장님이 호루라기를 불자, 아빠들은 저마다 아이를 업고 달리기 시작했습니다.

10 모두 큰 소리로 응원하자 아빠는 더욱 빨리 달렸
운동 경기 따위에서, 선수들이 힘을 낼 수 있도록 도와주자.
고 아빠 등에 업힌 나도 덩달아 들썩들썩 어깨춤을
어깨나 엉덩이 따위가 계속 들렸다 놓였다 하는 모양.
추었습니다.

"야, 이겼다!"

㉠우리가 이겨 나는 펄쩍펄쩍 뛰며 좋아서 어쩔
15 줄을 몰랐습니다. 아빠도 이마에 흐르는 땀을 닦으며 활짝 웃었습니다.

중심 내용 오후 놀이 시간에는 아빠 등에 업혀 달리기를 했는데, 우리가 이겨 기분이 매우 좋았다.

❹ 밤이 되어 집으로 돌아오는 버스 안에서 나는 아빠에게 이야기했습니다.

"아빠 등에 업히니까 아주 따뜻하고 좋았어요."

"허허, 그렇다면 내 딸 날마다 업어 줘야겠구나. 아빠도 기분이 아주 좋았단다."

나는 아빠 어깨에 기대 어느새 쿨쿨 잠이 들었습니다.

중심 내용 밤이 되어 집으로 돌아오는 버스 안에서 나는 아빠와 이야기를 하며 잠이 들었다.

♥얼떨결 뜻밖의 일을 갑자기 당하거나, 여러 가지 일이 너무 복잡하여 정신을 가다듬지 못하는 판.
⑩ 형은 얼떨결에 대답하였습니다.

교과서 핵심

◦세나가 겪은 일을 시간을 나타내는 말에 따라 차례대로 정리하기 ②

| 오후 | 아빠와 함께 놀이 활동에 참여했다. |
| 밤 | 집으로 돌아오는 버스에서 아빠와 이야기를 하며 잠이 들었다. |

📖 교과서 문제

5 세나가 오후에 겪은 일은 무엇입니까? (   )

① 호루라기를 불었다.
② 아빠와 함께 춤을 추었다.
③ 아빠를 업고 달리기를 하였다.
④ 이장님께 말뚝 박는 법을 배웠다.
⑤ 아빠와 함께 놀이 활동에 참여했다.

6 ㉠에서 세나의 기분을 알맞게 짐작한 것은 무엇입니까? (   )

① 즐겁다.
② 아쉽다.
③ 힘들다.
④ 미안하다.
⑤ 집에 가고 싶다.

📖 교과서 문제

7 세나가 겪은 일을 시간을 나타내는 말에 따라 정리하려고 합니다. 이 글에서 알맞은 말을 찾아 빈칸에 쓰시오.

• (   )에 집으로 돌아오는 버스에서 아빠와 이야기를 하며 잠이 들었다.

핵심

8 이 글의 내용을 바탕으로 세나가 겪은 일을 순서대로 나열하시오.

| ㈎ 감자를 물로 씻어 아궁이에 쪘다. |
| ㈏ 아빠와 함께 놀이 활동에 참여했다. |
| ㈐ '아빠와 함께 추억 만들기' 행사에 참여해서 감자를 캤다. |
| ㈑ 집으로 돌아오는 버스에서 아빠와 이야기를 하며 잠이 들었다. |

(   ) → (   ) → (   ) → (   )

희망을 만든 우편집배원

김현태

❶ 한 우편집배원이 있었습니다. 그는 도시에서 아주 멀리 떨어진 작은 시골 마을에 우편물을 배달했습니다.

시골 마을로 가는 길은 뿌연 모래 먼지만 날릴 5 뿐 그 ♥흔한 들꽃조차도 없었습니다. 그래서 그런지 시골 마을로 가는 내내 우편집배원의 마음도 왠지 쓸쓸했습니다.
처음부터 끝까지.

시간이 지날수록 그는 늘 정해진 길을 왔다 갔다 하는 일에 짜증이 났습니다. 하지만 자신의 일을 10 거부할 수는 없었습니다. 설레는 마음으로 우편물을 기다리는 마을 사람들 때문이었습니다.

중심 내용 시골 마을에 우편물을 배달하는 우편집배원은 늘 정해진 길을 왔다 갔다 하는 일에 짜증이 났다.

❷ 그러던 가을의 어느 날, 우편집배원은 시골 마을 입구에 앉아 한숨을 내쉬며 중얼거렸습니다.

"평생 이 마을을 다녀야 하는데 마을로 오가는 15 길은 마치 사막처럼 황량해. 하루하루가 너무 지겨워. 뭐 좋은 수가 없을까?"
거칠고 쓸쓸해.

머리를 갸우뚱거리며 깊은 생각에 빠진 그는 한참 후에 무릎을 치며 일어났습니다.
㉠"그래, 바로 그거야!"

다음 날, 그는 마을로 오는 길에 들꽃 씨앗을 뿌렸습니다. 그다음 날에도 꽃씨를 뿌렸습니다. 그렇게 5 하루도 빠짐없이 계속 씨앗을 뿌렸습니다.

중심 내용 가을의 어느 날, 우편집배원은 마을로 오는 길에 들꽃 씨앗을 뿌렸다.

・글의 종류: 이야기
・글의 내용: 우편집배원이 시골 마을로 오는 길이 너무 황량하여 들꽃 씨앗을 뿌렸고, 봄이 되자 길가에 꽃이 피었습니다. 그리고 일 년이 지난 여름 날, 꽃들은 더욱 만발했고 가을에도 여전히 아름다운 자태를 뽐내며 꽃 잔치는 계속되었습니다.

♥흔한 보통보다 더 자주 있거나 일어나서 쉽게 접할 수 있는.
예 누나는 흔한 이름이 싫다고 했습니다.

교과서 핵심

일이 일어난 차례대로 이 글의 내용 정리하기 ①

가을의 어느 날	마을로 오가는 길이 지루하다고 느낀 우편집배원이 한숨을 내쉬었다.
다음 날	우편집배원은 마을로 오는 길에 들꽃 씨앗을 뿌렸다.

---

1 우편집배원이 하는 일은 무엇입니까? (   )
① 시골에 음식을 배달한다.
② 길에 난 꽃들을 관리한다.
③ 아이들에게 글자를 가르친다.
④ 시골 마을에 우편물을 배달한다.
⑤ 시골 마을의 길을 깨끗이 청소한다.

📖 교과서 문제

2 우편집배원의 마음이 쓸쓸했던 까닭은 무엇입니까? (   )
① 친구들이 아무도 없어서
② 시골 마을이 너무 멀어서
③ 시골 마을 사람들이 불친절해서
④ 시골 마을을 오가는 길이 황량해서
⑤ 배달해야 할 우편물이 너무 많아서

역량

3 글의 내용으로 보아 ㉠에서 우편집배원이 결심한 것은 무엇입니까? (   )
① 밥을 먹고 가야겠다.
② 자신의 일을 그만두어야겠다.
③ 마을 사람들에게 전화를 걸어야겠다.
④ 마을로 가는 길에 돌다리를 놓아야겠다.
⑤ 마을로 오는 길에 들꽃 씨앗을 뿌려야겠다.

4 글 ❷에서 시간을 나타내는 말을 모두 찾아 쓰시오.
(   )

❸ 가을이 지나고 겨울이 지나 싱그러운 봄날이 찾아왔습니다. 여느 때와 다름없이 우편집배원은 시골 마을로 우편물을 배달하러 가는 길이었습니다.

그런데 마을로 가는 길가에 예쁜 꽃들이 하나둘
5 씩 눈에 띄었습니다. 그리고 이름은 모르지만 향기가 진한 들꽃과 들풀도 잔뜩 피어 있었습니다. 우편집배원은 꽃과 들풀에 코를 갖다 대었습니다.

"와, 예쁘다. 으음, 향기도 정말 좋군."

일 년이 지난 여름날, 꽃들은 더욱 ♥만발했고 가
10 을에도 여전히 아름다운 ♥자태를 뽐내며 꽃 잔치는 계속되었습니다.

우편집배원은 꽃길을 오고 가는 게 마냥 행복했습니다. 절로 휘파람이 나왔습니다.

이제 마을로 가는 길은 외롭거나 심심하거나 우울
15 하지 않았습니다. 오히려 즐거운 길이 되었습니다.

(중심 내용) 봄날이 되자 꽃들이 하나둘씩 눈에 띄었고, 일 년이 지난 여름날에는 꽃들이 만발하여 우편 집배원은 마을을 오가는 게 행복했다.

❹ 그는 이제 욕심이 생겼습니다. 마을로 가는 길

가에 가로수를 ㉠조성하는 것이었습니다. 그는 꽃길을 오갈 때마다 작은 묘목 몇 개씩을 가지런히 길가에 심었습니다.

"비록 지금은 손가락만 한 나무이지만 언젠가는 내 키보다 더 높이 자랄 거야."
5
우편집배원은 먼 ♥훗날을 기약하며 싱글벙글 마을로 향했습니다.
　　　때를 정하여 약속하며.

(중심 내용) 우편집배원은 이제 마을로 가는 길에 가로수를 조성하고 싶다는 욕심이 생겼다.

♥만발했고 꽃이 활짝 다 피었고.
♥자태 어떤 모습이나 모양.
♥훗날 시간이 지나 뒤에 올 날.

🦉 교과서 핵심

○ 일이 일어난 차례대로 이 글의 내용 정리하기 ②

봄날	우편집배원이 길가에 핀 꽃과 들풀 향기를 맡았다.
일 년이 지난 여름날	꽃들이 더욱 만발했다.

📖 교과서 문제

5 이 글에 쓰인 다음 낱말의 뜻으로 알맞은 것을 찾아 선으로 이으시오.

(1) 만발 •
　　　　　　• ① 꽃이 활짝 다 핌.

(2) 자태 •
　　　　　　• ② 무언가를 만들어 이룸.

(3) 조성 •
　　　　　　• ③ 어떤 모습이나 모양.

📖 교과서 문제

6 ㉠ '조성'을 넣어 문장을 만들어 쓰시오.
(　　　　　　　　　　　　　　)

서술형 핵심

7 이 글에서 일이 일어난 차례를 생각하며 빈칸에 알맞은 내용을 쓰시오.

> 가을의 어느 날: 마을로 오가는 길이 지루하다고 느낀 우편집배원이 한숨을 내쉼.

⬇

> 다음 날: 우편집배원은 마을로 오는 길에 들꽃 씨앗을 뿌림.

⬇

> (1) (　　　　　): 우편집배원이 길가에 핀 꽃과 들풀 향기를 맡음.

⬇

> 일 년이 지난 여름날: (2) ＿＿＿＿＿＿＿＿＿
> ＿＿＿＿＿＿＿＿＿＿＿＿＿＿＿＿＿
> ＿＿＿＿＿＿＿＿＿＿＿＿＿＿＿＿＿

학교 가는 길

월요일 아침, ㉠은호는 수정이와 함께 즐겁게 학교에 (같습니다, 갔습니다). 수정이가 가방이 무거운지 힘들어 보였습니다.

"수정아! 가방이 무겁니? 내가 도와줄까?"

"아니야, 오늘 준비물이 많아서 그래. 고마워."

5 은호는 힘들어하는 수정이가 계속 마음에 걸렸습니다.

"내가 교실 앞까지 바래다줄까?"

"아니야, 조금만 더 가면 되는데 뭘."

수정이는 가방끈을 꼭 잡고 밝게 웃으며 말했습니다.

얼마 뒤, 은호와 수정이는 학교 앞에 도착했습니다.

10 '2학년 때는 수정이와 ㉡틀린 반이라 아쉽네.'

은호와 수정이는 현관 앞에 섰습니다.

"난 1층, 넌 2층."

수정이는 밝은 표정으로 은호에게 말했습니다.

"1학년 때는 반이 같아서 좋았는데……."

15 은호는 아쉬운 표정으로 말했습니다.

● 상황에 알맞게 바른 말을 사용한 친구를 찾아보기

㉮ 선생님께서 교실에서 수업을 하고 있는 상황

[다연] 선생님께서 국어를 가리켜 주십니다.

[도윤] 선생님께서 국어를 가르쳐 주십니다.

㉯ 동생이 집 현관문 비밀번호를 몰라 문을 못 열고 있는 상황

[준태] 동생이 비밀번호를 잊어버렸어요.

[은우] 동생이 비밀번호를 잃어버렸어요.

1 ㉠에서 빈칸에 들어갈 알맞은 말에 ○표를 하시오.

• 은호는 수정이와 함께 즐겁게 학교에 (같습니다 , 갔습니다).

2 낱말을 뜻을 생각하며 ㉡을 문장에 어울리게 고쳐 쓰시오.

• 틀린 → (   )

3 ㉮와 ㉯의 상황에서 바른 말을 사용한 친구의 이름을 각각 쓰시오.

(1) ㉮: (   )

(2) ㉯: (   )

4 다음 빈칸에 들어갈 알맞은 말을 보기 에서 찾아 쓰시오.

보기

작게   적게

• 아침에 밥을 (   ) 먹었더니 배가 고프다.

팥죽 할머니와 호랑이

옛날에 산비탈에서 할머니가 팥밭을 <u>매고</u> 있었어요. 그때 호랑이
논밭에 난 잡풀을 뽑고.
한 마리가 어슬렁어슬렁 다가왔어요.

"어흥! 할멈을 잡아먹어야겠다."

할머니는 깜짝 놀라서 그만 뒤로 넘어졌어요.

5 할머니는 무서웠지만 정신을 차리고 호랑이에게 말했어요.

"제발 살려 다오. 내가 동짓날 팥죽을 맛있게 쑤어 주마. 그때 가
서 날 잡아먹으렴."

호랑이는 할머니의 말을 듣고 생각해 보니 그것도 좋을 것 같았어요.
〈중략〉 드디어 동짓날이 되었어요.

10 할머니는 가마솥 가득 팥죽을 쑤었어요. 팥죽을 쑤어 놓고 보니,
호랑이가 잡아먹으러 온다는 생각에 너무 슬퍼서 엉엉 울었어요.

그러자 마당 한구석에 세워 놓은 지게가 다가와서 물었어요.

"할머니, 할머니, 왜 울어요?" / "호랑이가 날 잡아먹으러 온다고
해서 운단다." / "제가 구해 줄 테니 걱정하지 마세요."

15 그러고는 지게가 사립문 옆에 가서 서 있었어요.

이번에는 멍석이 다가왔어요. / "왜 그렇게 울어요?" / "응, 호랑
이가 오늘 날 잡아먹으러 올 거야."〈중략〉

밤이 되자 호랑이가 할머니 집으로 어슬렁어슬렁 걸어 들어왔어요.

"할멈, 잡아먹으러 왔다."

20 "솥에다 팥죽을 맛있게 쑤어 놨어. 먼저 팥죽을 먹으렴."

호랑이는 팥죽이 든 가마솥을 열려고 솥뚜껑 꼭지를 잡았어요. 그
랬더니 손에 개똥이 묻었어요. / "에잇, 이게 뭐람!"

호랑이는 손에 묻은 개똥을 씻으려고 물 항아리에 손을 담갔어
요. 그러자 자라가 호랑이 손을 꽉 깨물었어요. / "아야!"

25 호랑이는 손을 호호 불다가 아궁이로 다가갔어요. 그때 아궁이 속
에 있던 밤톨이 툭 튀어서 호랑이의 한쪽 눈을 팍 때렸어요.

호랑이가 눈이 너무 아파서 펄쩍펄쩍 뛰다가 마당을 데굴데굴 구
르자 멍석이 호랑이를 뚜르르 말았어요. / 그러자 사립문 옆에 서
있던 지게가 멍석에 말린 호랑이를 짊어졌어요. 그러고는 강물로

30 가서 호랑이를 물에다가 풍덩 빠뜨려 버렸어요.

5 이 글에 나온 등장인물이 한
일을 찾아 기호를 쓰시오.

> ㉠ 호랑이의 한쪽 눈을 팍 때
> 렸다.
> ㉡ 멍석에 말린 호랑이를 짊
> 어졌다.
> ㉢ 마당에서 데굴데굴 구르는
> 호랑이를 뚜르르 말았다.
> ㉣ 호랑이가 물 항아리에 손
> 을 담그자 호랑이 손을 꽉
> 깨물었다.

(1) 자라: (   )
(2) 지게: (   )
(3) 밤톨: (   )
(4) 멍석: (   )

6 이 글에서 일이 일어난 차례대
로 빈칸에 번호를 쓰시오.

> ☐ 이번에는 멍석이 다가왔
> 어요.
> "왜 그렇게 울어요?"
> "응, 호랑이가 오늘 날 잡
> 아먹으러 올 거야."

> ☐ 밤이 되자 호랑이가 할머
> 니 집으로 어슬렁어슬렁 걸
> 어 들어왔어요.

> ☐ 옛날에 산비탈에서 할머
> 니가 팥밭을 매고 있었어요.

> ☐ 드디어 동짓날이 되었어요.
> 할머니는 가마솥 가득 팥
> 죽을 쑤었어요.

실천 🍃 — 배운 내용 마무리하기

정답과 해설 ● 19쪽

핵심 📖 교과서 문제

1 그림을 보고 보기 에서 알맞은 낱말을 골라 문장을 완성하시오.

보기
| 가르치다   가리키다 |

남자아이가 달을
(   ).

핵심 📖 교과서 문제

2 다음 그림을 보고 빈칸에 들어가기에 알맞은 낱말을 찾아 ○표를 하시오.

오빠가 동생을
(가르치다 , 가리키다).

핵심 📖 교과서 문제

3 빈칸에 들어갈 알맞은 말을 찾아 선으로 이으시오.

(1)
2+1=5
답이
(   ).
• ① 다르다

(2)
두 아이의 키가
(   ).
• ② 틀리다

역량 📖 교과서 문제

4 그림과 시간을 나타내는 말을 보고 일이 일어난 차례대로 빈칸에 번호를 쓰시오.

| ☐ | 오전에는 공원의 놀이터에서 놀았습니다. |  |

| ☐ | 오후에는 식물원에서 다양한 꽃을 구경했습니다. |  |

| ☐ | 토요일 아침, 윤재네 가족은 공원에 도착했습니다. |  |

| ☐ | 점심에는 미리 준비한 도시락을 맛있게 먹었습니다. |  |

📖 교과서 문제

5 다음 낱말의 발음으로 알맞은 것의 기호를 쓰시오.

앞문	㉠ [암문]
	㉡ [안문]

(   )

📖 교과서 문제

6 밑줄 그은 낱말의 정확한 발음을 쓰시오.

• 설날에는 떡국을 먹는다.

[   ]

단원 평가

정답과 해설 ● 19쪽

5 단원

월

일

1~2

1 지윤이가 민재의 말을 잘못 이해한 까닭은 무엇인지 빈칸에 알맞은 말을 쓰시오.

• (   )이/가 헷갈렸기 때문이다.

중요

2 이 만화의 내용으로 보아, 민재는 ㉠을 어떻게 말하면 좋을지 고쳐 쓰시오.

(   )

3 다음을 일이 일어난 차례대로 기호를 쓰시오.

> ㉠ 물에 빠지니 소금이 녹아 짐이 가벼워졌어요. 당나귀는 미소를 지었어요.
> ㉡ 어느 날 소금을 싣고 가던 당나귀는 힘들어 버둥거리다 물속에 빠졌어요.
> ㉢ 물을 먹은 솜은 매우 무거워졌어요. 당나귀는 무거운 짐을 싣고 힘들게 걸어갔어요.
> ㉣ 다음 날 주인은 솜 자루를 당나귀 등에 실었어요. 당나귀는 꾀를 부려 일부러 물에 빠졌어요.

(   ) → (   ) → (   ) → (   )

4 다음 만화를 보고 빈칸에 들어갈 알맞은 낱말을 쓰시오.

(   )

중요

5 낱말에 어울리는 그림을 찾아 선으로 이으시오.

(1) 적다 •

(2) 작다 •

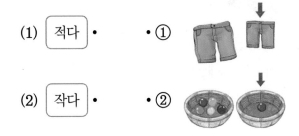

• ①

• ②

6 다음 그림과 문장에 어울리는 낱말을 찾아 ○표를 하시오.

• 일기에서 (틀린 , 다른) 글자를 보았다.

7 '잊어버리다'의 뜻을 생각하며 문장을 만들어 쓰시오.

(   )

중요

8 발표를 하거나 들을 때 주의할 점을 알맞게 말한 친구를 <u>모두</u> 골라 이름을 쓰시오.

> 호진: 떠오르는 생각을 모두 발표해야 해.
> 서희: 중요한 내용을 생각하면서 말해야 해.
> 재석: 발표하는 내용을 모두 쓰면서 들어야 해.
> 다연: 바른 말을 사용하는지 확인하면서 들어야 해.

( )

국어 활동

9 다음 문장에 들어갈 알맞은 말에 ○표를 하시오.

• 동생 밥보다 제 밥이 (적어요 , 작아요).

10~14

㉮ 점심이 되자 우리는 직접 캔 감자를 물로 씻어 아궁이에 쪘습니다. 얼마 뒤 마당 가득 구수한 감자 냄새가 솔솔 풍겼습니다.

"자, 어서 이리들 오너라. 너희들이 캔 감자다."

이장님은 김이 모락모락 나는 감자를 한 소쿠리 꺼내 들고 왔습니다. 우리는 감자를 하나씩 집어 들어 후후 불며 맛있게 먹었습니다.

㉯ 오후가 되자 놀이 시간이 되었습니다. 아빠가 아이를 업고 달리는 놀이였습니다.

"자, 세나야. 어서 업히렴."

나는 얼떨결에 아빠 등에 업혔습니다.

"자, 다들 준비되셨지요? 그럼, 저기 말뚝을 박아 놓은 데까지 아이를 업고 가셨다가 되돌아오는 겁니다. 자, 출발!"

㉰ 밤이 되어 집으로 돌아오는 버스 안에서 나는 아빠에게 이야기했습니다.

"아빠 등에 업히니까 아주 따뜻하고 좋았어요."

"허허, 그렇다면 내 딸 날마다 업어 줘야겠구나. 아빠도 기분이 아주 좋았단다."

10 이 글의 내용으로 알맞은 것은 무엇입니까?

( )

① 세나는 아빠와 고구마를 캤다.
② 세나는 달리기를 하다가 넘어졌다.
③ 세나가 잠이 들어 아빠가 업어 주었다.
④ 세나는 이장님이 캔 감자를 쪄서 먹었다.
⑤ 세나는 아빠와 함께 달리는 놀이 활동에 참여했다.

11 아빠의 등에 업혔을 때 세나의 마음은 어땠습니까?

( )

① 피곤했다.　　② 낯설었다.
③ 불편했다.　　④ 무서웠다.
⑤ 따뜻하고 좋았다.

12 이 글에서 시간을 나타내는 말을 <u>모두</u> 찾아 쓰시오.

( )

서술형

13 세나가 점심에 겪은 일을 정리하여 쓰시오.

_____

_____

실력 UP

14 ㉠~㉢ 가운데 가장 먼저 일어난 일은 무엇인지 기호를 쓰시오.

> ㉠ 감자를 물로 씻어 아궁이에 쪘다.
> ㉡ 아빠와 함께 놀이 활동에 참여했다.
> ㉢ 집으로 돌아오는 버스에서 아빠와 이야기를 했다.

( )

15~18

㉮ 다음 날, 그는 마을로 오는 길에 들꽃 씨앗을 뿌렸습니다. 그다음 날에도 꽃씨를 뿌렸습니다. 그렇게 하루도 빠짐없이 계속 씨앗을 뿌렸습니다.

㉯ 가을이 지나고 겨울이 지나 싱그러운 봄날이 찾아왔습니다. 여느 때와 다름없이 우편집배원은 시골 마을로 우편물을 배달하러 가는 길이었습니다.

그런데 마을로 가는 길가에 예쁜 꽃들이 하나둘씩 눈에 띄었습니다. 그리고 이름은 모르지만 향기가 진한 들꽃과 들풀도 잔뜩 피어 있었습니다. 우편집배원은 꽃과 들풀에 코를 갖다 대었습니다.

"와, 예쁘다. 으음, 향기도 정말 좋군."

㉰ 일 년이 지난 여름날, 꽃들은 더욱 ㉠만발했고 가을에도 여전히 아름다운 자태를 뽐내며 꽃 잔치는 계속되었습니다.

우편집배원은 꽃길을 오고 가는 게 마냥 행복했습니다.

㉱ 그는 이제 욕심이 생겼습니다. 마을로 가는 길가에 가로수를 조성하는 것이었습니다. 그는 꽃길을 오갈 때마다 작은 묘목 몇 개씩을 가지런히 길가에 심었습니다.

15 우편집배원이 마을로 오가는 길에 한 일은 무엇인지 두 가지 고르시오. (,)

① 들꽃을 꺾었다.
② 들꽃 씨앗을 뿌렸다.
③ 들풀 사진을 찍었다.
④ 작은 묘목을 심었다.
⑤ 길가에 앉아 그림을 그렸다.

중요

16 ㉠ '만발'을 넣어 문장을 만들어 쓰시오.

( )

17 우편집배원은 어떤 소망을 가지게 되었습니까? ( )

① 마을 사람들과 친해지는 것
② 들꽃이 만발하여 향기를 맡는 것
③ 평생 시골 마을에 우편물을 배달하는 것
④ 마을로 가는 길가에 가로수를 조성하는 것
⑤ 시골 마을에 사는 어려운 사람들을 돕는 것

서술형

18 이 글에서 일어난 일을 차례대로 정리하여 빈칸을 완성하시오.

다음 날	우편집배원은 마을로 오는 길에 들꽃 씨앗을 뿌렸다.

↓

봄날	

↓

일 년이 지난 여름날	꽃들이 더욱 만발했다.

국어 활동

19 보기 에 나온 시간을 나타내는 말을 넣어 짧은 문장을 만들어 쓰시오.

보기
밤이 되자 호랑이가 할머니 집으로 어슬렁어슬렁 걸어 들어왔어요.

( )

20 낱말의 발음이 알맞지 않은 것은 무엇입니까? ( )

① 국민[궁민]　　② 앞문[암문]
③ 분리[불니]　　④ 국물[궁물]
⑤ 줄넘기[줄럼끼]

● 글씨를 바르게 써 보시오.

잃	어	버	리	다
잃	어	버	리	다
잃	어	버	리	다

추	억
추	억
추	억

| 절 | 로 | | 휘 | 파 | 람 | 이 |
| 절 | 로 | | 휘 | 파 | 람 | 이 |

| 나 | 왔 | 습 | 니 | 다 | . |
| 나 | 왔 | 습 | 니 | 다 | . |

6

매체를 경험해요

무엇을 배울까요?

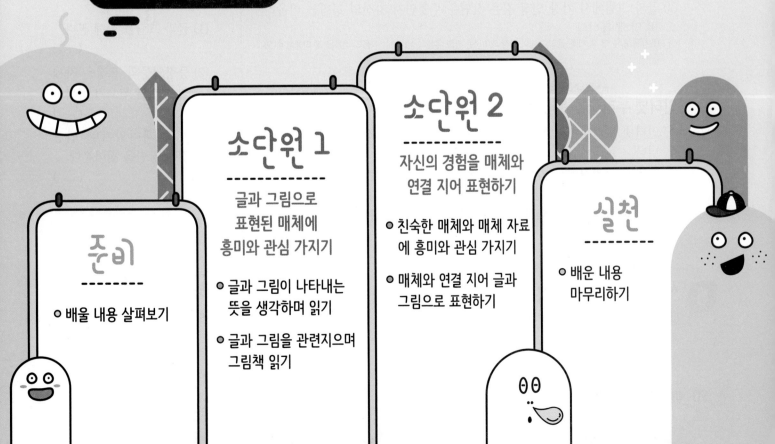

소단원 1

글과 그림으로 표현된 매체에 흥미와 관심 가지기

● 글과 그림이 나타내는 뜻을 생각하며 읽기

● 글과 그림을 관련지으며 그림책 읽기

소단원 2

자신의 경험을 매체와 연결 지어 표현하기

● 친숙한 매체와 매체 자료에 흥미와 관심 가지기

● 매체와 연결 지어 글과 그림으로 표현하기

준비

● 배울 내용 살펴보기

실천

● 배운 내용 마무리하기

1 매체에 대해 알아보기

① 매체란 소통을 하는 도구를 말합니다.
② 책, 텔레비전, 스마트폰, 컴퓨터, 태블릿, 인터넷 등이 매체입니다.
③ 매체 자료에는 그림책, 만화, 뉴스, 광고, 웹툰, 애니메이션, 영화 등이 있습니다.

2 글과 그림에 주의하며 공익 광고 살펴보기

① 공익 광고는 여러 사람의 이익을 목적으로 하는 광고를 말합니다.
② 공익 광고를 보며 어떤 글과 그림으로 이루어져 있는지 자세히 살펴보고, 어떤 글과 그림이 인상 깊었는지 친구들과 이야기해 봅니다.

3 만화를 더 재미있게 읽기

① 글과 그림을 함께 봅니다. ┌→ 만화에서 글과 그림이 있으면 그 내용을 더욱 생생하게 이해할 수 있고, 어떤 상황인지 더 자세히 알 수 있습니다.
② 글자의 모양이나 크기도 관심 있게 보면 좋습니다.
③ 만화에 나오는 말풍선과 그림을 함께 보면 재미있습니다.
④ 만화에 등장한 인물의 표정을 보며 어떤 말을 했는지 알아봅니다.

4 글과 그림을 관련지어 말하기

① 어떠한 장면을 가장 재미있게 느꼈는지 자신의 생각을 표현해 봅니다.
② 글과 그림에서 가장 인상 깊은 장면은 무엇인지 자신의 경험을 떠올리며 말해 봅니다.
→ 그림책을 읽을 때 책 제목, 글과 그림이 각각 의미하는 바를 유심히 살펴봐야 작품의 내용을 잘 이해할 수 있습니다.

┌→ 인터넷 홈페이지의 순우리말로, 세상을 뜻하는 '누리'와 '집'을 합쳐서 만든 말입니다.

5 인터넷 누리집을 본 경험 발표하기

① 인터넷 누리집에서 기억에 남는 글이나 그림을 본 경험을 이야기해 봅니다.
② 인터넷 누리집에서 자신이 친숙하게 생각하는 점은 무엇이었는지, 그것을 보며 어떤 점에 흥미와 관심을 가지게 되었는지 발표해 봅니다.
③ 어떤 매체와 매체 자료에 관심을 가졌는지 발표해 봅니다.

6 학급 누리집에 올릴 게시물 점검하기

① 다른 사람이 궁금해할 만한 내용인가요?
② 전하고자 하는 내용이 글에 잘 드러났나요?
③ 그림이나 사진이 글의 내용과 잘 어울리나요?

핵심 확·인·문·제

정답과 해설 ● 21쪽

1 매체란 소통하는 도구를 말합니다.
(○ , ×)

2 여러 사람의 이익을 목적으로 하는 광고를 □□□□(이)라고 합니다.

3 공익 광고를 볼 때에는 어떤 글과 그림으로 이루어져 있는지 자세히 살펴봐야 합니다.
(○ , ×)

4 글과 그림으로 표현된 매체를 읽는 방법으로 맞으면 ○, 틀리면 ×표를 하시오.
(1) 글과 그림을 함께 본다.
( )
(2) 등장인물의 표정은 자세히 살펴볼 필요가 없다.
( )
(3) 가장 재미있거나 인상 깊은 장면을 찾아본다.
( )

5 누리집에 게시물을 올릴 때 다른 사람은 신경 쓰지 않아도 됩니다.
(○ , ×)

● 인물의 움직임과 소리에 집중하며 「토끼의 재판」을 보기

→ 영상에서 본 장면 가운데 기억에 남는 말이나 모습, 소리, 음악은 무엇이었는지, 어떤 생각이 들었는지 말해 봅니다.

• **장면 설명:** 「토끼의 재판」 영상에 나오는 장면으로, 이야기를 영상으로 보면 소리를 들으며 인물들의 움직임을 볼 수 있어서 그 모습을 더 생생하게 느낄 수 있습니다.

교과서 핵심

● **이야기를 책으로 읽을 때와 영상으로 볼 때 어떻게 다른지 말해 보기 예**

소현: 「토끼의 재판」을 책으로 읽으니 재판하는 모습을 상상할 수 있어서 좋아.

다훈: 「토끼의 재판」을 영상으로 보니 소리를 들으며 인물들의 움직임을 볼 수 있어서 그 모습이 더 생생하게 느껴져.

6 단원

월

일

---

1 「토끼의 재판」에 대한 친구의 생각을 보고, 친구가 무엇으로 이야기를 접했는지 알맞은 것에 ○표를 하시오.

'종이를 넘기면서 한 글자, 한 글자 읽다 보니까 이야기 속으로 빠져들었어.'

(책 , 영상)

핵심

2 이야기를 책으로 읽을 때의 좋은 점을 말한 친구의 이름을 쓰시오.

소현: 글과 그림을 보며 내용을 이해할 수 있어서 좋아.

다훈: 소리를 들으며 인물들의 움직임을 볼 수 있어서 그 모습이 더 생생하게 느껴져.

( )

역량

3 이야기를 영상으로 볼 때는 무엇에 집중해야 하는지 두 가지 고르시오. (,)

① 글

② 그림

③ 소리

④ 영상의 길이

⑤ 인물의 움직임

서술형

4 이야기를 영상으로 본 경험을 떠올려 쓰시오.

_____

_____

 **소단원 1** 글과 그림이 나타내는 뜻을 생각하며 읽기

● 글과 그림에 주의하며 공익 광고를 살펴보기

- **공익 광고의 내용:** 초록색 비닐봉지가 땅에 묻혀 있는 모습이 식물처럼 보이는 그림과, "엄마, 저 풀은 이름이 뭐예요?"라는 글을 통해 땅속에 묻어도 썩지 않는 쓰레기들이 토양을 오염시키고 있음을 보여 주며, 비닐봉지와 같은 일회용품 사용을 줄이자는 뜻을 전달하고 있습니다.

교과서 핵심

● 공익 광고를 보고 어떤 글과 그림이 인상 깊었는지 이야기하기 예

- 초록색 비닐봉지가 땅에 묻혀 있는 모습이 식물처럼 보였어.
- 땅속에 묻어도 썩지 않는 쓰레기가 풀처럼 보이는 것이 인상 깊었어.
- "엄마, 저 풀은 이름이 뭐예요?" 라는 문장이 썩지 않는 쓰레기를 풀로 착각한 것 같아서 기억에 남아.

1 이 공익 광고에 대한 설명으로 알맞지 않은 것은 무엇입니까? ( )

① 비닐봉지가 땅에 묻혀 있다.
② 비닐봉지를 풀처럼 표현하였다.
③ 여러 사람의 이익을 목적으로 하는 광고이다.
④ 글을 통해 분리수거를 잘 하자는 뜻을 전달하고 있다.
⑤ 글과 그림을 통해 땅속에 묻어도 썩지 않는 쓰레기들이 토양을 오염시키고 있음을 알 수 있다.

📖 교과서 문제

2 이 공익 광고에서 전하고자 하는 뜻은 무엇인지 쓰시오.

( )

📖 교과서 문제

3 이 공익 광고의 그림을 통해 알 수 있는 내용으로 알맞은 것에 ○표를 하시오.

(1) 비닐봉지가 썩지 않고 땅속에 묻혀 있다. ( )
(2) 비닐봉지가 풀을 자라게 하는 데 거름이 된다. ( )

서술형 📖 교과서 문제

4 이 공익 광고를 보고 어떤 글과 그림이 인상 깊었는지 쓰시오.

_____

_____

● 친구들과 함께 만화를 살펴보기 → 만화는 글과 그림으로 이루어진 매체입니다.

6
단원

월

일

• 만화의 내용: 부모님과 함께 등산을 간 영준이가 조심하지 않고 산에서 빠르게 내려오다가 넘어진 내용으로, 글과 그림을 함께 보며 만화의 내용을 더욱 생생하게 이해할 수 있습니다.

🐌 교과서 핵심

● 어떤 점을 생각하면서 만화를 읽어야 할지 이야기해 보기

• 글과 그림을 함께 보면 좋습니다.
• 글자의 모양이나 크기도 관심 있게 보면 좋습니다.
• 만화에 나오는 말풍선과 그림을 함께 보면 재미있습니다.
• 만화에 등장한 인물의 표정을 보며 어떤 말을 했는지 알아봅니다.

📖 교과서 문제

5 영준이에게 어떤 일이 있었습니까? ( )

① 산에서 길을 잃었다.
② 산에서 내려오다가 넘어졌다.
③ 산 정상에 가장 먼저 올라갔다.
④ 산에 올라가서 도시락을 먹었다.
⑤ 산에서 다친 사람을 도와주었다.

📖 교과서 문제

6 장면 ②에서 영준이는 어떤 말을 하고 어떤 표정을 지었습니까? ( )

① 화난 표정으로 "빨리 가요."라고 말했다.
② 신난 표정으로 "야호! 신난다."라고 말했다.
③ 슬픈 표정으로 "아야, 아파라!"라고 말했다.
④ 걱정하는 표정으로 "천천히 가자."라고 말했다.
⑤ 신나서 활짝 웃는 표정으로 "우아, 내려가는 건 정말 쉬워요."라고 말했다.

📖 교과서 문제

7 장면 ④에 나타난 어머니의 표정으로 보아 어머니께서는 어떤 말씀을 하셨을지 쓰시오.

( )

핵심 역량

8 만화를 읽으며 생각해야 할 점을 잘못 이야기한 친구의 이름을 쓰시오.

민우: 글과 그림을 함께 보면 좋아.
자윤: 만화에 나오는 말풍선과 그림을 함께 보면 재미있어.
세원: 만화는 그림이 중요한 내용을 표현하므로 그림만 보면 돼.
라희: 만화에 등장한 인물의 표정을 보며 어떤 말을 했는지 알아봐야 돼.

( )

오염물이 터졌다

글·그림: 송수혜

① 이제 아침 식사 시간
이에요.

철이네 가족은 식탁에
모였어요.

5 꿈 때문에 마음이 ♥뒤
숭숭한 철이는 음식을
남기지 않고 다 먹었어요.

- **그림책의 내용:** 철이가 가족들의 잘못된 물 사용 습관 때문에 생긴 오염물이 터지는 꿈을 꾼 다음에 물 오염과 낭비를 막기 위한 행동을 실천하겠다고 다짐하는 내용입니다.

♥뒤숭숭한 느낌이나 마음이 어수선한.

♥채 이미 있는 상태 그대로.

교과서 핵심

◦ 글과 그림을 관련지으며 「오염물이 터졌다」 읽기

- 그림을 주로 검은색으로 표현한 것은 '오염물'이라는 낱말과 관련이 있습니다.
- 오염물을 터지게 만든 철이네 가족의 습관이 무엇인지 알아보기 위해서는 장면 **②**를 살펴보아야 합니다.

1 📖 교과서 문제

아침 식사 시간에 철이의 마음은 어땠는지 빈칸에 알맞은 말을 각각 쓰시오.

• (   ) 때문에 마음이 (   ) 했다.

2 📖 교과서 문제

철이가 꾼 꿈에서 영이는 어떤 행동을 했습니까? (   )

① 빨래를 여러 번 했다.
② 엄마가 요리하는 것을 도왔다.
③ 물을 틀어 놓고 설거지를 했다.
④ 샴푸를 낭비하며 머리를 감았다.
⑤ 먹다 남긴 우유를 싱크대에 몰래 부었다.

3 📖 교과서 문제

다음 밑줄 친 '채'의 뜻으로 알맞은 것에 ○표를 하시오.

> 거기에다 물을 계속 튼 <u>채</u>로 욕실 청소를 해요!

(1) 이미 있는 상태 그대로. (   )
(2) 느낌이나 마음이 어수선한. (   )
(3) 몸을 움직여 동작을 하거나 어떤 일을 함. (   )

4 핵심   📖 교과서 문제

이 그림책에서 그림을 주로 검은색으로 표현한 것과 관련 있는 낱말을 찾아 쓰시오.

(   )

5 글과 그림으로 보아 장면 ❹에서 '푸악' 하고 터진 것은 무엇입니까? (   )

① 우유
② 샴푸
③ 세탁물
④ 오염물
⑤ 청소 세제

6 장면 ❹의 결과를 가져온 철이네 가족의 습관으로 알맞지 <u>않은</u> 것은 무엇입니까? (   )

① 음식을 남기지 않고 다 먹었다.
② 머리 감을 때 샴푸를 많이 썼다.
③ 세탁물을 세 번이나 나누어 돌렸다.
④ 먹다 남긴 우유를 싱크대에 부었다.
⑤ 물을 계속 튼 채로 욕실 청소를 했다.

7 장면 ❹에서 철이네 가족의 기분은 어떠할지 알맞은 것을 <u>두 가지</u> 고르시오. (,   )

① 놀랍다.
② 즐겁다.
③ 신기하다.
④ 지루하다.
⑤ 당황스럽다.

8 서술형   핵심

물을 절약하기 위해 나와 우리 가족은 어떤 노력을 하고 있는지 쓰시오.

_____

_____

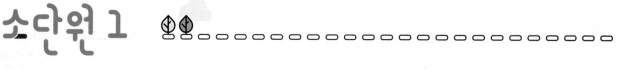

⑤ ㄸ디리링!

으아악!

"설마 다 꿈이었나?"
철이는 한쪽 볼을, 아니 양쪽 두 볼을 세게 꼬집어 봐요.

"아야! 또 꿈이었다니……. 말도 안 돼. 정말 생생했는데!"

"안 되겠어! 진짜로 오염물이 터지기 전에 내가 막아야겠어!"

⑥ 물 오염과 낭비를 막는
철이의 행동이 시작됩니다.

두둥!

핵심　　　　　📖 교과서 문제

9 글과 그림을 볼 때 철이가 양쪽 두 볼을 세게 꼬집어 본 까닭은 무엇입니까?　（　　　）

① 밥을 먹지 못해 화가 나서
② 늦잠을 잔 것이 후회되어서
③ 자고 일어났더니 볼이 아파서
④ 오염물이 터지는 것을 막기 위해서
⑤ 오염물이 터진 꿈이 사실인지 확인하기 위해서

📖 교과서 문제

10 꿈에서 깬 철이는 어떤 행동을 하겠다고 마음먹었습니까?　（　　　）

① 가족들 도와주기
② 음식을 골고루 먹기
③ 규칙적인 생활을 하기
④ 물 오염과 낭비를 막기
⑤ 자기 방은 스스로 청소하기

11 철이가 문제 10번과 같은 결심을 한 까닭은 무엇인지 빈칸에 알맞은 말을 쓰시오.

• 진짜로 （　　　　　　　　　）이/가 터질까 봐 걱정되어서

12 이 그림책을 읽고 철이에게 하고 싶은 질문을 생각한 친구의 이름을 쓰시오.

로이: 고무장갑을 낀 철이의 모습에서 무엇을 느꼈니?
세영: 오염물이 터지는 꿈을 꾸었을 때 기분이 어땠니?

（　　　　　　　　　）

● 국립중앙박물관 어린이박물관 누리집을 살펴보기

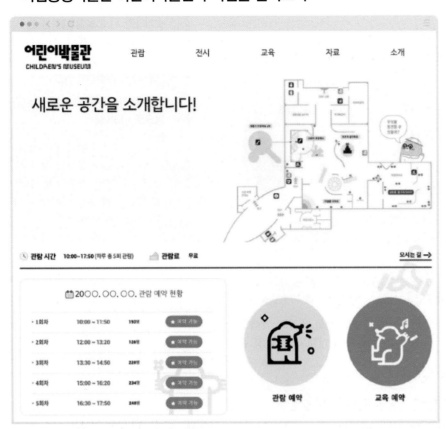

• 우리가 자주 이용하는 인터넷의 홈페이지를 순우리말로 '누리집'이라고 합니다. 세상을 뜻하는 '누리'와 '집'을 합쳐서 만든 말입니다. '홈페이지'라는 말보다 순우리말인 '누리집'을 사용해 봅니다.

• 우리 주변의 매체 자료에는 그림책, 만화, 뉴스, 광고, 웹툰, 애니메이션, 영화 따위가 있습니다.

교과서 핵심

● 어린이박물관 누리집에서 알 수 있는 내용을 친구들과 이야기하기 ⓓ

• 어린이박물관이 어떤 곳인지 알고 싶어졌어.
• 어린이박물관에 갈 수 있는 방법을 알 수 있어.
• 어린이박물관의 관람 시간이나 관람료도 나와 있을까?
• 어린이박물관에서 운영하는 교육 내용도 알 수 있을까?

---

1 다음 빈칸에 알맞은 말을 쓰시오.

• 우리가 자주 이용하는 인터넷의 홈페이지를 순우리말로 (   )(이)라고 한다.

핵심

2 이 누리집에서 알 수 있는 내용이 <u>아닌</u> 것은 무엇입니까? (   )

① 어린이박물관의 관람 시간
② 어린이박물관 관람 예약 현황
③ 어린이박물관에 찾아가는 방법
④ 어린이박물관에서 볼 수 있는 전시
⑤ 어린이박물관에 오는 사람들의 나이

역량　　　　　　　　📖 교과서 문제

3 다음은 우리 학교 누리집의 '학교 소개'에 있는 내용을 살펴본 친구들의 대화입니다. 알맞지 <u>않은</u> 말을 한 친구의 이름을 쓰시오.

> 솔이: 학교 소개에서 우리 학교의 교훈을 알 수 있어.
> 효련: 학교 누리집을 본 시간과 장소를 기억해야 해.
> 수범: 학교의 위치와 오는 방법이 자세히 소개되어 있어.

(   )

디지털 매체　**서술형**

4 인터넷에서 누리집을 찾아본 경험이 있다면 어떤 누리집이었는지 쓰시오.

_____

● 학급 누리집에 우리 반에 대해 소개하고 싶은 내용을 이야기하기

㉠ 우리 반 친구들이 좋아하는 놀이가 무엇인지 알려 주고 싶어.

우리 반의 자랑거리를 소개해도 좋을 것 같아.

우리 반이 참여한 학교 행사에는 무엇이 있지?

고운 말을 쓰자고 약속했던 일을 소개해도 좋을 것 같아.

● 그림 설명: 학급 누리집에 우리 반을 소개하기 위해 올릴 내용을 친구들과 이야기하고 있습니다.

교과서 핵심

● 학급 누리집에 올릴 내용을 글과 그림으로 나타내기

계획하기	• 우리 반을 소개하고 싶은 내용 떠올리기 • 학급 누리집에 글과 함께 올릴 그림이나 사진 생각해 보기 • 다른 반 친구들의 반응 예상해 보기
표현하기	학급 누리집에 올릴 내용을 글과 그림으로 나타내기
점검하기	자신이 나타낸 글과 그림 점검하기

디지털 매체

📖 교과서 문제

1 학급 누리집에 우리 반을 소개하는 글의 내용으로 알맞지 않은 것은 무엇입니까? (   )

① 우리 반이 참여했던 친구 사랑 행사를 소개한다.
② 우리 반 친구들이 정한 고운 말 쓰기 약속을 알려준다.
③ 우리 반 친구들이 가장 좋아하는 줄넘기 놀이를 소개한다.
④ 우리 반 친구들이 가장 좋아하는 수업인 글쓰기 수업을 소개한다.
⑤ 우리 반 교실에서 휴대 전화를 사용하면 안 되는 이유를 이야기한다.

2 학급 누리집에 ㉠을 주제로 글을 올릴 때 어울리는 그림이나 사진의 번호를 쓰시오.

(1) 친구들이 함께 놀이를 하는 모습의 그림
(2) 친구들과 고운 말 쓰기 활동을 하는 모습의 사진
(3) 친구들이 즐겁게 글쓰기 수업에 참여하고 있는 그림

(   )

📖 교과서 문제

3 학급 누리집에 올릴 게시물의 내용을 점검할 때 생각해야 할 점으로 알맞은 것을 모두 골라 ○표를 하시오.

(1) 내용과 상관없이 재미있는 사진인가요? (   )
(2) 다른 사람들이 궁금해할 만한 내용인가요? (   )
(3) 그림이나 사진이 글의 내용과 잘 어울리나요? (   )

📖 교과서 문제

4 학급 누리집에 올릴 게시물을 만들면서 떠올린 생각이나 느낌을 알맞게 이야기한 친구의 이름을 쓰시오.

설이: 나의 경험을 돋보이게 자랑할 수 있어서 뿌듯했어.
경우: 우리 반 친구들과 함께 웃고 있는 사진을 올릴 수 있어서 기분이 좋았어.

(   )

실력 키우기 ● 76~79쪽   **소단원 1. 글과 그림으로 표현된 매체에 흥미와 관심 가지기**

혼저옵서예, 제주!

글: 팝콘스토리, 그림: 강경효

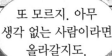

1 이 만화에서 확인한 내용으로 알맞은 것에 ○표를 하시오.

(1) 천둥, 번개가 치는 모습을 그림으로만 표현하였다.
( )

(2) 제주 한라산 등산로에서 일어난 일을 담고 있다.
( )

2 장면 ❷에서 두 사람이 백록담에 올라가지 않기로 한 까닭은 무엇입니까? ( )

① 길이 미끄러워서
② 날씨가 안 좋아서
③ 갑자기 화장실이 급해서
④ 한 사람이 다리를 다쳐서
⑤ 백록담까지 가는 길이 막혀서

3 이 만화를 바르게 읽은 친구의 이름을 모두 쓰시오.

재영: 그림을 보지 않고 글만 읽었어.
민주: 장면마다 글과 그림을 관련지어 읽었어.
수빈: 만화는 읽지 않고 제목만 열심히 읽어 보았어.
지희: 글을 읽으며 각 장면에 등장한 인물의 표정을 살펴보았어.

( )

4 장면 ⑪에서 토리의 표정은 어떠한지 쓰시오.

(   )

5 글과 그림을 관련지어 만화를 읽을 때 주의할 점으로 알맞은 것을 <u>모두</u> 찾아 기호를 쓰시오.

> ㉠ 글을 제대로 읽기보다는 그림을 재미있게 보면 된다.
> ㉡ 인물의 표정을 살펴보며 글의 내용과 관련지어 읽는다.
> ㉢ 만화의 선, 글씨 크기, 말풍선, 그림 따위가 어떻게 표현되어 있는지 살펴본다.

(   )

실력 키우기 · 80~83쪽   **소단원 2. 자신의 경험을 매체와 연결 지어 표현하기**

● 공익 광고를 보고 내용 파악하기

6 이 공익 광고에서 전하려는 내용으로 알맞은 것은 무엇입니까?   (   )

① 바다에 쓰레기를 버리지 말자.

② 물고기에게 함부로 먹이를 주지 말자.

③ 물고기를 잡을 때 위험한 도구를 쓰지 말자.

④ 물고기의 종류가 줄어들고 있으니 물고기를 함부로 잡지 말자.

⑤ 바다의 쓰레기 때문에 물고기가 오염되었으니 물고기를 먹지 말자.

● 자신이 좋아하는 매체 자료를 고르고 그 매체 자료를 좋아하는 까닭을 써 보기

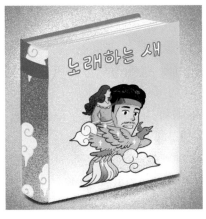

▲ ㉠

▲ ㉡

▲ ㉢

▲ ㉣

7 매체 자료 ㉠~㉣의 종류를 알맞게 선으로 이으시오.

(1) ㉠ •　　• ① 뉴스

(2) ㉡ •　　• ② 만화

(3) ㉢ •　　• ③ 그림책

(4) ㉣ •　　• ④ 광고

8 ㉣을 보고 바르게 말한 친구의 이름을 모두 쓰시오.

> 다연: 글과 그림이 관련이 없어 보여.
> 선우: 누리 소통망(SNS)에서 대화 예절을 지키자고 말하고 있어.
> 시온: 선인장의 뾰족한 가시는 가시 돋친 말들을 표현하는 것 같아.

(　　　　　　　　)

9 글과 그림으로 자신의 생각이나 느낌을 표현할 때 주의할 점을 보기 에서 찾아 쓰시오.

> 보기
> 주제　경험　즐거움

• 자신이 보고 듣고 느낀 (　　　)을/를 다양하게 표현한다.

1~2

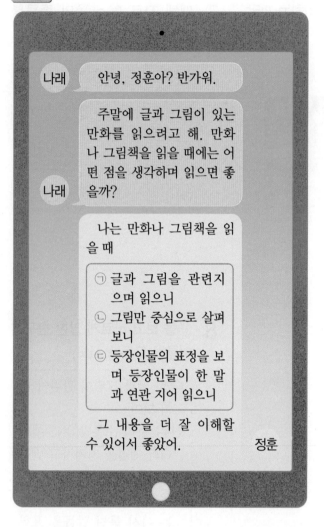

나래 안녕, 정훈아? 반가워.

나래 주말에 글과 그림이 있는 만화를 읽으려고 해. 만화나 그림책을 읽을 때에는 어떤 점을 생각하며 읽으면 좋을까?

나는 만화나 그림책을 읽을 때

㉠ 글과 그림을 관련지으며 읽으니

㉡ 그림만 중심으로 살펴보니

㉢ 등장인물의 표정을 보며 등장인물이 한 말과 연관 지어 읽으니

그 내용을 더 잘 이해할 수 있어서 좋았어. 정훈

1 나래는 주말에 무엇을 읽겠다고 하였습니까?
( )

① 광고
② 만화
③ 뉴스
④ 신문
⑤ 그림책

역량

교과서 문제

2 ㉠~㉢ 가운데 정훈이가 어떤 말을 하면 좋을지 알맞은 말을 두 가지 찾아 기호를 쓰시오.
( )

핵심

교과서 문제

3 친숙한 매체와 매체 자료에 흥미와 관심을 가질 때 주의할 점을 바르게 말한 친구의 이름을 모두 쓰시오.

찬석: 내가 좋아하는 매체와 매체 자료는 나만 아는 것이 좋아.
소현: 모든 매체와 매체 자료에 흥미와 관심을 가지는 것이 좋아.
홍철: 매체와 매체 자료가 알맞은 내용을 담고 있는지 생각해 봐야 해.
경아: 친숙한 매체와 매체 자료를 자신의 경험과 연결 지어 이야기하면 좋아.

( )

교과서 문제

4 낱말을 소리 내어 읽고 글자와 다르게 소리 나는 것을 두 가지 고르시오. (,)

① 않고
② 천천히
③ 받아서
④ 터지게
⑤ 사용하면

교과서 문제

5 다음 문장에서 틀리게 쓴 낱말을 찾아 밑줄을 긋고 바르게 고쳐 쓰시오.

저는 오늘 집에 가는 길에 선생님을 만낫습니다.

( )

중요

1 「토끼의 재판」 이야기를 영상으로 본 친구의 이름을 쓰시오.

> 소현: 글과 그림을 보며 내용을 이해할 수 있어서 좋아.
> 다훈: 소리를 들으며 인물들의 움직임을 볼 수 있어서 그 모습이 더 생생하게 느껴져.

( )

2~3

2 이 매체 자료의 종류는 무엇입니까? ( )

① 뉴스 　　　　② 만화
③ 영화 　　　　④ 그림책
⑤ 공익 광고

3 제시된 글과 그림을 보고 인상 깊은 점을 알맞게 이야기한 친구의 이름을 쓰시오.

> 소희: 식물을 많이 심자는 뜻을 전하고 있어.
> 남주: 미래를 위해 환경을 오염시키지 말아야 한다고 말하는 것 같아.

( )

4~6

4 영준이에게 일어난 일로 알맞은 것을 골라 ○ 표를 하시오.

(1) 산에서 내려오다가 넘어졌다. ( )
(2) 부모님보다 먼저 산 정상에 도착했다.
( )
(3) 등산을 하다가 다리를 다쳐 중간에 포기했다. ( )

5 장면 ❸에 나타난 영준이의 말과 표정으로 알맞은 것을 두 가지 고르시오. (,)

① 신난 표정 　　② 아파하는 표정
③ "아야, 아파라!"　④ "야호! 신난다."
⑤ "우아, 내려가는 건 정말 쉬워요."

중요

6 이와 같은 매체 자료를 보는 방법으로 알맞지 <u>않은</u> 것은 무엇입니까? ( )

① 글과 그림을 함께 본다.
② 등장한 인물의 표정을 본다.
③ 말풍선의 내용과 그림을 함께 본다.
④ 제목이 제일 중요하므로 제목만 본다.
⑤ 등장한 인물이 한 말과 행동을 살펴본다.

7~10

① 이제 아침 식사 시간이에요.

철이네 가족은 식탁에 모였어요.

꿈 때문에 마음이 뒤숭숭한 철이는 음식을 남기지 않고 다 먹었어요.

허허, 철이가 많이 배고팠나 보네. 그런데 영이는 어디 갔지?

7 장면 ①에서 일어난 일로 알맞지 **않은** 것에 ×표를 하시오.

(1) 영이는 식탁에 앉아 있다. ( )

(2) 철이가 아침을 남기지 않고 다 먹었다. ( )

(3) 아빠는 철이가 많이 배고팠다고 생각했다. ( )

8 아침 식사 시간에 철이의 마음은 어떠했습니까? ( )

① 졸렸다. ② 속상했다.

③ 화가 났다. ④ 기대되었다.

⑤ 뒤숭숭했다.

9 철이가 꾼 꿈에서 영이는 어떤 행동을 했는지 빈칸에 알맞은 말을 쓰시오.

• 먹다 남긴 ( )을/를 싱크대에 몰래 부었다.

실력 UP

10 장면 ②에 대한 설명으로 알맞지 **않은** 것은 무엇입니까? ( )

① 아빠가 물을 낭비하고 있다.

② 엄마가 물을 오염시키고 있다.

③ 영이가 한 행동은 오염물과 관련이 있다.

④ 오염물을 터지게 만든 철이의 습관을 알 수 있다.

⑤ 배경을 주로 검은색으로 표현해서 오염물을 떠올리게 한다.

국어 활동

11 글과 그림을 관련지어 만화를 읽을 때 주의할 점으로 알맞은 것에 ○표를 하시오.

(1) 글을 제대로 읽기보다는 그림을 재미있게 보면 된다. ( )

(2) 인물의 표정을 살펴보며 글의 내용과 관련지어 읽는다. ( )

중요

12 어린이박물관 누리집을 보며 이야기한 내용으로 알맞지 **않은** 것의 기호를 쓰시오.

┌─────────────────────────────┐
│ ㉠ 어린이박물관이 어떤 곳인지 알고 싶어졌어.
│ ㉡ 누리집에서 어린이박물관에 갈 수 있는 방법을 알 수 있어.
│ ㉢ 각 지역 박물관에서 볼 수 있는 작품들에 대한 정보도 확인할 수 있어.
└─────────────────────────────┘

( )

13 다음 내용을 학급 누리집에 올리고자 할 때, 어떤 그림이나 사진을 함께 올려야 할지 쓰시오.

┌─────────────────────────────┐
│ 우리 반 친구들이 좋아하는 놀이가 무엇인지 알려 주고 싶습니다.
└─────────────────────────────┘

14 누리집에 게시물을 올릴 때 주의할 점으로 알맞은 것에 ○표를 하시오.

(1) 그림이나 사진이 글의 내용과 잘 어울려야 한다. ( )

(2) 내가 쓴 글이니까 읽는 사람들은 신경 쓰지 않아도 된다. ( )

15~16

〔국어 활동〕

15 이 공익 광고를 보고 말한 내용으로 알맞은 것에 ○표를 하시오.

(1) 글이 그림의 내용을 나타내고 있다. ( )

(2) 글과 그림이 관련 없어도 재미있으면 괜찮다. ( )

〔국어 활동〕

16 이 공익 광고에 대한 설명으로 알맞지 <u>않은</u> 것은 무엇입니까? ( )

① 글과 그림으로 이루어져 있다.

② 쓰레기를 잔뜩 먹은 물고기를 사람이 낚고 있다.

③ 물고기의 배 속에 여러 종류의 쓰레기가 가득 담겨 있다.

④ 물고기를 마구잡이로 잡지 말자는 주제를 전하고 있다.

⑤ 바다에 쓰레기를 함부로 버리지 말자고 이야기하고 있다.

〔국어 활동〕 〔서술형〕

17 다음에서 자신이 좋아하는 매체 자료를 고르고, 그 매체 자료를 좋아하는 까닭을 쓰시오.

그림책 만화 웹툰 영화 광고

_____

_____

_____

〔중요〕

18 만화나 그림책의 내용을 잘 이해하는 방법으로 알맞지 <u>않은</u> 것의 기호를 쓰시오.

㉠ 그림만 중심으로 살펴본다.

㉡ 글과 그림을 관련지으며 읽는다.

㉢ 등장인물의 표정을 보며 등장인물이 한 말과 연관 지어 읽는다.

( )

19 글자와 다르게 소리 나는 것을 <u>모두</u> 찾아 ○표를 하고, 몇 개인지 쓰시오.

천천히	그렇게	터지게
받아서	사용하면	않고

( )

20 다음 문장에서 틀리게 쓴 낱말을 <u>모두</u> 찾아 밑줄을 긋고, 문장을 바르게 고쳐 쓰시오.

집에 돌아와서 발을 깨끄시 씨섰습니다.

→ ( )

● 글씨를 바르게 써 보시오.

매	체
매	체
매	체

광	고
광	고
광	고

누	리	집
누	리	집
누	리	집

이	래	서
이	래	서

오	염	물	이
오	염	물	이

터	지	게
터	지	게

된
된

걸	까	?
걸	까	?

7

내 생각은 이래요

무엇을 배울까요?

준비

- 배울 내용 살펴보기

소단원 1

글쓴이의 생각 파악하기

- 글을 읽고 글쓴이의 생각 파악하기
- 글쓴이의 생각에 대한 자신의 생각 발표하기

소단원 2

자신의 생각을 글로 쓰기

- 자신의 생각을 글로 표현하기
- 친구들이 쓴 글에 대한 자신의 생각 쓰기

실천

- 배운 내용 마무리하기

1 글에서 글쓴이의 생각을 파악하는 방법

① 글의 제목을 살펴봅니다.

② 작은 글들에 포함된 중심 생각을 찾아봅니다. →여러 중심 생각이 모이면 글 전체의 생각이 됩니다.

③ 글의 제목과 작은 글들의 중심 생각을 종합해 글쓴이의 생각을 파악합니다.

2 글쓴이의 생각을 파악하며 글을 읽으면 좋은 점

① 글의 내용을 잘 알 수 있습니다.

② 글을 집중해서 읽을 수 있습니다.

③ 자신의 생각과 비교하며 글을 읽을 수 있습니다.

④ 글쓴이가 글을 통해 무엇을 말하고 싶어 하는지 알 수 있습니다.

3 글쓴이의 생각에 대한 자신의 생각 발표하기

① 글쓴이의 생각과 관련한 자신의 경험이나 이미 알고 있는 것들을 활용하면 생각을 더 잘 떠올릴 수 있습니다.

② 글쓴이의 생각과 다른 생각을 떠올릴 수도 있습니다.

③ 자신의 생각을 발표할 때에는 바른 자세로 친구들을 바라보고 또박또박 발표합니다.

→ **올바른 듣기 태도:** 친구의 발표를 존중하는 마음으로 귀 기울여 듣습니다.

4 자신의 생각을 글로 표현하기

① 생각을 글로 쓸 때에는 '생각', '생각에 대한 까닭', '경험이나 알고 있는 것', '느낌' 등이 들어가야 합니다.

② 생각을 말이나 글로 나타낼 때에는 글을 읽거나 듣는 사람을 고려하여 예의 바른 표현을 사용해야 합니다.

5 친구가 쓴 글을 읽고 댓글 알림판 활동하기

책상 위에 자신이 쓴 글을 펼쳐 둡니다.

↓

자리를 이동하며 친구들이 쓴 글을 읽습니다.

↓

친구의 글에 대한 자신의 생각을 붙임쪽지에 씁니다.

→ • 자신이 쓴 댓글을 읽을 친구의 마음을 생각하며 씁니다.
• 친구에게 궁금한 점을 물어볼 수도 있습니다.

↓

친구의 댓글 알림판에 붙임쪽지를 붙입니다.

핵심 확·인·문·제

정답과 해설 ● 25쪽

1 글에서 글쓴이의 생각을 파악할 때에는 글의 ▢▢와/과 작은 글들에 포함된 ▢▢ ▢▢을/를 살펴봅니다.

2 글쓴이의 생각을 파악하며 글을 읽으면 글의 내용을 잘 알 수 있습니다.

(○ , ×)

3 글쓴이의 생각에 대한 자신의 생각을 발표할 때에는 항상 글쓴이의 생각과 같은 생각만 떠올려야 합니다.

(○ , ×)

4 자신의 생각을 글로 쓸 때 들어갈 내용으로 알맞은 것에 모두 ○표를 하시오.

(1) 생각에 대한 까닭 ( )

(2) 경험이나 알고 있는 것
( )

(3) 생각에 대한 친구의 의견
( )

5 친구가 쓴 글을 읽고 댓글 알림판 활동을 할 때에는 친구의 글에 대한 자신의 ▢▢을/를 붙임쪽지에 써서 친구의 댓글 알림판에 붙입니다.

● 그림 **가**~**라**를 보며 자신의 생각을 표현해야 하는 상황을 떠올려 보기

가

제 생각은…….

민철이는 어떻게 생각하는지 발표해 보세요.

나도 비슷한 생각이야. 친구끼리 거짓말을 하지 말자고 말하고 싶은 것 같아.

나

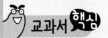
밤하늘을 예쁘게 표현했구나.

우리 모둠 활동 규칙을 무엇으로 정하면 좋을까?

서로의 생각을 존중하기는 어때?

다

글쓴이는 친구 사이에 믿음이 중요하다고 말하고 싶었던 것 같아.

라

● **그림 설명**: 일상생활에서 자신의 생각을 표현해야 하는 상황을 다양하게 제시하고 있습니다.

자신의 생각은 말뿐만 아니라 글로도 나타낼 수 있습니다.

교과서 핵심

●그림 **가**~**라**에 나타난 상황

그림	상황
가	수업 시간에 자신의 생각을 발표하는 상황
나	전시된 친구의 그림에 칭찬하는 글을 붙이는 상황
다	책을 읽고 짝과 이야기를 나누는 상황
라	모둠 대화에서 자신의 생각을 말하는 상황

📖 교과서 문제

1 그림 **가**에 나타난 상황은 무엇입니까? ( )

① 친구와 의견을 나누는 상황
② 선생님께 옛날이야기를 듣는 상황
③ 친구들 몰래 혼자 말하고 있는 상황
④ 모둠 대화에서 자신의 생각을 말하는 상황
⑤ 수업 시간에 자신의 생각을 발표하는 상황

📖 교과서 문제

2 그림 **나**~**라** 가운데 다음에서 설명하는 상황이 나타난 장면을 쓰시오.

> 전시된 친구의 그림에 칭찬하는 글을 붙이는 상황

( )

3 그림 **다**에 대한 설명으로 알맞은 것은 무엇입니까? ( )

① 책을 읽고 짝과 이야기를 나누고 있다.
② 여자아이는 자신의 생각을 말하지 않았다.
③ 남자아이는 여자아이에게 화를 내며 말했다.
④ 두 친구는 책을 읽고 서로 다른 생각을 했다.
⑤ 남자아이는 말로, 여자아이는 글로 자신의 생각을 나타냈다.

서술형

4 자신의 생각을 표현했던 경험을 쓰시오.

_____

_____

소단원 1

반려견을 사랑한다면

❶ 주변에 ♥반려견을 키우는 친구들이 많다. 반려견과 함께 야외로 나갈 때에는 꼭 지켜야 하는 ♥에티켓이 있다.

중심내용 반려견과 함께 야외로 나갈 때에는 꼭 지켜야 하는 에티켓이 있다.

❷ 첫째, 반려견의 ♥배설물은 주인이 치워야 한다. 반려견이 산책 중 변을 봤을 때 모르는 척 그냥 가 버리는 사람이 있다. 그러면 그 자리에서
5 냄새가 나고 다른 사람이 배설물을 밟을 수도 있다. 반려견과 함께 산책할 때에는 반려견의 배설물을 치울 수 있는 비닐봉지와 집게 같은 도구를 챙겨야 한다.

중심내용 반려견의 배설물은 주인이 치워야 한다.

❸ 둘째, 반려견을 야외로 데리고 나갈 때에는 목줄을 채워야 한다. "우리 개는 사람을 물지 않아요."라고 말하며 당당히 목줄을 풀어 놓고 산책
10 시키는 경우를 본 적이 있다. 하지만 개에게 물렸던 경험을 가진 사람이나 개를 무서워하는 어린이들은 개가 가까이 오는 것에 공포를 느낄 수 있다. 반려견을 목줄 없이 풀어 놓는 것은 이들에게 위협적인 행동이 될 수 있다.

중심내용 반려견을 야외로 데리고 나갈 때에는 목줄을 채워야 한다.

- 글의 종류: 주장하는 글
- 글의 특징: 여러 개의 중심 생각을 통해 반려견과 함께 야외로 나갈 때 에티켓을 지키자고 주장하는 글입니다.

♥반려견 가족처럼 여기며 키우는 개.
예 우리 가족은 집 없는 개를 반려견으로 맞아들였다.

♥에티켓 프랑스어로 예의범절을 뜻함.

♥배설물 생명체의 물질대사에 의하여 생물체 밖으로 배설되는 물질. 똥, 오줌, 땀 따위를 이른다.

교과서 핵심

● 글의 제목을 보고 글쓴이가 하고 싶은 말 짐작하기 예

> 반려견을 키우는 사람들에게 에티켓을 지키자고 말하려는 것 같다.

📖 교과서 문제

1 글 ❶의 내용을 참고하여 빈칸에 알맞은 말을 쓰시오.

- 반려견과 함께 야외로 나갈 때에는 꼭 지켜야 하는 ( )이/가 있다.

2 글쓴이는 반려견의 배설물을 누가 치워야 한다고 했습니까? ( )

① 반려견
② 환경미화원
③ 반려견의 주인
④ 근처에 사는 사람
⑤ 치우고 싶은 사람

3 글쓴이는 반려견을 야외로 데리고 나갈 때 왜 목줄을 채워야 한다고 했습니까? ( )

① 개의 모습을 돋보이게 할 수 있어서
② 사람들이 개를 더 가까이할 수 있어서
③ 어린이들이 개를 만지도록 하기 위해서
④ 개가 마음대로 뛰어다니게 하기 위해서
⑤ 개를 무서워하는 사람들이 개가 가까이 오는 것에 공포를 느낄 수 있어서

핵심

📖 교과서 문제

4 글 ❷와 ❸의 중심 생각을 선으로 이으시오.

(1) ❷ •

(2) ❸ •

• ① 반려견의 배설물은 주인이 치워야 한다.

• ② 반려견을 야외로 데리고 나갈 때에는 목줄을 채워야 한다.

④ 셋째, ㉠반려견의 출입이 금지된 곳에는 반려견을 데리고 가지 않아야 한다. ㉡반려견의 짖는 소리나 움직임이 다른 사람에게 방해가 될 수 있는 장소들이 있다. ㉢예를 들어 도서관 같은 곳에서 반려견이 짖게 되면 다른 사람에게 큰 피해를 줄 수 있다.

중심 내용 반려견의 출입이 금지된 곳에는 반려견을 데리고 가지 않아야 한다.

5 ⑤ 반려견을 진심으로 사랑한다면 자신의 반려견이 다른 사람으로부터 미움을 받거나 공포의 대상이 되지 않도록 해야 하지 않을까? 그것이 반려견의 가족으로서 지켜야 할 '책임'이라고 생각한다. 내 눈에는 예쁘고 착하기만 한 반려견일지라도 다른 사람에게 피해를 줄 수 있다는 것을 항상 생각하

10 고 다른 사람과 내 반려견을 위해 에티켓을 꼭 지키도록 하자.

중심 내용 다른 사람과 내 반려견을 위해 에티켓을 꼭 지키자.

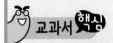

교과서 핵심

◦ 글 ②~④의 중심 생각

글	중심 생각
②	반려견의 배설물은 주인이 치워야 한다.
③	반려견을 야외로 데리고 나갈 때에는 목줄을 채워야 한다.
④	반려견의 출입이 금지된 곳에는 반려견을 데리고 가지 않아야 한다.
⑤	다른 사람과 내 반려견을 위해 에티켓을 꼭 지키도록 하자.

◦ 이 글에 나타난 글쓴이의 생각

반려견을 진심으로 사랑한다면 여러 가지 반려견 에티켓을 꼭 지켜야 한다.

핵심 📖 교과서 문제

5 ㉠~㉢ 가운데에서 글 ④의 중심 생각을 찾아 기호를 쓰시오.

(   )

서술형 **핵심**

7 이 글에 나타난 글쓴이의 생각을 한 문장으로 쓰시오.

_____

_____

📖 교과서 문제

6 글쓴이는 반려견을 진심으로 사랑한다면 어떻게 해야 한다고 했습니까? (   )

① 반려견을 버리지 말아야 한다.
② 반려견을 더 많이 키워야 한다.
③ 반려견이 하고 싶은 대로 하게 한다.
④ 반려견이 미움을 받거나 공포의 대상이 되지 않도록 해야 한다.
⑤ 다른 사람들에게 자신의 반려견을 예뻐해 달라고 부탁해야 한다.

역량 📖 교과서 문제

8 글쓴이의 생각을 파악하며 글을 읽으면 좋은 점을 두 가지 고르시오. (,   )

① 글을 빨리 읽을 수 있다.
② 내 생각과 비교하며 글을 읽을 수 있다.
③ 글쓴이에게 자신의 생각을 알려 줄 수 있다.
④ 글에 나오는 어려운 낱말의 뜻을 바로 알 수 있다.
⑤ 글쓴이가 글을 통해 하고 싶은 말이 무엇인지 알 수 있다.

아침에 운동장을 달려요

❶ 안녕하세요? 저는 2학년 3반 이채영이에요. 저는 아침에 다 같이 운동장에서 달리기를 하자는 생각을 전하고 싶어요. 아침에 운동장을 달리면 좋은 점이 많기 때문이에요.

중심 내용 아침에 다 같이 운동장에서 달리기를 하자는 생각을 전하고 싶다.

❷ 첫째, 아침에 운동장을 달리면 기분이 좋아져요. 이른 아침 운동장에
5 는 시원한 공기가 가득해요. 시원한 아침 공기는 ♥스트레스를 사라지게 해 줘요. 운동장을 달릴 때마다 기분이 상쾌해지는 것을 느껴요.

중심 내용 아침에 운동장을 달리면 기분이 좋아진다.

❸ 둘째, 아침에 운동장을 달리면 더 건강해져요. 아침에 운동장을 달리면 점점 체력이 좋아져요. 그리고 몸무게를 ♥조절하는 데에도 도움이 된답니다. 꾸준히 아침에 운동장을 달리면 점점 더 오래, 더 빠르게 달릴 수
10 있어요.

중심 내용 아침에 운동장을 달리면 더 건강해진다.

❹ 아침 일찍 운동장을 달리는 것이 처음에는 어려울 수 있어요. 저도 처음에는 귀찮고 힘들다는 생각을 했어요. 하지만 며칠 동안만 꾸준히 실천해 보세요. 아침에 운동장을 달리는 즐거움에 푹 빠지게 될 거예요.

중심 내용 며칠 동안만 꾸준히 실천하면 아침에 운동장을 달리는 즐거움에 빠지게 될 것이다.

• **글의 종류**: 주장하는 글
• **글의 특징**: 아침에 다 같이 운동장에서 달리기를 하자는 생각을 전하는 글입니다.

♥**스트레스** 적응하기 어려운 환경에 처할 때 느끼는 심리적·신체적 긴장 상태.

♥**조절하는** 균형이 맞게 바로잡는. 또는 적당하게 맞추어 나가는.
⑩ 방 안의 온도를 조절하는 방법을 배웠다.

교과서 핵심

○ **글 ❷~❸의 중심 생각**

글	중심 생각
❷	아침에 운동장을 달리면 기분이 좋아진다.
❸	아침에 운동장을 달리면 더 건강해진다.

○ **이 글에 나타난 글쓴이의 생각**

아침에 운동장을 달리자.

---

1 글쓴이가 아침에 다 같이 운동장을 달리자고 한 까닭을 두 가지 고르시오. (,)

① 더 건강해져서
② 기분이 좋아져서
③ 어른들께 칭찬받을 수 있어서
④ 운동을 좋아하게 될 수 있어서
⑤ 친구들과 사이가 좋아질 수 있어서

📖 교과서 문제

2 글쓴이는 어떻게 하면 아침에 운동장을 달리는 즐거움을 느낄 수 있다고 했는지 알맞은 것에 ○표를 하시오.

(1) 친구와 함께 달린다. ( )
(2) 하루 종일 달리기를 한다. ( )
(3) 며칠 동안 꾸준히 실천한다. ( )

핵심 📖 교과서 문제

3 글쓴이의 생각은 무엇입니까? ( )

① 아침에 운동장을 달리자.
② 상쾌한 기분으로 학교에 오자.
③ 건강을 위해 아침밥을 챙겨 먹자.
④ 매일 자신이 좋아하는 운동을 하자.
⑤ 아침마다 운동장을 깨끗이 청소하자.

서술형 📖 교과서 문제

4 글쓴이의 생각에 대한 자신의 생각을 정리하여 쓰시오.

_____

_____

소단원 2 · 자신의 생각을 글로 표현하기

정답과 해설 ● 26쪽

왜 책임이 필요하죠?

글: 채화영, 그림: 스위치

❶ "여러분, 교실 뒤쪽에 있는 ♥공지 사항 읽어 보았나요?" / "네!"

"교장 선생님께서 학교 ♥뒤뜰을 자유롭게 꾸며 보라고 하셨어요. 자연을 느낄 수 있게 말이에요."

그때 우철이가 손을 번쩍 들었어요.

5 "고구마 심어도 돼요?" / "물론이지요."

안심한 표정으로 우철이가 씩 웃었어요.

"전 꽃을 심고 싶어요!" / "토마토 심어서 나중에 따 먹어요!"

"상추도 심을래요." / 아이들이 너도나도 손을 들고 말했어요.

규빈이는 다혜를 보았어요. 병아리를 키우고 싶다던 다혜가 어쩐 일인

10 지 손을 들지 않았어요.

"학교 뒤뜰을 꾸미는 건 여러분 자유지만, 그에 따른 책임도 져야 해요. 고구마를 심고, 꽃을 심은 뒤 내버려두면 어떻게 될까요?"

"말라 죽어요." / 준수가 대답했어요.

"맞아요. 식물도 생명이에요. 심고서 돌보지 않으면 죽고 말아요."

15 그때 규빈이가 번쩍 손을 들었어요. / "선생님! 동물도 키워요."

"동물?" / 선생님이 놀라 물으셨어요.

"규빈이는 어떤 동물을 키우고 싶나요?" / "병아리요!"

다혜가 깜짝 놀라 규빈이를 쳐다보았어요.

중심내용 선생님이 학교 뒤뜰을 어떻게 꾸밀지 묻자 아이들은 여러 가지를 심자고 했고, 규빈이는 병아리를 키우자고 했다.

- **글의 종류:** 이야기
- **글의 특징:** 학교 뒤뜰을 어떻게 꾸밀지 등장인물들이 자신의 생각을 말하고 있습니다.

♥공지 세상에 널리 알림.

♥뒤뜰 집채의 뒤에 있는 뜰.
　예 뒤뜰에 병아리 한 쌍이 놀고 있다.

교과서 핵심

○ **이야기의 내용을 파악하는 방법**

　등장인물의 생각이 드러나는 부분을 중심으로 전반적인 내용을 파악해 봅니다.

---

1 등장인물들이 생각을 나누는 장소는 어디인지 쓰시오.

(　　　　　　　　　)

2 등장인물들은 무엇을 정하려고 생각을 나누고 있습니까? 　　　(　　) 📖 교과서 문제

① 학교 뒤뜰에 무엇을 키울 것인가.
② 어떤 꽃을 교실에 갖다 놓을 것인가.
③ 뒤뜰 청소를 누가 맡아서 할 것인가.
④ 뒤뜰에 심은 식물을 누가 돌볼 것인가.
⑤ 식물과 동물 가운데 무엇을 키울 것인가.

3 선생님은 식물을 심으면 어떻게 해야 한다고 하셨는지 빈칸에 알맞은 말을 쓰시오.

- 그에 따른 (　　　　　　)도 져야 한다.

4 글 ❶에서 규빈이가 병아리를 키우자고 한 까닭은 무엇이겠습니까? 　　(　　)

① 집에 병아리가 많아서
② 식물은 키우기 어려워서
③ 다혜가 키우고 싶어 해서
④ 선생님께서 병아리를 좋아하셔서
⑤ 친구들이 모두 병아리를 키우자고 해서

❷

규빈이의 얼굴엔 ♥자신감이 가득했어요.

병아리를 키우면 잘 보살펴야 하는데 할 수 있겠니?

당연하죠. 할 수 있어요!

여러분의 생각은 어때요?

병아리는 조금만 잘못해도 금방 죽는댔어요.

그럼 강아지 키워요!

아니에요. 병아리 키워야 해요. 병아리를 키우면 닭이 되는 과정도 볼 수 있어요. 다른 반 아이들이 우리 반을 부러워할 거예요.

닭이 되면 알을 낳겠네?

병아리 키워요. 달걀 먹을 수 있잖아요.

우철이는 먹는 것만 생각한대요.

중심 내용 규빈이는 병아리 키우는 것에 반대하는 의견을 듣고, 병아리를 키우면 좋은 점들을 이야기하였다.

♥**자신감** 자신이 있다는 느낌.
예 선생님께 칭찬을 들은 우석이는 자신감을 되찾았다.

🐛 **교과서 핵심**

● **등장인물의 생각 ①**

인물	생각
우철	병아리 키워요. 달걀 먹을 수 있잖아요.

---

5 병아리를 키우면 잘 보살펴야 한다는 선생님의 말씀에 규빈이는 어떻게 했습니까? ( )

① 병아리 키우는 것을 포기했다.
② 대신 강아지를 키우자고 했다.
③ 자신 있게 잘 보살필 수 있다고 했다.
④ 선생님께 잘 보살펴 달라고 부탁했다.
⑤ 다른 반 아이들에게 병아리 돌봄을 부탁하기로 했다.

서술형

6 병아리를 키우는 것에 반대한 친구의 생각은 무엇인지 쓰시오.

_____

7 규빈이가 병아리를 키워야 하는 까닭으로 이야기한 것을 두 가지 고르시오. (,)

① 닭이 되는 과정을 볼 수 있다.
② 돌보지 않아도 알아서 잘 큰다.
③ 병아리를 키우는 데에 돈이 적게 든다.
④ 같은 반에 병아리를 키워 본 친구가 많다.
⑤ 다른 반 아이들이 우리 반을 부러워할 것이다.

📖 교과서 문제

8 다음은 누구의 생각인지 쓰시오.

병아리 키워요. 달걀 먹을 수 있잖아요.

( )

7
단원
월
일

③

병아리를 키우는 것은 좋지만 책임지고 보살필 누군가가 필요해요.

선생님, 제가 하겠습니다!

혼자 하기 어려울 텐데.

그럼 돌아가면서 돌볼게요.

매일매일 병아리를 책임지고 보살필 돌보미를 정해서요.

좋아요. 여러분을 믿을게요. 잘할 수 있지요?

네~!

자, 그럼 뒤뜰을 어떻게 꾸밀지 자세하게 이야기를 나눠 보세요.

중심 내용 규빈이는 매일매일 병아리를 책임지고 보살필 돌보미를 정해 돌아가면서 병아리를 돌보자고 했고, 선생님은 병아리를 키우는 것을 허락하였다.

교과서 핵심

● **등장인물의 생각 ②**

인물	생각
선생님	병아리를 키우는 것은 좋지만 책임지고 보살필 사람이 필요해요.
규빈	매일매일 병아리를 책임지고 보살필 돌보미를 정하면 돼요.

● **생각을 말이나 글로 나타낼 때 들어갈 내용**

생각, 생각에 대한 까닭, 경험이나 알고 있는 것, 느낌

📖 교과서 문제

9 장면 ③에 나타난 규빈이의 생각을 쓰시오.

_____

📖 교과서 문제

10 다음 규빈이가 쓴 글에서 '느낌'에 해당하는 것의 기호를 쓰시오.

> ⊙ 뒤뜰에서 병아리를 키웁시다. ⊙ 왜냐하면 병아리를 직접 키우면서 책임감을 기를 수 있기 때문입니다. ⓒ 우리 반 친구들이 노력해서 병아리를 잘 키운다면 정말 뿌듯할 것 같습니다.

( )

11 문제 10번에서 규빈이가 '생각에 대한 까닭'으로 든 것은 무엇입니까? ( )

① 병아리는 연약해서 잘 보살펴 주어야 한다.
② 병아리를 돌보기 위해 책을 많이 읽어야 한다.
③ 병아리를 직접 키우면서 책임감을 기를 수 있다.
④ 병아리를 잘 돌볼 수 있는 전문가 도우미를 뽑아야 한다.
⑤ 우리 반 친구들이 노력해서 병아리가 건강하게 자라면 정말 뿌듯할 것이다.

● 친구가 쓴 글을 읽고 댓글 알림판 활동을 해 보기

① 책상 위에 자신이 쓴 글을 펼쳐 둔다.

② 자리를 이동하며 친구들이 쓴 글을 읽는다.

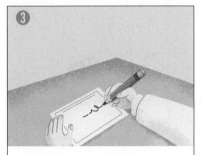

③ 친구의 글에 대한 자신의 생각을 붙임쪽지에 쓴다.

④ 친구의 댓글 알림판에 붙임쪽지를 붙인다.

• **그림 설명**: 친구가 쓴 글을 읽고 그에 대한 자신의 의견을 붙임쪽지에 써서 친구의 댓글 알림판에 붙이는 활동을 나타낸 그림입니다.

🦉 교과서 **핵심**

◦ **댓글을 쓸 때 주의할 점**
• 자신의 댓글을 읽을 친구의 마음을 생각하며 씁니다.
• 댓글에서 친구에게 궁금한 점도 물어볼 수 있습니다.

핵심

1 친구가 쓴 글을 읽고 댓글 알림판 활동을 하는 방법을 순서대로 나열하시오.

> ㉠ 책상 위에 자신이 쓴 글을 펼쳐 둔다.
> ㉡ 자리를 이동하며 친구들이 쓴 글을 읽는다.
> ㉢ 친구의 댓글 알림판에 붙임쪽지를 붙인다.
> ㉣ 친구의 글에 대한 자신의 생각을 붙임쪽지에 쓴다.

( )

핵심

2 댓글을 쓸 때 생각할 점으로 알맞은 것에 ○ 표를 하시오.

(1) 자신의 기분 ( )
(2) 자신이 가장 잘하는 것 ( )
(3) 댓글을 읽을 친구의 마음 ( )

3 댓글 알림판 활동을 할 때 주의할 점으로 알맞은 것은 무엇입니까? ( )

① 장난스럽게 꾸며 낸 내용을 쓴다.
② 친구에게 궁금한 점을 물어보면 안 된다.
③ 댓글은 다른 사람이 알아볼 수 없게 쓴다.
④ 친구의 생각과 똑같은 내용의 댓글을 쓴다.
⑤ 친구의 글에서 친구의 생각을 파악하고 그에 대한 자신의 생각을 쓴다.

4 친구의 글을 읽고 댓글을 쓸 때 들어갈 내용으로 알맞지 않은 것은 무엇입니까? ( )

① 자신의 생각
② 자신의 느낌
③ 옆 친구의 생각
④ 생각에 대한 까닭
⑤ 경험이나 알고 있는 것

실력 키우기 • 84~95쪽 **소단원 1. 글쓴이의 생각 파악하기**

시끌시끌 소음 공해 이제 그만!

글: 정연숙, 그림: 최민오

세상은 소리로 둘러싸여 있어.

개구리의 개굴개굴 소리가 봄을 알리고, 보글
보글 냉이된장찌개 끓는 소리가 군침 돌게 해.

여름날 참새가 짹짹거리며 아침을 깨우고,

5 시원한 바람 소리와 함께 흥얼흥얼 노랫소리가
들리기도 해.

가을이 되면
스스스 풀벌레 소리도 들리고, 저녁
이 되어 딩동 소리가 나면 아빠가 퇴
근하고 오신 거야.

10 조용한 겨울밤에도 째깍째깍 시
계 돌아가는 소리는 계속 나지. 새
근새근 잠든 아가의 숨소리까지 크
고 작은 소리로 세상은 가득해.

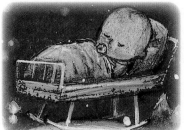

15 사람들이 많아지고 도시가 복잡
해지면 소리도 더 많아지고 더 커져. 자동차 소리, 쉬지 않고 울리
는 휴대 전화 소리, 도로를 건설하는 소리, 높은 건물을 짓는 소리.
어떤 사람들은 활기찬 소리로 느끼지만 많은 사람은 이런 소리를 소
음으로 느껴.

20 소리와 소음은 무엇이 다른 걸까?

---

1 이 글에서 세상은 무엇으로 둘
러싸여 있다고 했는지 쓰시오.

( )

2 이 글에 나온 봄에 들을 수 있
는 소리를 <u>두 가지</u> 고르시오.

(,)

① 시원한 바람 소리
② 개굴개굴 개구리 소리
③ 참새가 짹짹거리는 소리
④ 보글보글 냉이된장찌개
끓는 소리
⑤ 저녁이 되어 퇴근하신 아
빠가 누른 딩동 소리

3 <u>스스스 풀벌레 소리</u>가 들리는
계절은 언제인지 쓰시오.

( )

4 소리에 대한 설명으로 알맞지
<u>않은</u> 것은 무엇입니까?( )

① 도시가 복잡해지면 소리
가 줄어든다.
② 사람들이 많아지면 소리
가 더 많아진다.
③ 도시에서는 높은 건물을 짓
는 소리가 들리기도 한다.
④ 많은 사람은 도시에서 들
리는 소리를 소음으로 느
낀다.
⑤ 어떤 사람들은 도로를 건
설하는 소리를 활기찬 소
리로 느낀다.

소리는 참 신기하지? 같은 소리라도 시간과 장소가 달라지면 소음이 되기도 해.

베토벤 교향곡은 콘서트홀에서 들으면 웅장하고 멋져. 하지만 지하철에서 옆 사람의 이어폰에서 새어 나오면 시끄럽게 들려.

5 한낮 나무 그늘에서 듣는 매미 소리는 시원한 자장가 같지. 하지만 한밤 자려고 누웠을 때 듣는 매미 소리는 정말 괴로워.

너무 커서 괴로운 소리뿐 아니라 작아도 괴롭게 느껴지는 소리가 있다면 그게 바로 소음이야.

소음 때문에 사람들은 서로 싸우기도 해.

10 낮과 밤을 가리지 않고 시끄러운 소리와 진동이 바닥과 벽을 타고 아랫집, 윗집, 옆집으로 전달되거든.

어떻게 하면 소음을 줄일 수 있을까?

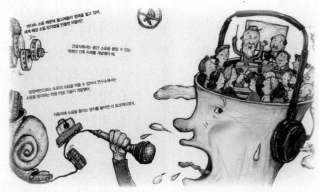

모두가 함께 노력한다면 소음 공해를 줄일 수 있어.

---

5 '베토벤 교향곡'이 장소에 따라 어떻게 들리는지 선으로 이으시오.

(1) 콘서트홀에서 들을 때 · · ① 소리

(2) 지하철에서 옆 사람의 이어폰에서 새어 나올 때 · · ② 소음

6 소음에 대한 설명으로 알맞은 것을 <u>두 가지</u> 고르시오.

(,)

① 계속 듣고 싶은 소리
② 너무 커서 괴로운 소리
③ 들으면 기분 좋은 소리
④ 일부러 찾아서 듣는 소리
⑤ 작아도 괴롭게 느껴지는 소리

7 소음에 해당하는 것에 ○표를 하시오.

(1) 위층에서 들리는 쿵쿵 뛰는 소리 ( )
(2) 한낮 나무 그늘에서 듣는 매미 소리 ( )

8 글쓴이의 생각은 무엇인지 빈칸에 알맞은 말을 쓰시오.

• ( )을/를 줄이기 위해 모두가 함께 노력하자.

실력 키우기 • 96~99쪽　**소단원 2. 자신의 생각을 글로 쓰기**

● **자신의 생각을 바르게 표현한 친구 찾기**

> 민서: '문을 잘 닫고 다니자'는 학급 규칙을 만들자. 너희가 문을 잘 안 닫고 다녀서 매번 문 앞에 앉은 친구가 문을 닫아야 하잖아.

> 효은: '문을 잘 닫고 다니자'는 학급 규칙을 만듭시다. 문을 닫지 않고 다니면 문 앞에 앉은 학생이 매번 문을 닫아야 해서 불편할 수 있기 때문입니다.

> 진수: '문을 잘 닫고 다니자'는 학급 규칙을 만듭시다. 문을 잘 닫지 않고 다니는 친구들 때문에 짜증이 나기 때문입니다.

● **자신의 생각을 글로 표현하는 방법을 바르게 말한 것 찾기**

> ㉠ 경험이나 알고 있는 것을 활용해야 해.
> ㉡ 자신만 이해할 수 있도록 글을 써야 해.
> ㉢ 자신의 생각에 대한 까닭을 함께 써야 해.
> ㉣ 자신의 생각을 잘 나타낼 수 있는 낱말을 사용해야 해.

● **자신의 생각을 글로 표현하면 좋은 점을 바르게 말한 친구 찾기**

> 내 생각을 빠르게 나타낼 수 있어.
> 준희 ☐

> 내 생각을 정리해서 나타낼 수 있어.
> 서아 ☐

> 내 생각을 더 자세히 나타낼 수 있어.
>  지호 ☐

> 내 생각만 옳다고 강조할 수 있어.
>  지희 ☐

9 상대를 존중하며 자신의 의견을 바르게 표현한 친구를 찾아 ○표를 하시오.

(　민서 ， 효은 ， 진수 　)

10 자신의 생각을 바르게 표현할 때 주의해야 할 점은 무엇입니까? 　　(　　)

① 재미있게 꾸며 쓴다.
② 글을 되도록 길게 쓴다.
③ 어려운 말을 많이 쓴다.
④ 다른 친구와 같은 생각을 쓴다.
⑤ 듣는 사람을 존중하는 표현을 사용한다.

11 ㉠~㉣ 가운데 자신의 생각을 글로 표현하는 방법을 잘못 말한 것의 기호를 쓰시오.

(　　　　　)

12 자신의 생각을 글로 표현하면 좋은 점을 바르게 말한 친구의 이름을 모두 쓰시오.

(　　　　　)

1~3

> 우리 교실에서 다육 식물을 키우면 좋겠습니다. 왜냐하면 다육 식물은 키우기가 쉽기 때문이에요. 예전에 집에서 다육 식물을 키웠는데 물을 많이 주지 않아도 잘 자라서 돌보는 일이 어렵지 않았어요. 그리고 다육 식물은 정말 귀엽게 생겨서 우리 교실의 분위기를 더 밝게 만들어 줄 거예요.

1 이 글에 나타난 글쓴이의 생각을 찾아 빈칸에 알맞은 말을 쓰시오.

• 교실에서 (   )을/를 키우자.

2 글쓴이가 자신의 생각에 대한 까닭으로 든 것을 두 가지 고르시오. (,   )

① 키우기가 쉽다.
② 가격이 저렴하다.
③ 다른 반에서도 키우고 있다.
④ 우리 집에서 많이 키우고 있다.
⑤ 귀엽게 생겨서 우리 교실의 분위기를 더 밝게 만들어 줄 것이다.

서술형 핵심

3 글쓴이의 생각에 대한 자신의 생각을 쓰시오.

_____

_____

📖 교과서 문제

4 자신의 생각을 표현하는 문장에 ○표를 하시오.
(1) 지금 다섯 시야. (   )
(2) 주말에 단풍을 보러 가는 건 어때요? (   )

핵심 📖 교과서 문제

5 자신의 생각을 표현하는 문장이 <u>아닌</u> 것은 무엇입니까? (   )

① 물을 낭비하지 말자.
② 교실 문을 닫고 다니자.
③ 놀이할 때 규칙을 지키자.
④ 이 아이스크림은 오백 원이야.
⑤ 점심시간에 운동장에서 축구하는 건 어때?

6~7

📖 교과서 문제

6 ㉠ '맑네'를 바르게 발음한 것은 무엇입니까? (   )

① [막네]   ② [말네]   ③ [망네]
④ [만네]   ⑤ [맏네]

📖 교과서 문제

7 ㉡ '괜찮아'와 ㉢ '숲이'를 어떻게 발음해야 하는지 쓰시오.

(1) 괜찮아   [   ]
(2) 숲이   [   ]

단원 평가

1 그림에 나타난 상황은 무엇인지 빈칸에 알맞은 말을 쓰시오.

우리 모둠 활동 규칙을 무엇으로 정하면 좋을까?

서로의 생각을 존중하기는 어때?

• 모둠 대화에서 자신의 ( )을/를 말하는 상황

2~6

> **가** ㉠반려견의 배설물은 주인이 치워야 한다. ㉡반려견이 산책 중 변을 봤을 때 모르는 척 그냥 가 버리는 사람이 있다. 그러면 ㉢그 자리에서 냄새가 나고 ㉣다른 사람이 배설물을 밟을 수도 있다. ㉤반려견과 함께 산책할 때에는 반려견의 배설물을 치울 수 있는 비닐봉지와 집게 같은 도구를 챙겨야 한다.
>
> **나** ⎸⎸⎸⎸⎸⎸⎸⎸⎸⎸⎸⎸⎸⎸⎸⎸⎸⎸⎸⎸⎸⎸
>
> "우리 개는 사람을 물지 않아요."라고 말하며 당당히 목줄을 풀어 놓고 산책시키는 경우를 본 적이 있다. 하지만 ㉥개에게 물렸던 경험을 가진 사람이나 개를 무서워하는 어린이들은 개가 가까이 오는 것에 공포를 느낄 수 있다.
>
> **다** 반려견의 출입이 금지된 곳에는 반려견을 데리고 가지 않아야 한다. 반려견의 짖는 소리나 움직임이 다른 사람에게 방해가 될 수 있는 장소들이 있다. 예를 들어 도서관 같은 곳에서 반려견이 짖게 되면 다른 사람에게 큰 피해를 줄 수 있다.

2 〔중요〕 ㉠~㉤ 가운데 글 **가**의 중심 생각은 무엇입니까? ( )

① ㉠ ② ㉡ ③ ㉢
④ ㉣ ⑤ ㉤

3 반려견의 배설물을 치우지 않으면 어떤 일이 일어나는지 두 가지 고르시오. (,)

① 그 자리에서 냄새가 난다.
② 반려견이 다칠 위험이 있다.
③ 다른 반려견이 변을 보기 어렵다.
④ 반려견이 다른 사람을 물 수 있다.
⑤ 다른 사람이 배설물을 밟을 수 있다.

4 〔중요〕 글 **나**의 빈칸에 들어갈 중심 생각으로 알맞은 것에 ○표를 하시오.

(1) 반려견을 야외로 데리고 나갈 때에는 목줄을 채워야 한다. ( )
(2) 내 눈에는 예쁘고 착하기만 한 반려견일지라도 다른 사람에게 피해를 줄 수 있다. ( )

5 반려견을 목줄 없이 풀어 놓았을 때 ㉥이 느낄 수 있는 감정을 찾아 쓰시오.

( )

6 반려견을 출입이 금지된 곳에 반려견을 데리고 가면 어떤 문제점이 있습니까? ( )

① 반려견을 잃어버릴 수 있다.
② 반려견의 수가 너무 많아진다.
③ 사람들이 반려견을 귀찮게 할 수 있다.
④ 아이들이 반려견에게 관심을 갖게 된다.
⑤ 반려견의 짖는 소리나 움직임이 다른 사람에게 방해가 될 수 있다.

7~9

> 저는 아침에 다 같이 운동장에서 달리기를 하자는 생각을 전하고 싶어요. 아침에 운동장을 달리면 좋은 점이 많기 때문이에요.
>
> 첫째, 아침에 운동장을 달리면 기분이 좋아져요. 이른 아침 운동장에는 시원한 공기가 가득해요. 시원한 아침 공기는 스트레스를 사라지게 해 줘요.

7 글쓴이의 생각은 무엇인지 빈칸에 알맞은 말을 쓰시오.

• 아침에 ( )을/를 달리자.

중요

8 글쓴이가 생각에 대한 까닭으로 든 것은 무엇입니까? ( )

① 달리기를 하면 키가 커진다.
② 달리기를 하면 공부를 잘하게 된다.
③ 아침에 운동장을 달리면 기분이 좋아진다.
④ 달리기를 하면 부지런한 생활을 할 수 있다.
⑤ 달리기를 하면 선생님께 칭찬을 받을 수 있다.

9 시원한 아침 공기는 무엇을 사라지게 해 준다고 하였는지 찾아 쓰시오.

( )

10 글쓴이의 생각에 대한 자신의 생각을 정리하는 방법으로 알맞은 것에 ○표를 하시오.

(1) 글쓴이의 생각과 같은 생각을 떠올린다. ( )

(2) 생각만 쓰고 그 까닭은 정리하지 않는다. ( )

(3) 글쓴이의 생각과 관련한 자신의 경험을 활용한다. ( )

11~12

> 너무 커서 괴로운 소리뿐 아니라 작아도 괴롭게 느껴지는 소리가 있다면 그게 바로 ㉠소음이야.
>
> 소음 때문에 사람들은 서로 싸우기도 해.
>
> 낮과 밤을 가리지 않고 시끄러운 소리와 진동이 바닥과 벽을 타고 아랫집, 윗집, 옆집으로 전달되거든.

국어 활동 서술형

11 소음이 되는 소리는 어떤 소리인지 쓰시오.

_____

_____

국어 활동

12 ㉠에 해당하는 것에 ○표를 하시오.

(1) 위층에서 들리는 쿵쿵 뛰는 소리 ( )

(2) 보글보글 냉이된장찌개 끓는 소리

( )

13~14

> "교장 선생님께서 학교 뒤뜰을 자유롭게 꾸며 보라고 하셨어요. 자연을 느낄 수 있게 말이에요." / 그때 우철이가 손을 번쩍 들었어요.
>
> "고구마 심어도 돼요?" / "물론이지요."
>
> 안심한 표정으로 우철이가 씩 웃었어요.
>
> "전 꽃을 심고 싶어요!"
>
> "토마토 심어서 나중에 따 먹어요!"
>
> "상추도 심을래요."

서술형

13 이 글에서 친구들은 무엇을 정하기 위해 생각을 나누고 있는지 쓰시오.

_____

_____

정답과 해설 ● 28쪽

14 이 글에서 등장인물들이 말한 생각이 아닌 것은 무엇입니까? ( )

① 꽃을 심자.　　② 감자를 심자.
③ 상추를 심자.　　④ 고구마를 심자.
⑤ 토마토를 심어서 따 먹자.

15~17

뒤뜰에서 병아리를 키웁시다. ㉠왜냐하면 병아리를 직접 키우면서 책임감을 기를 수 있기 때문입니다. 병아리는 연약해서 잘 보살펴 주어야 한다는 것을 책에서 보았습니다. 우리 반 친구들이 노력해서 병아리를 잘 키운다면 정말 뿌듯할 것 같습니다.

15 이 글에 나타난 글쓴이의 생각은 무엇입니까? ( )

① 동물에 관한 책을 읽자.
② 책임감 있는 생활을 하자.
③ 뒤뜰에서 병아리를 키우자.
④ 집에 있는 동물을 잘 돌보자.
⑤ 건강한 몸을 만들기 위해 노력하자.

실력 UP

16 이 글에서 '경험이나 알고 있는 것'에 해당하는 문장을 찾아 쓰시오.

_____

_____

중요

17 ㉠은 생각을 나타내는 글에 들어갈 내용 가운데 무엇에 해당합니까? ( )

① 생각　　　　② 느낌
③ 친구의 의견　④ 생각에 대한 까닭
⑤ 앞으로 노력할 일

18 친구가 쓴 글을 읽고 댓글 알림판 활동을 할 때 주의할 점을 바르게 말한 친구의 이름을 쓰시오.

은서: 친구에게 궁금한 점이 있어도 물어보면 안 돼.
민아: 자신이 쓴 댓글을 읽을 친구의 마음을 생각하며 써야 해.
준우: 자신의 생각을 자세히 나타내기 위해서 기분 나쁜 표현을 쓸 수도 있어.

( )

국어 활동

19 다음 글에서 고쳐야 할 점은 무엇입니까? ( )

'문을 잘 닫고 다니자'는 학급 규칙을 만들자. 너희가 문을 잘 안 닫고 다녀서 매번 문 앞에 앉은 친구가 문을 닫아야 하잖아.

① 자신의 생각을 써야 한다.
② 글을 되도록 길게 써야 한다.
③ 생각에 대한 까닭을 써야 한다.
④ 어려운 낱말을 많이 사용해야 한다.
⑤ 듣는 사람을 존중하는 표현을 써야 한다.

20 자신의 생각을 표현하는 문장을 찾아 기호를 쓰시오.

㉠ 지금 다섯 시야.
㉡ 놀이할 때 규칙을 지키자.
㉢ 이 아이스크림은 오백 원이야.

( )

따라쓰기

● 글씨를 바르게 써 보시오.

제	목
제	목
제	목

생	각
생	각
생	각

까	닭
까	닭
까	닭

너	도	나	도
너	도	나	도

손	을
손	을

들	고
들	고

말	했	어	요	.
말	했	어	요	.

8

나도 작가

무엇을 배울까요?

준비
- 배울 내용 살펴보기

소단원 1

시나 노래 창작하기
- 겪은 일을 시나 노래로 표현한 작품 감상하기
- 겪은 일을 시나 노래로 표현하기

소단원 2

이어질 이야기 상상하기
- 이어질 이야기를 상상하며 작품 감상하기
- 이야기를 읽고 이어질 이야기 상상하기

실천
- 배운 내용 마무리하기

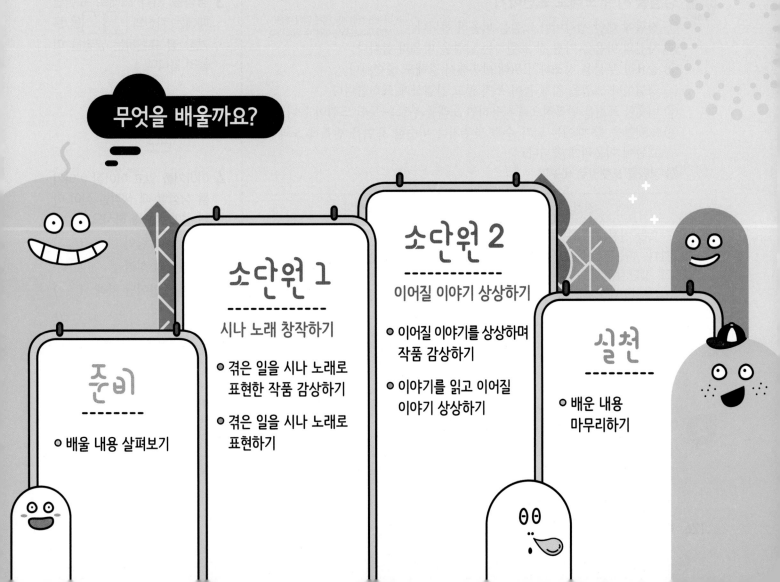

1 경험을 시나 노래로 표현하면 좋은 점

① 내가 경험한 일을 되돌아볼 수 있습니다.

② 내가 경험한 일을 다른 사람들에게 실감 나게 전할 수 있습니다.

③ 노래로 만들어 불러 보면 내 경험에서 느꼈던 기분을 잘 표현할 수 있습니다.

2 겪은 일을 시나 노래로 표현한 작품 감상하기

① 시의 장면을 몸으로 표현해 봅니다.

② 시의 내용과 관련한 자신의 경험을 떠올려 봅니다.

③ 비슷한 경험을 떠올리며 시에 나타난 소리나 모습을 재미있게 표현해 봅니다.

④ 시나 노래의 장면을 상상하며 친구들 앞에서 시를 낭송하거나 노래를 불러 봅니다.

3 경험을 시나 노래로 표현하기

① 경험에 대한 생각이나 느낌을 떠올려 봅니다. ┌▶ 비슷한 경험에도 겪은 일에 대한 생각이나 느낌은 다를 수 있습니다.

② 자신의 마음을 가장 잘 표현하는 낱말을 떠올려 봅니다.

③ 중요한 부분을 강조하기 위해 반복해서 말해도 좋습니다.

④ 경험이나 느낌을 길게 늘여 쓰지 않고 간결하게 표현합니다.

⑤ 비슷한 표현을 반복적으로 사용하면 노래를 부르는 듯한 느낌이 듭니다.

⑥ 노랫말을 쓸 때에는 글자 수를 맞추거나 비슷한 표현을 반복해 노래의 흐름에 어울리게 씁니다.

예 경험을 노랫말로 바꾸기

경험	노랫말
오늘 친한 친구와 학교에 같이 갔다. 가는 길에 문구점도 보이고 장난감집도 지났다. 날마다 가는 길인데도 친구랑 함께 이야기하면서 가니까 특별하게 느껴졌다.	문구점을 지나고 장난감집 지나서 학교 가는 길 너랑 함께 가서 좋은 길

4 이야기를 읽고 이어질 이야기 상상하기
┌▶ 일이 일어난 차례를 생각합니다.

① 이야기의 흐름이 자연스럽게 연결되도록 상상합니다.

② 인물의 말이나 행동을 보고 인물의 성격에 어울리는 행동을 하도록 상상합니다.

핵심 확·인·문·제

정답과 해설 ● 29쪽

1 경험을 시나 노래로 표현하면 내가 경험한 일을 되돌아볼 수 있습니다.

(○ , ×)

2 겪은 일을 시나 노래로 표현한 작품을 감상할 때에는 시의 내용과 관련한 자신의 □□을/를 떠올려 봅니다.

3 경험을 시나 노래로 표현할 때에는 자신의 □□을/를 가장 잘 표현하는 낱말을 떠올려 봅니다.

4 이야기를 읽고 이어질 이야기를 상상할 때 생각할 점이 아닌 것에 ×표를 하시오.

(1) 이야기 길이 ( )

(2) 인물의 성격 ( )

(3) 일이 일어난 차례 ( )

5 이야기를 읽고 이어질 이야기를 상상할 때에는 이야기의 □□이/가 자연스럽게 연결되도록 상상합니다.

우리 반 쉬는 시간

쉬는 시간만 되면 우리 반은

아이들이 이야기하는 소리

떠드는 소리

웃는 소리

뛰어다니는 소리로

가득 채워진다.
일정한 공간에 사람, 사물, 냄새 따위가 가득하게 된다.

이러다가

우리 반이 터지겠다.

• 글의 종류: 시
• 글의 내용: 쉬는 시간에 우리 반이 여러 가지 소리로 가득 채워지는 경험을 쓴 시입니다.

교과서 핵심

⊙ 자신의 경험을 시나 노래로 표현하면 좋은 점

• 내가 경험한 일을 되돌아볼 수 있습니다.

• 내가 경험한 일을 다른 사람들에게 실감 나게 전할 수 있습니다.

• 노래로 만들어 불러 보면 내 경험에서 느꼈던 기분을 잘 표현할 수 있습니다.

---

1 말하는 사람이 언제 있었던 경험을 시로 표현한 것인지 쓰시오.

(   )

2 쉬는 시간에 우리 반을 가득 채우는 소리가 아닌 것은 무엇입니까? (   )

① 웃는 소리
② 떠드는 소리
③ 싸우는 소리
④ 뛰어다니는 소리
⑤ 아이들이 이야기하는 소리

핵심

3 이 시를 읽으면서 비슷한 경험을 떠올린 것은 무엇입니까? (   )

① 가족들과 여행을 간 경험
② 교실에서 연필을 잃어버린 경험
③ 아무도 없는 교실에 혼자 남은 경험
④ 체육 시간에 운동장에서 공을 찬 경험
⑤ 친구들과 쉬는 시간에 보드게임을 한 경험

핵심   📖 교과서 문제

4 경험을 시나 노래로 표현하면 좋은 점으로 알맞은 것에 ○표를 하시오.

(1) 특별한 일을 상상하여 쓸 수 있다.

(   )

(2) 내가 경험한 일을 되돌아볼 수 있다.

(   )

소단원 1 〈 겪은 일을 시나 노래로 표현한 작품 감상하기

⑦ 눈 내린 등굣길

곽해룡

꽉!
　꽉!
꽉!
　꽉!

쌓인 눈을 밟을 때마다
오리 우는 소리가 난다

뚱뚱하게 옷 껴입고
앞서가는 친구들도
꽉!
　꽉!
뒤따라오는 친구들도
꽉!
　꽉!

씰룩씰룩
궁둥이 흔들며 걷는 우린
한 줄로 선 살찐 오리들

뒤뚱뒤뚱 바쁜 걸음으로
교문 들어서면
눈 쌓인 운동장은
널따란 호수

⑭ 눈 온 아침

작사: 김종상, 작곡: 이수인

밤사이 눈이 내려 새하얀 들길
그 누가 이 길 따라 어디로 갔나
눈 위에 나란히 예쁜 발자국
예쁜 발자국 이른 아침 그 누가 어딜 갔을까

---

⑦ 「눈 내린 등굣길」
• 글의 종류: 시
• 글의 내용: 눈 쌓인 운동장을 호수에, 운동장을 걷는 학생들의 모습을 오리에 빗대어 눈 내린 등굣길의 풍경을 재치 있게 표현하고 있습니다.

⑭ 「눈 온 아침」
• 글의 종류: 노랫말
• 글의 내용: 밤 사이 내린 눈 위에 찍힌 발자국을 보며 그 발자국의 주인이 어디로 갔는지 궁금해하고 있습니다.

 교과서 핵심

○「눈 내린 등굣길」과 「눈 온 아침」에 나타난 경험의 같은 점과 다른 점
• 「눈 내린 등굣길」, 「눈 온 아침」 모두 눈이 내린 아침에 본 풍경을 표현했습니다.
• 「눈 내린 등굣길」에서는 눈 오는 날 친구들과 등교하는 모습을 표현했는데, 「눈 온 아침」은 누군가가 지나간 뒤 눈길 위에 남은 발자국을 표현했습니다.
• 「눈 내린 등굣길」은 오리 발자국처럼 시 모양을 꾸민 것이 재미있고, 「눈 온 아침」은 시 모양을 꾸미지는 않지만 눈 덮인 아침 풍경을 잘 드러내고 있습니다.

1 시 ㉮에서 쌓인 눈을 밟으면 어떤 소리가 난다고 했는지 쓰시오.　📖 교과서 문제

(　　　　　　　)

2 시 ㉮에서 "꽥!"을 나란하지 않게 표현한 까닭은 무엇입니까? (　)　📖 교과서 문제

① 오리가 잘 우는 모습을 표현하기 위해
② 오리가 학교에 가는 모습을 표현하기 위해
③ 오리가 뒤뚱뒤뚱 걷는 모습을 표현하기 위해
④ 오리가 옷을 두껍게 입은 모습을 표현하기 위해
⑤ 오리가 친구들과 사이 좋게 걷는 모습을 표현하기 위해

3 시 ㉮에서 '눈 쌓인 운동장'이 무엇처럼 보인다고 표현했습니까? (　)　📖 교과서 문제

① 아이들이 만든 눈사람
② 아이들이 놀러 간 호수
③ 아이들이 타고 있는 썰매
④ 오리들이 밟고 있는 눈밭
⑤ 오리들이 있는 널따란 호수

핵심
4 시 ㉮의 장면을 몸으로 알맞게 표현한 것의 기호를 쓰시오.

> ㉠ 손뼉을 치면서 빠르게 뛴다.
> ㉡ 두 팔을 벌리고 날아가는 시늉을 한다.
> ㉢ 나란하지 않게 줄지어 서서 뒤뚱거리며 걷는다.

(　　　　　　　)

서술형
5 시 ㉮와 관련한 자신의 경험을 떠올려 쓰시오.　📖 교과서 문제

_____

_____

6 노랫말 ㉯에서 들길이 새하얗게 된 까닭은 무엇인지 쓰시오.　📖 교과서 문제

(　　　　　　　)

7 노랫말 ㉯에서 눈 위에 나란히 생긴 발자국을 보고 어떤 생각을 떠올렸을지 알맞은 것에 ○표를 하시오.　📖 교과서 문제

(1) 이른 아침 누가 어딜 갔는지 궁금해했다. (　)
(2) 새하얀 들길로 되돌아올 것이라고 생각했다. (　)

핵심
8 시 ㉮와 노랫말 ㉯의 다른 점은 무엇입니까? (　)

① ㉮는 겪은 일을 쓴 것이고, ㉯는 꾸며 낸 이야기이다.
② ㉮는 본 것을 표현했고, ㉯는 들은 것을 표현했다.
③ ㉮는 오리가 걷는 모습을 표현했고, ㉯는 사람이 걷는 모습을 표현했다.
④ ㉮는 눈 내린 아침에 본 것을 표현했고, ㉯는 눈 내린 밤에 본 것을 표현했다.
⑤ ㉮는 시 모양을 오리 발자국처럼 꾸며 대상을 재미있게 표현했고, ㉯는 시 모양을 꾸미지 않고 풍경을 표현했다.

함께 걸어 좋은 길

작사: 이경애, 작곡: 정보형

┌ 문구점을 지나고 장난감집 지나서
└㉠ 학교 가는 길 너랑 함께 가서 좋은 길

놀이터를 지나고 떡볶이집 지나서
집에 오는 길 너랑 함께 와서 좋은 길

도란도란 이야기하며 손잡고 가는 길
여러 사람이 크지 않은 목소리로 정답게 이야기하는 소리나 모양.
너랑 함께 걸어서 너무너무 좋은 길

• 글의 종류: 노랫말
• 글의 내용: 학교에 가고 집에 올 때 '너'와 함께 걸을 수 있어서 좋은 마음을 표현한 노래입니다.

🐌 교과서 핵심

● 노래와 관련한 경험을 떠올려 「함께 걸어 좋은 길」 바꾸어 보기 📖

복도를 지나고 과학실을 지나서
급식실에 가는 길 우리 반과 함께 가서 신나는 길
운동장을 지나고 체육관을 지나서
교실에 오는 길 우리 반과 함께 와서 신나는 길
복작복작 이야기하며 웃으며 가는 길
너랑 함께 걸어서 하늘만큼 기쁜 길

📖 교과서 문제

1 '나'는 '너'와 함께 어디로 오고 가고 있는지 쓰시오.

• '너'와 함께 (   )을/를 오고 가고 있다.

📖 교과서 문제

2 '나'는 '너'와 함께 걷는 길이 어떠하다고 표현했습니까? (   )

① 너무너무 좋다.
② 떨리고 긴장된다.
③ 슬프고 우울하다.
④ 심심하고 지루하다.
⑤ 답답하고 화가 난다.

3 '나'가 오가는 길에 지난 곳이 아닌 것은 무엇입니까? (   )

① 문구점   ② 놀이터   ③ 도서관
④ 장난감집   ⑤ 떡볶이집

핵심

4 ㉠이 보기 와 다른 점으로 알맞지 않은 것은 무엇입니까? (   )

보기

오늘 친한 친구와 학교에 같이 갔다. 가는 길에 문구점도 보이고 장난감집도 지났다. 날마다 가는 길인데도 친구랑 함께 이야기하면서 가니까 특별하게 느껴졌다.

① 간결하게 표현했다.
② 경험을 노랫말로 바꾸었다.
③ 비슷한 표현을 반복하였다.
④ 노래를 부르는 듯한 느낌이 든다.
⑤ 친구와의 경험을 더 자세하게 나타냈다.

소단원 2 〈 이어질 이야기를 상상하며 작품 감상하기

정답과 해설 ● 30쪽

빈집에 온 손님

황선미

❶ 하늘이 어둑해지면서 강 쪽에서 거센 바람이 불어왔습니다. 풍뎅이를 따라다니던 금방울은 주변을 둘러보았습니다. 동생들이 보이지 않았습니다. 빈집 앞에서 놀고 있었는데.

5 엄마 아빠 말씀이 생각났습니다. 할머니 댁에 가실 때 하신 말씀입니다.

"동생들을 잘 돌봐라. 감기 들지 않게 담요도 덮어 주고. 낯선 손님에게는 함부로 문을 열어 줘도 안 돼요."
조심하거나 깊이 생각하지 않고 마음 내키는 대로 마구.

(중심 내용) 금방울은 주변을 둘러보았으나 동생들이 보이지 않았다.

10 ❷ 비가 쏟아지기 시작했습니다.

"동생들은 빈집으로 들어가 있을 거야!"

금방울은 빈집으로 달렸습니다. 빈집은 낚시꾼의 오두막이지만 낚시꾼이 없을 때는 여우 남매의 놀이터입니다.

금방울은 흠뻑 젖은 채 빈집에 도착했습니다. 그러나 동생들은 보이지 않았습니다.

"설마 무슨 일이……."

금방울은 언덕에 있는 집으로 허겁지겁 달려갔습니다. 가슴이 두근거렸습니다. 금방울은 문을 5 벌컥 열었습니다.
닫혀 있던 것을 갑자기 세게 여는 모양.

아! 은방울과 작은방울이 난롯가에서 몸을 말리고 있었습니다.

"무서워 죽는 줄 알았어. 빈집에서 언니 오기만 기다렸는데!"   10

은방울은 투덜댔지만 금방울은 밝게 웃었습니다. 마음이 놓였습니다.

(중심 내용) 금방울은 빈집에 동생들이 없어서 집으로 허겁지겁 달려갔고, 집에서 몸을 말리는 동생들을 보고 마음이 놓였다.

• 글의 종류: 이야기
• 글의 특징: 부모님이 계시지 않은 집에 누군가 찾아와 문을 두드렸을 때 금방울과 은방울의 마음이 어땠을지 짐작해 보고, 이어질 이야기를 상상해 볼 수 있습니다.

📖 교과서 문제

1 엄마, 아빠께서 금방울에게 하신 말씀으로 알맞은 것에 ○표를 하시오.

(1) 동생들을 잘 돌봐라.   (   )
(2) 집 안을 깨끗이 청소해라.   (   )
(3) 낯선 손님에게 공손히 인사해라. (   )

2 빈집에 동생들이 보이지 않자 금방울의 마음은 어떠했겠습니까?   (   )

① 집에 돌아가서 쉬고 싶었다.
② 동생들이 자기를 따돌려 속상했다.
③ 동생들이 말을 듣지 않아 화가 났다.
④ 엄마, 아빠께 꾸중을 들을까 봐 걱정되었다.
⑤ 동생들에게 무슨 일이 생긴 것은 아닌지 걱정되었다.

📖 교과서 문제

3 금방울이 집에 왔을 때 동생들은 무엇을 하고 있었습니까?   (   )

① 담요를 덮고 자고 있었다.
② 난로에 불을 피우고 있었다.
③ 풍뎅이를 따라다니고 있었다.
④ 난롯가에서 몸을 말리고 있었다.
⑤ 금방울이 어디 갔는지 찾고 있었다.

역량

4 이 글에 나온 인물들에 대한 생각을 알맞게 말한 친구의 이름을 쓰시오.

> 재민: 나도 부모님께서 할머니 댁에 가신 동안 동생을 돌보았던 적이 있어.
> 연주: 금방울이 엄마, 아빠의 말을 떠올리면서 동생들을 찾는 것을 보면 금방울은 책임감이 강한 아이야.

(   )

소단원 2

❸ 그때 누군가 문을 두드렸습니다.

쿵쿵쿵. / 쿵쿵쿵.

금방울과 은방울은 놀라서 마주 보았습니다.

"누구지?" / "엄마다!"

5 금방울은 문 쪽으로 달려가는 작은방울을 얼른 잡았습니다.

"기다려. 내가 먼저 알아봐야 돼."

조용히 하라는 시늉에 은방울과 작은방울이 입
어떤 모양이나 움직임을 흉내 내어 꾸미는 짓.
을 꼭 다물었습니다. 금방울은 살금살금 걸어서

10 문틈으로 내다보았습니다. 문 앞에 낯선 덩치가 서 있었습니다. 문틈으로는 다 볼 수도 없을 만큼 커다란 덩치였습니다. 금방울은 깜짝 놀라서 물러 났습니다. 금방울의 커다래진 눈을 보고 놀란 은 방울이 작은방울을 끌어안았습니다.

15 금방울은 숨죽인 채 문고리를 걸었습니다. 소리 나지 않게 살그머니.

쿵, 쿵, 쿵.

아까보다 더 큰 소리가 집 안을 울렸습니다. 소리 가 날 때마다 금방울의 가슴도 덩달아 뛰었습니다.

20 빗소리 때문에 문 두드리는 소리가 더 무섭게 느껴

졌습니다. 금방울은 동생들과 방으로 들어가서 문 을 꼭 닫았습니다.

중심 내용 낯선 덩치가 문을 두드리자 금방울은 문고리를 걸고 동생들과 방으로 들어가서 문을 꼭 닫았다.

❹ 작은방울이 칭얼대기 시작했습니다.

"졸려서 그럴 거야. 잘 때가 지났잖아."

"아, 어떡하지? 담요를 빈집에 두고 왔어!"

5 은방울이 울상을 지었습니다. 작은방울은 담요 를 만지작거려야만 잠이 드는데. 금방울은 작은방 울을 업고 자장가를 불렀습니다. 작은방울은 잠들 었다 깨곤 하면서 여전히 칭얼거렸습니다.

"돌아간 걸까?"

10 금방울은 살금살금 가서 문틈으로 밖을 보았습 니다. 덩치는 없고 어둠뿐이었습니다.

중심 내용 작은방울이 졸려서 칭얼대었고, 금방울은 덩치가 아직 있는지 확인하려고 문틈으로 밖을 보았다.

교과서 핵심

○ 이어질 이야기를 상상하기 예

> 금방울이 담요를 가지러 빈집으로 갔는데 그곳에는 문을 두드렸던 낯선 손님이 있었습니다. 금방울은 그를 보고 깜짝 놀랐습니다.

5 낯선 손님이 문을 다시 두드렸을 때 금방울의 마음으로 알맞은 것을 두 가지 고르시오.

(,)

① 덩달아 가슴이 뛰었다.
② 무서운 마음이 들었다.
③ 문을 열어 주고 싶었다.
④ 시끄러워서 짜증이 났다.
⑤ 문고리를 걸어서 미안했다.

6 작은방울이 잠이 들기 위해 필요한 것은 무엇 인지 찾아 두 글자로 쓰시오.

( )

7 이 글에서 일이 일어난 차례대로 번호를 쓰시오.

① 금방울이 집에서 동생들을 만났다.
② 하늘이 어둑해지자 금방울이 동생들을 찾 기 시작했다.
③ 금방울이 작은방울을 업고 자장가를 불러 주었다.
④ 낯선 손님이 문을 두드렸지만 금방울은 문을 열어 주지 않았다.

( ) → ( ) → ( ) → ( )

8 이어질 이야기를 상상하는 방법을 생각하며 빈칸에 알맞은 말을 쓰시오.

• 이야기의 흐름과 인물들의 ( ) (이)나 ( )을/를 본다.

오, 미지의 택배

글: 차영아, 그림: 한지선

❶ 언제부터가 어른인 걸까?

어른이 되고 싶은 아홉 살 미지는 분명히 정해 두었다. 껌을 씹을 때 딱딱 소리가 나거나, 큰길에서 손을 흔들었는데 택시가 서거나, 스마트폰 게임을 아무리 해도 엄마 아빠가 본체만체하거나, 자기 앞으로 온 택배 상자를 받게 된다면! 바로 그때부터가 어른인 거라고. 그래서 아직도 머나먼 일이라고.

보고도 아니 본 듯이 하거나.

그런데 4월 3일 수요일에 미지는 어른이 됐다. 미지의 아홉 살 인생에 첫 택배가 도착했기 때문이다.

중심 내용 미지에게 아홉 살 인생 첫 택배가 도착했다.

❷ "여기 사인을 하고…… 아니 사인이 없으려나?
자기만의 독특한 방법으로 자신의 이름을 적음. 또는 그렇게 적은 문자.
그럼 이름을 쓰고 가져가렴."

아파트 경비 아저씨가 내민 것은 미지 손을 짝 펴서 가로로 네 뼘, 세로로 세 뼘 정도의 파란 상자였다.

"정말 저한테 온 택배예요? 우리 엄마한테 온 거 아니고요? 우리 아빠한테 온 거 아니고요?"

"그래. 여기 네 이름 있잖아. 507호 오미지! 아저씨 밥 먹으러 갈 시간이니까, 자, 자, 빨리빨리."

- **글의 종류:** 이야기
- **글의 내용:** 미지가 택배로 천국에 있는 누군가에게 데려다 준다는 운동화를 받게 되는 이야기로, 미지가 누구를 만나려고 하는지 상상해 볼 수 있습니다.

교과서 핵심

◉ 제목 「오, 미지의 택배」의 의미

미지		미지의 택배
• 주인공의 이름 • '아직 알지 못함.'을 의미하는 말	➡	• 미지 앞으로 온 택배 • 무엇이 들어 있는지 알 수 없는 택배

---

1 미지가 정한 어른이 되는 때에 해당하지 <u>않는</u> 것은 무엇입니까? ( )

① 이름 대신 사인을 쓴다.
② 껌을 씹을 때 딱딱 소리가 난다.
③ 자기 앞으로 온 택배 상자를 받는다.
④ 큰길에서 손을 흔들었는데 택시가 선다.
⑤ 스마트폰 게임을 아무리 해도 엄마 아빠가 본체만체한다.

📖 교과서 문제

2 4월 3일에 미지가 어른이 되었다고 생각한 까닭은 무엇인지 빈칸에 알맞은 말을 쓰시오.

• 아홉 살 인생에 첫 ( )이/가 도착했기 때문이다.

3 아파트 경비 아저씨가 미지에게 내민 상자에 대한 설명으로 알맞은 것은 무엇입니까? ( )

① 붉은색 상자이다.
② 미지 엄마 이름이 쓰여 있다.
③ '507호 오미지'라고 쓰여 있다.
④ 미지의 키보다 훨씬 큰 상자이다.
⑤ 미지 아빠 이름으로 온 택배이다.

서술형

4 보기 의 밑줄 친 부분을 참고할 때, 이 글의 제목이 뜻하는 것은 무엇일지 쓰시오.

보기
'미지'는 주인공의 이름이기도 하면서 '아직 알지 못함.'을 의미하는 말이다.

정말 택배 상자에는 '오미지'라는 이름이 커다랗게 쾅 찍혀 있었다. 반대로 보낸 이의 이름은 얼룩지고 ♥너덜너덜 찢겨 있어서 한 글자도 알아볼 수가 없었다.

5   아마도 상자의 한쪽은 오다가 태풍, ♥허리케인, ♥사이클론을 다 만났나 보다.

┌─ 뭘까? 미지의 마음속에서 작은 북소리가
㉠ 울린다.
└─ 두구두구두구.

택배 상자가 활짝 벌어졌을 때, 미지는 보았다. 별 모양도 없고, 꽃 모양도 없고, 노란색도 아니고, 파란색도 아니고, ♥형광색도 아닌, 세상에서 가장 심심해 보이는 하얀색 끈 운동화를.

〔중심 내용〕 미지에게 온 택배 상자 속에는 하얀색 끈 운동화가 들어 있었다.

❸ "에이, 뭐야."   5

실망한 미지는 운동화를 다시 상자에 넣으려다가 노랗고 파란 형광 별, 형광 꽃이 콕콕 박힌 종이를 발견했다. 제품 설명서였다.

♥너덜너덜 여러 가닥이 자꾸 어지럽게 늘어져 흔들리는 모양.

♥허리케인 대서양 서부의 카리브해, 멕시코만과 북태평양 동부에서 발생하는 강한 열대성 저기압. 많은 비를 동반한다.

♥사이클론 벵골만과 아라비아해에서 발생하는 열대성 저기압. 성질은 태풍과 같으며 때때로 해일을 일으켜 낮은 지대에 큰 재해가 발생한다.

♥형광색 밝게 빛나는 듯 보이는 색.

5 택배 상자에 대한 설명으로 알맞은 것은 무엇입니까? (   )

① 활짝 벌어져 있었다.
② 예쁜 그림으로 꾸며져 있었다.
③ 태풍을 만나 흠뻑 젖어 있었다.
④ 미지의 이름이 커다랗게 찍혀 있었다.
⑤ 보낸 이의 이름이 알아보기 쉽게 써 있었다.

7 택배 상자 안에서 나온 것은 무엇입니까? (   )

① 형광색 상자
② 화려한 꽃다발
③ 별 모양 장난감
④ 하얀색 끈 운동화
⑤ 노랗고 파란 별이 박힌 운동화

6 ㉠에서 짐작할 수 있는 미지의 마음을 쓰시오.

(   )

8 상자에 운동화를 다시 넣으려다가 미지가 발견한 종이는 무엇인지 쓰시오.

(   )

제품 설명서

제품명 대단하고 엄청나고 놀라운 운동화

크기 샛별초등학교 2학년 1반에서 가장 작은 발 크기

기능 하늘나라로 떠난 누군가가 보고 싶나요?

아이쉽다잉 박사가 50년 연구 끝에 개발하고 '하사'가 승인한 '대단하고 엄청나고 놀라운 운동화'는 천국에 있는 누군가에게 당신을 데려다주는 은나노 극세사 인공 지능 하이브리드 드론 운동화입니다.

어떤 일을 마땅하다고 받아들임.

사람이 만들어 내거나 꾸며 낸 것.

사용 방법

1. 운동화를 신고, 만나고 싶은 누군가의 이름을 세 번 부르면서 세 번 폴짝폴짝 뜁니다.

2. 자신이 달릴 수 있는 최고 속도로 달립니다.

3. 숨이 찰 때까지 계속 달립니다.

4. 눈앞이 노래질 때까지 달립니다.

주의 사항 천국에 머물 수 있는 시간은 30분입니다.

띠오오옹? (이건 미지의 눈 커지는 소리다.)

미지는 머리를 흔들고, 눈을 비비고, **뺨**을 때린 후 다시 한번 읽어 보았다. 역시 그대로였다.

'천국에 있는 누군가에게 데려다준다고? 은나노 극세사 인공…… 뭐? 눈앞이 노래질 때까지 달 5 리라니? 도대체 누가, 왜, 이런 운동화를 나한테 보낸 걸까? 근데 정말 이 운동화만 신으면 하늘나라에 가서 막, 정말 막, 보고 싶은 누군가를 만날 수 있을까? 그럴 수만 있다면……'

미지의 머릿속은 만 개의 종이 울리는 것처럼 시 10 끄러웠다. 정신을 차렸을 때는 이미 운동화를 신고 폴짝폴짝 세 번 뛰고 있었다.

중심 내용 미지는 제품 설명서에 쓰인 대로 운동화를 신고 세 번 뛰었다.

교과서 핵심

○ **미지에게 어떤 일이 일어날지 이어질 이야기 상상하기 예**

- 하늘나라에 가서 보고 싶었던 사람들을 만나 행복한 하루를 보낼 것 같다.
- 신기한 운동화를 신고 뛸 때 마지막에 잘못 뛰어서 상상하지 못했던 곳으로 날아갈 것 같다.

📖 교과서 문제

9 택배 상자 속 운동화의 특별한 점은 무엇입니까? ( )

① 누구보다도 빨리 뛸 수 있다.
② 50년 뒤의 세상으로 데려다준다.
③ 아무리 뛰어도 숨이 차지 않는다.
④ 다른 사람의 모습으로 변할 수 있다.
⑤ 천국에 있는 누군가에게 데려다준다.

핵심

📖 교과서 문제

10 일이 일어난 차례대로 번호를 쓰시오.

① 어느 날 미지에게 택배가 도착했다.
② 택배 상자 안에 운동화가 들어 있었다.
③ 미지는 제품 설명서를 발견하고 읽었다.
④ 미지는 운동화를 신고 폴짝폴짝 세 번 뛰었다.

( ) → ( ) → ( ) → ( )

11 제품 설명서를 보고 난 뒤에 한 행동으로 보아 미지의 성격은 어떠합니까? ( )

① 엉뚱하고 호기심이 많다.
② 남의 물건에 욕심을 낸다.
③ 잘 모르는 일에 겁을 낸다.
④ 화를 잘 내고 남의 탓을 잘한다.
⑤ 움직이는 것을 싫어하고 게으르다.

서술형 **역량**

12 미지에게 어떤 일이 일어날지 생각하며 이어질 이야기를 상상하여 쓰시오.

_____

_____

잠꼬대

김옥애

강아지도
잠꼬대하나 봐요
㉠ 두 눈 감고 낑낑
퍼뜩 몸을 떨다가
반갑다고 꼬리를 살랑살랑

깨울까?
㉡ 아니야

강아지가
꿈속에서
㉢ 누굴 만나는지 몰라
잠자는 모습
지켜만 봐요

1 이 시를 읽고 떠오르는 장면으로 알맞은 것은 무엇입니까?
（　　）
① 아이가 강아지와 잠이 든 장면
② 아이가 강아지를 그리워하는 장면
③ 아이가 강아지와 산책을 나간 장면
④ 아이가 잠꼬대하는 강아지를 보는 장면
⑤ 아이가 강아지와 간식을 맛있게 먹는 장면

2 말하는 사람은 강아지에게 어떻게 했습니까?　（　　）
① 깨웠다.
② 지켜만 봤다.
③ 밥을 주었다.
④ 병원에 데려갔다.
⑤ 꼬리를 쓰다듬었다.

3 ㉠~㉢ 가운데 다음 경험을 시로 표현한 것의 기호를 쓰시오.

> 강아지가 잠꼬대하는 모습을 보았다. 자꾸 움직여서 깨울까 말까 고민을 했다.

（　　　　　　）

4 경험을 시로 표현하는 방법을 생각하며 빈칸에 알맞은 낱말을 쓰시오.

• 경험에 대한 생각이나 （　　　　）을/를 떠올려 본다.

밤에도 놀면 안 돼?

이주혜

태양이는 밤이 싫어요. 밤이 되면 맛있는 것도 못 먹고, 큰 소리로 노래도 못 부르고, 재미나게 숨바꼭질도 못 하고, 가만히 잠만 자야 하니까요.

'밤에도 잠 안 자고 신나게 놀 순 없을까?'

5 태양이는 곰곰이 생각했어요.

깜깜이도 밤이 싫어요. 밤이 되면 잠을 더 자고 싶은데도 밖에 나가 힘들게 이리저리 돌아다녀야 하니까요.

'밤에도 계속 잠만 잘 순 없을까?'

깜깜이는 곰곰이 생각했어요.

10 그날 밤, 달이 유난히도 밝았어요. 어떤 소원이든 이루어질 것 같았지요. 태양이는 두 손을 모았어요. 깜깜이도 두 손을 모았어요.

그러자 정말 놀라운 일이 벌어졌어요!

5 태양이가 밤을 싫어하는 까닭이 <u>아닌</u> 것은 무엇입니까?

(   )

① 숨바꼭질을 못 해서
② 어두운 게 무서워서
③ 맛있는 것을 못 먹어서
④ 가만히 잠만 자야 해서
⑤ 큰 소리로 노래를 못 불러서

6 깜깜이가 밤을 싫어하는 까닭을 쓰시오.

_____

_____

7 일이 일어난 차례대로 기호를 쓰시오.

┌─────────────────────┐
│ ㉠ 소원을 빌자 무슨 일이 벌
│   어졌다.
│ ㉡ 태양이는 밤에도 놀고 싶
│   어 했고, 깜깜이는 밤에
│   잠을 푹 자고 싶어 했다.
│ ㉢ 태양이와 깜깜이는 각자
│   자신이 원하는 것이 이루
│   어지게 해 달라고 달님께
│   빌었다.
└─────────────────────┘

(   )

8 태양이의 성격에는 '태', 깜깜이의 성격에는 '깜'을 쓰시오.

(1) 활발하고 노는 것을 좋아한다.   (   )
(2) 차분하고 조용히 쉬는 것을 좋아한다.   (   )

📖 교과서 문제

1 경험을 시나 노래로 표현하면 좋은 점으로 알맞지 않은 것에 ×표를 하시오.

(1) 경험을 쉽게 잊어버릴 수 있다. (　　)

(2) 자신의 경험을 되돌아볼 수 있다.

(　　)

(3) 경험을 다른 사람에게 전할 수 있다.

(　　)

핵심　　　　　　　　　　　📖 교과서 문제

2 시나 노래를 바꾸어 쓰는 방법으로 알맞은 것을 두 가지 고르시오. (　　,　　)

① 경험한 일을 간결하게 노래하듯이 표현한다.

② 원래 노래와 상관없이 자신이 가장 좋아하는 말로 바꾸어 쓴다.

③ 원래 시와 전혀 다른 내용이 되더라도 최대한 길게 바꾸어 쓴다.

④ 노래와 관련한 자신의 경험을 떠올리며 바꾸어 쓸 내용을 생각한다.

⑤ 원래의 시가 가장 좋은 내용이므로 내용을 전혀 바꾸지 말고 그대로 쓴다.

핵심　　　　　　　　　　　📖 교과서 문제

3 이어질 이야기를 상상하는 방법으로 알맞은 것에 ○표를 하시오.

(1) 상상한 이야기가 원래 이야기와 비슷할수록 좋다. (　　)

(2) 이어질 이야기를 상상할 때에는 이야기의 흐름이 어땠는지 생각해야 한다.

(　　)

(3) 이어질 이야기를 상상할 때에는 인물과 상관없이 기발하고 재미있으면 된다.

(　　)

4 밑줄 친 토박이말 '미리내'와 바꾸어 쓸 수 있는 말은 무엇입니까? (　　)

밤하늘에 보이는 <u>미리내</u>는 정말 아름답다.

① 달　　　　② 해　　　　③ 구름

④ 바람　　　⑤ 은하수

5 보기 를 참고할 때, 밑줄 친 토박이말 '으뜸'의 뜻으로 알맞은 것은 무엇입니까? (　　)

보기

현지는 우리 반에서 봉사 활동을 하는 데 <u>으뜸</u>이다.

① 세상에 없는 것.

② 올해 새로 난 것.

③ 흔히 볼 수 있는 것.

④ 누구나 가지고 있는 것.

⑤ 많고 많은 것 가운데 가장 뛰어난 것.

6 보기 에서 빈칸에 들어갈 알맞은 토박이말을 찾아 쓰시오.

보기

너울　　　　　갈무리

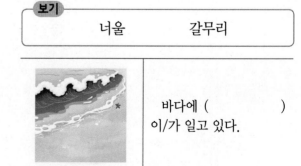

바다에 (　　　　　)
이/가 일고 있다.

단원 평가

1~2

> 쉬는 시간만 되면 우리 반은
> 아이들이 이야기하는 소리
> 떠드는 소리
> 웃는 소리
> 뛰어다니는 소리로
> 가득 채워진다.
> 이러다가
> 우리 반이 터지겠다.

1 이 시에서 "이러다가 / 우리 반이 터지겠다." 라고 말한 까닭을 빈칸에 쓰시오.

• 아이들이 놀면서 내는 (   )이/ 가 우리 반에 가득 찼기 때문에

서술형

2 우리 반 쉬는 시간은 어떤 모습인지 떠올려 쓰시오.

_____

_____

중요

3 경험을 시나 노래로 표현하면 좋은 점이 **아닌** 것은 무엇입니까? (   )

① 내가 경험한 일을 되돌아볼 수 있다.
② 재미있는 표현으로 바꾸어 쓸 수 있다.
③ 경험한 일을 다른 사람들에게 실감 나게 전할 수 있다.
④ 다른 사람이 내가 겪은 일을 똑같이 경험해 볼 수 있다.
⑤ 노래로 만들어 불러 보면 내 경험에서 느꼈던 기분을 잘 표현할 수 있다.

4~6

> 쌓인 눈을 밟을 때마다
> 오리 우는 소리가 난다
>
> 뚱뚱하게 옷 껴입고
> 앞서가는 친구들도
> ㉠꽥!
>   꽥!
> 뒤따라오는 친구들도
> 꽥!
>   꽥!
>
> 씰룩씰룩
> 궁둥이 흔들며 걷는 우린
> 한 줄로 선 살찐 오리들

4 ㉠과 관련 있는 소리를 **두 가지** 고르시오.
(,   )

① 오리 우는 소리
② 얼음이 녹는 소리
③ 눈이 내리는 소리
④ 쌓인 눈을 밟는 소리
⑤ 아이들이 떠드는 소리

5 이 시에서는 '우리'를 무엇이라고 했는지 쓰시오.
(   )

중요

6 이 시와 관련한 경험을 떠올린 것은 무엇입니까? (   )

① 옷이 작아져서 불편했던 일
② 책에서 오리에 관한 글을 읽은 일
③ 뚱뚱하다고 친구가 놀려서 다툰 일
④ 급식을 먹을 때 한 줄로 서서 기다린 일
⑤ 눈을 밟을 때 나는 소리가 재미있어서 더 걸은 일

7~10

> ⊙문구점을 지나고 장난감집 **지나서**
> 학교 가는 길 너랑 **함께** 가서 좋은 길
>
> 놀이터를 지나고 떡볶이집 지나서
> 집에 오는 길 너랑 함께 와서 좋은 길
>
> **도란도란** 이야기하며 **손잡고** 가는 길
> 너랑 함께 걸어서 **너무너무** 좋은 길

7 말하는 사람이 '좋은 길'이라고 표현한 까닭은 무엇입니까? ( )

① '너'랑 함께 걸어서
② 빠르게 달릴 수 있어서
③ 떡볶이를 먹을 수 있어서
④ 놀이터에서 신나게 놀아서
⑤ 학교까지 길이 멀지 않아서

8 말하는 사람은 길에서 어디어디를 지나서 오고 갔는지 모두 찾아 쓰시오.

( )

9 이 노랫말에서 다음의 뜻을 가진 낱말은 무엇입니까? ( )

> 여러 사람이 크지 않은 목소리로 정답게 이야기하는 소리나 모양.

① 함께 ② 지나서
③ 손잡고 ④ 도란도란
⑤ 너무너무

중요

10 경험을 떠올리며 ⊙을 바꾸어 쓸 때, 빈칸에 들어갈 말을 생각하여 쓰시오.

(1) ( )을/를 지나고 (2) ( )
을/를 지나서
(3) ( ) 가는 길

국어 활동

11 경험을 시로 표현하는 방법으로 알맞은 것에 ○표를 하시오.

(1) 친구의 경험을 내 경험인 것처럼 쓴다.
( )

(2) 경험에 대한 생각이나 느낌을 떠올려 본다. ( )

12~14

> ⑦ 문 앞에 낯선 덩치가 서 있었습니다. 문틈으로는 다 볼 수도 없을 만큼 커다란 덩치였습니다. 금방울은 깜짝 놀라서 물러났습니다.
> ⑭ "아, 어떡하지? 담요를 빈집에 두고 왔어."
> 은방울이 울상을 지었습니다. 작은방울은 담요를 만지작거려야만 잠이 드는데, 금방울은 작은방울을 업고 자장가를 불렀습니다.
> ⑮ "돌아간 걸까?"
> 금방울은 살금살금 가서 문틈으로 밖을 보았습니다. 덩치는 없고 어둠뿐이었습니다.

12 금방울이 깜짝 놀라서 물러난 까닭은 무엇인지 빈칸에 알맞은 말을 쓰시오.

• 문 앞에 낯선 ( )이/가 서 있어서

13 금방울이 문틈으로 밖을 본 까닭은 무엇입니까? ( )

① 작은방울을 재우려고
② 덩치가 걱정이 되어서
③ 작은방울이 자꾸 칭얼거려서
④ 밖이 어두워졌는지 확인하려고
⑤ 덩치가 돌아갔는지 확인하려고

실력 UP

14 이 글에 이어질 이야기를 상상해서 쓰시오.

_____

_____

15~17

'천국에 있는 누군가에게 데려다준다고? 은 나노 극세사 인공…… 뭐? 눈앞이 노래질 때까지 달리라니? 도대체 누가, 왜, 이런 운동화를 나한테 보낸 걸까? 근데 정말 이 운동화만 신으면 하늘나라에 가서 막, 정말 막, 보고 싶은 누군가를 만날 수 있을까? 그럴 수만 있다면…….'

미지의 머릿속은 만 개의 종이 울리는 것처럼 시끄러웠다. 정신을 차렸을 때는 이미 운동화를 신고 폴짝폴짝 세 번 뛰고 있었다.

15 미지가 운동화를 신고 폴짝폴짝 세 번 뛴 까닭은 무엇입니까? (　　)

① 운동할 시간이 되어서
② 새 운동화를 받고 좋아서
③ 달리기 연습을 하고 싶어서
④ 시끄러운 곳을 벗어나고 싶어서
⑤ 천국에 있는 누군가를 만나고 싶어서

16 이 글의 내용을 볼 때, 미지의 성격은 어떠한지 쓰시오.

(　　　　　　　　　　)

중요

17 미지에게 일어날 일을 알맞게 상상하여 말한 친구의 이름을 쓰시오.

예림: 수상한 운동화를 당장 벗을 거야.
희지: 운동화를 신으면 정말로 천국에 갈 수 있는지 궁금해할 거야.
우빈: 천국에 가서 보고 싶었던 사람들을 만나 행복한 시간을 보낼 것 같아.

(　　　　　　　)

실력 UP

18 이어질 이야기를 상상하는 방법에 맞게 빈칸에 알맞은 말을 각각 쓰시오.

이야기의 (　　　　　)을/를 생각하고, 인물의 (　　　　　)(이)나 (　　　　　)을/를 보며 상상한다.

국어 활동 **서술형**

19 다음에 이어질 이야기를 이야기 흐름에 알맞게 상상하여 쓰시오.

태양이는 밤에도 놀고 싶어 했고, 깜깜이는 밤에 잠을 푹 자고 싶어 했다. 태양이와 깜깜이는 각자 자신이 원하는 것이 이루어지게 해 달라고 달님께 빌었다. 소원을 빌자 무슨 일이 벌어졌다.

_____

_____

20 **보기** 를 참고할 때, '갈무리'의 뜻으로 알맞은 것에 ○표를 하시오.

보기

선물로 받은 장난감을 잘 갈무리해야겠다.

(1) 전에 없던 것을 처음으로 만듦. (　　)
(2) 물건 따위를 잘 정리하거나 간수함.
(　　)
(3) 원래 있던 것을 없애고 다른 것으로 채워 넣음. (　　)

● 글씨를 바르게 써 보시오.

떡	볶	이
떡	볶	이
떡	볶	이

경	비
경	비
경	비

제	품
제	품
제	품

이	름	이
이	름	이

커	다	랗	게
커	다	랗	게

콩		찍	혀
콩		찍	혀

있	었	다	.
있	었	다	.

MEMO

한끝

정답과 해설

초등
국어 **2·2**

visang

우리는 남다른 상상과 혁신으로
교육 문화의 새로운 전형을 만들어
모든 이의 행복한 경험과 성장에 기여한다

한끝 정답과 해설

2·2

초등 국어

1. 장면을 상상하며

1 ○   **2** (2) ○

3 번갈아, 흉내 내는   **4** 시간

5 ×

준비 배울 내용 살펴보기   11쪽

1 ①   **2** 윤주   **3** ②, ③

4 예 드소토 선생님은 어떤 방법으로 여우를 골탕 먹였어?

1 이 시에서는 떡볶이를 단짝끼리 오순도순 함께 먹고 싶다고 했습니다.

2 윤주는 시를 읽고 떠오르는 장면을 이야기했고, 정우는 시를 읽고 떠오르는 경험을 이야기했습니다.

3 좋아하는 이야기의 제목이 『치과 의사 드소토 선생님』이라는 것과, 지혜롭게 여우를 골탕 먹이는 내용이 재미있어서 좋아한다는 것을 알 수 있습니다.

> **정답 친해지기** 자신이 좋아하는 이야기를 소개할 때 적을 수 있는 것
>
> 이야기의 제목, 이야기의 내용, 읽게 된 계기, 그 이야기를 좋아하는 까닭, 이야기와 관련한 자신의 경험, 이야기에 등장하는 인물의 모습 등

4 언제, 어디에서 일어난 일인지, 등장인물이 어떤 말이나 행동을 했는지, 어떤 일이 일어났는지 등을 물어볼 수 있습니다.

> **채점 기준** 친구가 소개한 이야기와 관련된 질문을 쓰면 정답으로 합니다.

소단원 1 **기본** 시를 읽고 장면 상상하기   12쪽

1 ②   **2** 경험

3 두두두두두 두두두두   **4** (1) ○

1 아이들은 학교가 끝나서 신이 났습니다.

2 학교가 끝나 기분이 좋았던 자신의 경험을 떠올린 후, 자신과 시에 나온 아이들의 경험을 비교하며 장면을 상상했습니다.

3 헬리콥터 소리인 '두두두두두 두두두두'를 통해 헬리콥터가 된 아이들의 모습을 흉내 내었습니다.

4 (2)는 인상 깊은 표현을 생각하며 장면을 상상한 경우에 해당합니다.

소단원 1 **통합** 시를 읽고 생각이나 느낌 나누기   13쪽

1 ⑤   **2** ②   **3** (2) ○

4 규현

1 '호로록, 한 입 먹으면 / 콧잔등에 / 맛있는 짜장 점 일곱 개'라고 했습니다.

2 오늘 급식에 짜장면이 나온 것을 시로 썼기 때문에 시의 제목을 '짜장 요일'로 정했습니다.

3 흉내 내는 말인 '호로록호로록,'을 다 같이 낭송했습니다.

> **정답 친해지기** 흉내 내는 말
>
> 흉내 내는 말이란 '호로록호로록', '흔들흔들'처럼 사람이나 사물의 소리나 모습을 나타내는 말입니다.

4 예나는 이 시를 읽고 떠오른 생각이나 느낌을 표현했고, 규현이는 이 시에서 말하는 사람과 비슷한 느낌이 들었던 경험을 이야기했습니다.

소단원 2 **기본** 이야기를 읽고 인물의 마음 상상하기   14~15쪽

1 할머니, 고양이   **2** ⑤

3 ②, ⑤   **4** 예 집을 비우면 못된 녀석들이 집을 망가뜨릴까 봐 걱정이 되었기 때문이다.

5 ③, ⑤   **6** ⑤   **7** 1, 2, 4, 3

8 예 고양이들 때문에 할머니께 즐거운 일이 아주 많이 생겼기 때문이다.

1 깊은 숲속에 있는 눈처럼 하얗고 예쁜 집에는 하얗고 예쁜 집을 자랑스러워하는 할머니와 하얗고 예쁜 고양이가 살고 있었습니다.

2 할머니는 하얀 집에 뭐라도 묻을까 봐 걱정되어서 아무도 초대하지 않았습니다.

3 할머니는 하얀 고양이가 걱정되었지만, 집을 비울 수 없어 이러지도 저러지도 못하고 불안해했습니다.

4 할머니는 집을 비우면 못된 녀석들이 와서 집을 망가뜨릴지도 모른다는 생각에 하얀 고양이가 걱정되었지만 찾으러 나가지 않았습니다.

> **채점 기준** 집을 비웠을 때 못된 녀석들이 들어와서 집을 망가뜨리는 것이 걱정되어 고양이를 찾으러 나갈 수 없었다는 내용을 쓰면 정답으로 합니다.

5 할머니는 어느 날 집에서 새끼 고양이들을 발견하고, 깜짝 놀라 어쩔 줄 몰라 했습니다.

6 새끼 고양이들이 쏟고, 흘리고, 묻히고, 깨뜨려서 하얀 집은 점점 난장판이 되었습니다.

> **정답 친해지기** 새끼 고양이들이 할머니 집에서 한 일
> • 빨강이: 할머니의 스웨터를 다 풀어 놓았다.
> • 노랑이: 하얀 벽에 온통 발자국을 찍어 놓았다.
> • 분홍이: 할머니가 마시던 커피를 쏟아 버렸다.

7 이야기를 다시 읽고, 일이 일어난 차례대로 정리해 봅니다.

8 할머니는 고양이들을 보고 또 보는 게 즐거웠기 때문에 집이 하얗지 않아도 괜찮다고 생각했습니다.

> **채점 기준** '새끼 고양이들을 보는 게 즐거웠기 때문이다.' 혹은 '할머니께 즐거운 일이 아주 많이 생겼기 때문이다.'라고 쓰면 정답으로 합니다.

소단원 2 **통합** 이야기를 읽고 생각이나 느낌 나누기   16~17쪽

1 ③   **2** 숨바꼭질
3 **예** 의아하다, 이상하다 등
4 (1) ② (2) ③ (3) ①
5 빗자루, 새   **6** 혜리   **7** 4, 1, 3, 2

1 엉뚱한 수리점은 고장 난 물건을 고쳐 주는 곳입니다.

2 소이는 옷장을 고치고 싶어 하는 사람의 말을 듣고 숨바꼭질할 때 숨으면 딱 좋겠다고 했습니다.

3 소이는 의자를 고치러 온 아저씨에게 의자를 고치려고 하는 까닭을 듣고 "그래요?"라며 의아해하고, 자신의 의자도 고쳐야 할지 여쭤보았습니다.

4 ㉠에는 이리저리 깊이 생각하는 것이 어울리므로 '곰곰이'가, ㉡에는 왜 흠이 없이 온전한 의자를 가지고 나왔는지 물어보는 것이 어울리므로 '멀쩡한'이, ㉢에는 안에 넣은 물건을 아무리 해도 찾을 수가 없었다는 것이 어울리므로 '도무지'가 들어가야 합니다.

5 소이는 빗자루를 타고 구름 위를 날아 보고 싶다면서 빗자루를 진짜 새처럼 날 수 있게 고쳐 달라고 했습니다.

6 글을 읽고 떠오른 생각이나 느낌을 이야기한 친구를 찾습니다. 이야기나 인물에 대한 생각이나 느낌이 적절해야 합니다.

> **정답 친해지기** 글을 읽고 떠오른 생각이나 느낌 이야기하기
> 글을 읽고 생각이나 느낌을 이야기할 때에는 이야기의 내용과 관련 있어야 합니다.

7 이야기를 다시 읽고, 일이 일어난 차례대로 정리해 봅니다.

국어 활동   18~19쪽

1 침대 밑   **2** 민재   **3** ㉠
4 ②   **5** ③   **6** (2) ○
7 (1) **예** 토끼 (2) **예** 토끼처럼 뛰어다니는 것을 좋아하고 달리기도 빠른 점이 비슷하다.

1 이 시에서 '나'는 침대 밑에 있는 연필입니다.

2 잃어버린 물건들이 먼지를 뒤집어쓴 채 침대 밑에 있는 장면을 떠올릴 수 있습니다.

3 ㉠은 인상 깊은 표현인 '궁시렁궁시렁'을 생각하며 장면을 상상한 내용이고, ㉡은 물건을 잃어버린 경험을 떠올리며 장면을 상상한 내용입니다.

4 물고기 같은 아이는 말을 잘 안 한다고 했습니다.

5 토끼 같은 아이를 행복하게 하려면 자유롭게 뛰어놀 수 있는 공간을 마련해 주라고 했습니다.

6 나비 같은 아이는 섬세하고 보드랍다고 했습니다.

> **정답 친해지기** 나비 같은 아이에게 하고 싶은 말 예
> "나는 너 같은 친구가 있으면 좋겠어. 사람들이 내 마음을 이해해 주지 않아서 서운할 때가 있는데, 너는 섬세해서 내 마음을 헤아려 줄 것 같아. 나도 네 마음을 이해하는 친구가 되어 줄게."

7 자신과 비슷한 동물을 생각하고, 그 동물과 비슷한 특성을 떠올려 써 봅니다.

실천 배운 내용 마무리하기 20쪽

1 장대비	**2** ②	**3** ①, ③
4 지유	**5** (1) ② (2) ①	
6 ③	**7** ②	

1 해바라기는 채송화가 장대비에 쓸려 갈까 봐 밤새 눈 뜨고 지켜봤습니다.

2 채송화는 해바라기가 장대비에 쓰러질까 봐 밤새 눈 감고 마음을 졸였습니다.

3 채송화와 해바라기가 장대비를 맞으면서 서로를 걱정하는 장면을 떠올릴 수 있습니다.

4 순호는 시의 내용이나 장면과 상관없이 소나기가 내렸을 때의 경험을 이야기했습니다.

5 'ㅐ'와 'ㅔ'의 입 모양이 다르다는 것을 생각하며, 같은 입 모양으로 발음되는 모음자를 가진 것끼리 연결합니다.

> **정답 친해지기** 이중 모음 'ㅒ'와 'ㅖ'
> 'ㅒ'와 'ㅖ'는 발음할 때 입 모양이 바뀌는 것을 알 수 있습니다. 입 모양의 처음과 끝이 어떻게 바뀌는지, 턱이 얼마나 내려가는지 생각하면서 발음해 봅니다.

6 'ㅣ'와 'ㅐ'를 연달아 발음하면 [ㅒ]로 소리가 납니다.

7 'ㅣ'와 'ㅔ'를 연달아 발음하면 [ㅖ]로 소리가 납니다. 따라서 모음 'ㅖ'가 들어간 낱말을 찾으면 됩니다.

단원 평가 21~23쪽

1 ③, ⑤	**2** ①	**3** 예 매콤한 떡볶이를 먹으면서 땀을 흘리는 아이의 모습이 떠오른다.
	4 ②	**5** 헬리콥터
6 세나	**7** ③	**8** (2) ○

9 예 아빠와 비빔밥을 먹었을 때 아빠 턱에 묻은 고추장이 빨간 점처럼 보였다. **10** 경험

11 난장판	**12** ①, ③	**13** ③
14 ②	**15** ④	**16** 예 연필 /

예 시험을 볼 때 연필이 스스로 답을 찾아 쓸 수 있게 고쳐 주세요. **17** ③

18 걱정	**19** 민하	**20** (1) ○

1 이 시에서는 떡볶이가 달콤하고 조금 매콤하다고 했습니다.

2 이 시에서 말하는 사람은 '맛있다' 소리까지 함께 삼키며 떡볶이를 먹고 싶은 생각에 입속에 침이 고였습니다.

3 땀을 흘리며 또는 호호거리며 매콤한 떡볶이를 먹는 모습이나 단짝과 함께 떡볶이를 먹는 모습 등을 떠올려 볼 수 있습니다.

> **채점 기준** 시의 상황이나 분위기를 바탕으로 적절한 장면을 떠올려 쓰면 정답으로 합니다.

4 아이들은 학교가 끝나자 신이 나서 신발주머니 가방을 돌리며 집으로 가고 있습니다.

5 이 시에서 말하는 사람은 아이들이 머리 위로 신발주머니 가방을 돌리는 모습을 보고 '헬리콥터'가 되었다고 표현했습니다.

> **정답 친해지기** 빗대어 표현하기
> 학교가 끝나 신난 아이들 → (빗대어 표현) → 모두 다 헬리콥터 되어, // 난다, 난다

6 기주는 시를 읽고 시에서 말하는 사람과 비슷한 자신의 경험을 떠올렸습니다. 세나는 '발이 땅에서 떠오르는 아이들'이라는 표현에서 기뻐하는 아이들의 모습을 상상했습니다.

7 짜장면을 한 입 먹으면 콧잔등에 맛있는 짜장 점 일곱 개가 생긴다고 했습니다.

8 이 시에서 흉내 내는 말은 '호로록'입니다. (1)은 시를 읽고 떠오른 자신의 경험과 관련된 이야기입니다.

9 맛있는 음식을 얼굴에 묻혀 가며 먹었던 경험이나 맛있는 음식을 먹고 기분이 좋았던 경험 등을 떠올려 써 봅니다.

> 채점 기준 음식을 얼굴에 묻혀 가며 맛있게 먹고 기분 좋았던 경험과 관련된 내용을 쓰면 정답으로 합니다.

10 아끼던 지우개를 잃어버렸다가 책상 밑에서 찾은 자신의 경험과 비교하며 장면을 상상하고 있습니다.

11 새끼 고양이들이 쏟고, 흘리고, 묻히고, 깨뜨려서 하얀 집은 점점 난장판이 되었습니다.

12 할머니는 새끼 고양이들이 하얀 집을 난장판으로 만들어 놓아서 속상하고, 집을 계속 정리하고 치우고 닦느라 지칠 것입니다.

13 할머니는 여기저기 흔적을 남기고 다니는 고양이들을 보고 또 보는 게 즐거웠다고 했습니다.

14 강아지풀로 간지럼을 태우면 엄청 재미있다고 했습니다.

15 빗자루를 타고 구름 위를 훨훨 날아 보고 싶다고 했습니다.

16 자신이 가진 물건 가운데 고치고 싶은 물건이 무엇인지 생각해 보고, 그 물건을 어떻게 고치면 좋을지 자유롭게 상상하여 써 봅니다.

> 채점 기준 고치고 싶은 물건과 고칠 내용이 자연스럽게 연결되면 정답으로 합니다.

17 설명하는 대상의 특징이 무엇인지 살펴봅니다. 제시된 동물 중 날카로운 이빨과 우렁찬 목소리를 가지고 있는 동물은 사자입니다.

18 채송화가 장대비에 쓸려 갈까 봐 밤새 걱정한 '나'의 마음이 느껴집니다.

19 서우는 시의 내용과 관련 없는 장면을 떠올렸습니다.

> 정답 친해지기 시의 내용
> • 채송화가 장대비를 맞았다.
> • 나는 채송화가 쓸려 갈까 봐 걱정돼 밤새 지켜봤다.

20 'ㅐ'를 발음할 때의 입 모양입니다.

2. 서로 존중해요

핵심 확인 문제   26쪽

1 고운 말   **2** 까닭, 까닭   **3** ×
4 ○   **5** ×

준비 배울 내용 살펴보기   27쪽

1 ⑤   **2** 넌 정말 최고야 (최고야)
3 (1) 예 줄넘기 연습을 하는 친구 (2) 예 "넌 할 수 있어."라고 말하고 싶다.
4 ①   **5** 재호

1 '넌 정말 답답해'는 들었을 때 기분이 좋아지는 말이 아닙니다.

2 '넌 정말 최고야 최고야 / 이 말만 들으면 힘이 불끈불끈'이라고 했습니다.

3 노래에 나오는 고운 말을 살펴보고, 누구에게 어떤 고운 말을 하고 싶은지 생각해서 구체적으로 써 봅니다.

> 채점 기준 고운 말을 해 주고 싶은 사람을 구체적으로 밝혀 쓰고, 하고 싶은 말을 욕설이나 비속어 없이 상황과 대상에 알맞은 고운 말로 쓰면 정답으로 합니다.

4 "어디 아프니?"라는 말을 들으면 걱정해 준 것에 대한 고마움을 표현하는 말을 해야 합니다.

> 정답 친해지기 고운 말로 대화하는 방법
> • 욕설이나 비속어를 사용하면 안 됩니다.
> • 친구의 말을 잘 듣고 상황에 알맞은 말을 합니다.
> • 친구의 기분을 살펴 말하고, 자신의 기분을 살펴 준 것에 고마움을 표현합니다.
> • 자신의 상황을 이해할 수 있게 설명하고, 친구의 말을 공감하며 들어 줍니다.

5 민주는 친구에게 "고마워"라고 고운 말을 사용한 경험을 이야기했을 뿐, 그때의 생각이나 느낌을 드러내지는 않았습니다.

소단원 1 _{기본} 고운 말로 대화하는 방법 알기 28~29쪽

1 공감 **2** (1) ○ **3** ④
4 ③, ④ **5** (1) ② (2) ① **6** ⑤
7 (2) ○ **8** ④

1 하늘이는 민서가 자신의 말을 잘 듣고 좋은 생각이라고 공감해 주어 기분이 좋았을 것입니다.

2 하늘이는 정현이가 짜증을 내며 보드게임이 더 재미있다고 말해 당황스러웠을 것입니다.

3 정현이는 하늘이의 기분이 상하지 않도록 고운 말을 사용해 자신의 상황을 설명해야 합니다.

4 하영이는 하늘이의 말을 귀담아듣지 않아 하늘이가 의견을 물었을 때 "뭐가?"라고 하며 대답을 제대로 하지 못했습니다.

> **정답 친해지기** 하영이의 대화 태도에서 고칠 점
> • 하영이는 하늘이의 말을 귀담아듣고 있지 않습니다. 따라서 하늘이가 말할 때 하늘이를 바라보며 하늘이의 말에 귀 기울여야 합니다.
> • 하영이는 하늘이가 의견을 물었을 때, "뭐가?"라고 하며 자신의 의견을 제대로 말하지 않았습니다. 따라서 하늘이의 질문에 자신의 의견과 그 까닭을 정확하게 표현해야 합니다.

5 그림 ㉮에서 남자아이는 상대의 기분을 살펴 기분이 안 좋아 보인다고 말하였고, 그림 ㉯에서 여자아이는 "깜짝 놀랐겠다."라며 상대의 말을 공감해 주었습니다.

6 친구와 부딪쳤을 때는 친구가 다치지 않았는지 먼저 확인하고 사과해야 합니다.

7 준혁이의 기분이 상하지 않도록 말한 것을 고릅니다.

8 욕설이나 비속어를 사용하며 대화하는 것은 고운 말을 사용하는 것이 아닙니다.

소단원 1 _{통합} 고운 말로 대화하기 30~31쪽

1 ④ **2** (1) ○ **3** ④
4 창민 **5** ⑤ **6** (2) ○
7 예 다리를 다쳐서 힘들지? 내가 문을 열어 줄게. **8** ⑤

1 전학 간 학교에서 새 친구를 만난 상황은 나타나 있지 않습니다.

2 친구가 전학을 가는 상황에서는 아쉬운 마음을 표현하며 자주 연락하자고 말하는 것이 어울립니다.

3 생일을 축하받는 상황에서는 축하해 준 것에 대한 고마운 마음을 표현해야 합니다.

4 친한 친구가 이사 가서 슬퍼하는 친구에게는 위로의 말을 해 주어야 합니다.

5 약속한 시간보다 늦게 도착해 기다리다 지친 친구가 다음부터 일찍 오면 좋겠다고 한 상황에서는 미안한 마음을 먼저 표현하고 늦은 까닭을 설명하는 것이 어울립니다.

> **정답 친해지기** 상황 파악 후에 적절한 고운 말 건네기
> • 약속 시간에 늦은 상황에서는 우선 상대에게 미안한 마음을 표현하고 늦은 까닭을 설명해야 합니다.
> • 미안한 마음을 표현한 후에는 다음부터 늦지 않겠다고 약속합니다.

6 휴대 전화를 오래 한 상황과 엄마의 기분을 고려해서 대답한 말을 찾습니다.

7 다친 친구의 마음을 위로하고 친구를 도와주려는 마음을 담아 대화를 완성해 봅니다.

> **채점 기준** 다리를 다친 친구의 상황을 헤아리며 친구에게 도움을 줄 수 있는 방법을 쓰면 정답으로 합니다.

8 고운 말로 대화했는지 확인할 때에는 조언의 유무를 살피기보다는 상대의 말을 공감하며 듣고 반응했는지를 보아야 합니다.

소단원 2 _{기본} 칭찬이나 조언 하기 32~33쪽

1 ① **2** ①, ④ **3** (1) ○
4 조언 **5** ⑤ **6** (2) ○
7 (1) 예 달리기 실력이 좋아지는 방법 (2) 예 달리기를 잘하지 못하는 것이 고민인 친구가 있어서 (3) 예 날마다 꾸준히 달리기 연습을 하면 달리기 실력이 좋아질 수 있어. **8** ③

1 속삭이는 크니프의 목소리가 커서 멋있다고 했습니다.

2 ㉠, ㉡은 칭찬하는 말로, 칭찬하는 말을 들으면 기쁘

고 고마우며, 뿌듯하고 자랑스러운 마음이 듭니다.

> **정답 친해지기** **칭찬**
> • 칭찬은 상대가 잘하는 점, 노력하는 점, 상대의 좋은 점 따위를 높이 평가해 주는 것입니다.
> • 칭찬을 들으면 기쁘고 칭찬해 준 상대에게 고마우며, 뿌듯하고 자랑스러운 마음이 듭니다.

3 속삭이는 크니프에게 친구를 사귀려면 먼저 반갑게 인사해 보라고 알려 주었습니다.

4 속삭이는 크니프가 친구와 어울릴 수 있는 방법을 조언해 주었습니다.

5 칭찬하는 말을 할 때 잘못한 점을 함께 말하면 칭찬으로 생각되지 않습니다.

6 조언을 할 때는 문제를 해결할 수 있는 구체적인 방법을 말해 주어야 합니다.

7 친구에게 칭찬하거나 조언하고 싶은 내용을 떠올려 보고, 친구의 기분을 생각하며 칭찬하거나 조언하는 말을 써 봅니다.

> **채점 기준** 친구에게 칭찬하거나 조언하고 싶은 점과 그 까닭이 적절하며, 고운 말을 사용하여 칭찬하거나 조언하는 말을 쓰면 정답으로 합니다.

8 상대의 잘못된 점을 지적하는 것은 칭찬이나 조언을 주고받을 때의 좋은 점이 아닙니다.

> **정답 친해지기** **칭찬이나 조언을 주고받으면 좋은 점**
> • 말하는 사람과 더 가까워질 수 있고, 기분이 좋아집니다.
> • 조언하는 말을 들으면 스스로 노력해야 할 점을 알 수 있습니다.

소단원 2 **통합** 대화를 나누면서 말하는 사람에게 적절히 반응하기 34쪽

1 (2) ○　　**2** ②　　**3** 서영
4 표정, 말투

1 말하는 사람을 쳐다보지 않고 이야기와 상관없는 딴생각을 하고 있기 때문에 적절하지 않습니다.

2 여자아이의 질문에 남자아이는 화내듯이 답을 하였습니다.

3 말하는 사람의 말을 끝까지 듣고, 상대를 무시하는 말이 아닌 공감해 주는 말을 해 주어야 합니다.

4 말하는 사람에게 공감하며 상황에 알맞은 표정과 부드러운 말투로 적절히 반응하며 대화합니다.

> **정답 친해지기** **대화할 때 적절히 반응하는 방법**
> • 말하는 사람을 쳐다보며 대화 내용에 집중합니다.
> • 대화를 끝까지 듣고 말하는 사람에게 공감해 줍니다.
> • 상황에 알맞은 표정을 지으며 부드러운 말투로 말합니다.

국어 활동 35쪽

1 ❶, ❹, ❺　　**2** 영훈 ○　　**3** (1) ○
4 ①

1 상대의 말을 공감하며 상황에 맞는 말을 상대의 기분이 상하지 않도록 해야 합니다.

2 현수는 상대의 말에 고운 말로 대답하지 못했습니다.

3 칭찬을 할 때 지나치게 부풀려서 말하면 진심이 느껴지지 않습니다.

> **정답 친해지기** **칭찬이나 조언할 때 주의할 점**
> • 칭찬이나 조언에 어울리는 표정을 지으며 대화합니다.
> • 칭찬할 때는 상대의 좋은 점, 잘하는 점, 열심히 하는 점을 찾아 칭찬합니다.
> • 조언할 때는 걱정하는 마음을 담아 듣는 사람이 고치면 좋을 습관을 알려 줍니다.

4 대화할 때 적절히 반응하려면 상대의 말에 맞장구를 쳐 주어야 합니다.

실천 배운 내용 마무리하기 36쪽

1 ②, ③　　**2** ㉡, ㉢　　**3** 잘하는, 칭찬하는
　　　　　　4 ④　　　　**5** 안고
6 (2) ○

1 전학 온 친구에게는 따뜻하게 반겨 주는 말을 하는 것이 어울립니다.

2 부드러운 말투와 표정으로 말해야 하며, 하고 싶은 말이 떠오르더라도 상대의 말이 다 끝난 다음에 해야 합니다.

3 은지는 현아의 노래 실력을 칭찬하고 있는데, 이때 목소리가 듣기 좋다는 점을 그 까닭으로 들고 있습니다.

4 규리가 사물함 정리를 어떻게 하면 좋을지 고민하고 있으므로, 사물함 정리를 잘 할 수 있는 방법을 이야기해 주어야 합니다.

5 두 팔을 벌려 가슴 쪽으로 끌어당기거나 그렇게 하여 품 안에 있게 하는 것은 '안다'입니다.

6 개가 목청으로 소리를 내는 것은 '짖다'입니다.

> **정답 친해지기 헷갈리기 쉬운 낱말의 뜻 알기**
> • 짓다: 재료를 들여 밥, 옷, 집 따위를 만들다.
> **예** 그는 고향에 기와집을 <u>짓는</u> 중이다.
> • 짖다: 개가 목청으로 소리를 내다.
> **예** 우리 집 강아지는 낯선 사람을 보면 <u>짖는다</u>.

단원 평가   37~39쪽

> **1** 넌 정말 대단해 (대단해)   **2** ③
> **3** ②   **4** ①   **5** 기분
> **6 예** 네가 그림 그리기를 좋아해서 그런지 너의 그림을 보면 기분이 좋아져.   **7** (2) ○
> **8** (1) ○   **9** 현주   **10** (1) ①
> (2) ③   (3) ②   **11** (1) ○   **12** ⑤
> **13** (1) 기분   (2) 노력   **14** ②
> **15** (1) ○   **16** ⑤   **17** ㉡
> **18 예** 우리 학교에 정말 잘 왔어. 잘 지내자.
> **19** 세나   **20** (1) 안고   (2) 짖는

1 이 노래에 나오는 꽃같이 예쁜 말은 '넌 정말 대단해 (대단해)'입니다.

2 꽃같이 예쁜 말만 들으면 '웃음이 하하호호'라고 했습니다.

3 민서는 하늘이의 말을 잘 듣고 공감해 주었습니다.

4 하늘이는 정현이가 짜증을 내며 말해 당황스러웠을 것입니다.

5 남자아이는 상대의 기분을 살펴 말하고 있고, 여자아이는 자신의 기분을 살펴 준 것에 고마움을 표현했습니다.

6 고운 말을 사용해 대화하는 방법을 생각하며 친구에게 해 줄 수 있는 고운 말을 써 봅니다.

> **채점 기준** 그림 그리기를 좋아한다는 친구의 말에 공감을 하거나 친구를 칭찬하는 말 등 고운 말을 전하는 내용을 쓰면 정답으로 합니다.

7 상대를 비난하는 말은 고운 말에 해당하지 않습니다.

8 자신의 상황을 이해할 수 있게 설명하면서 원하는 바를 고운 말로 이야기한 것은 (1)입니다.

9 민수는 고운 말로 대화한 경험을 이야기하고 있습니다.

10 도움이 필요한 상황, 같이 그림 그리러 가자고 제안한 상황, 우산을 씌워 준 상황에 어울리는 고운 말을 찾아 선으로 이어 봅니다.

11 크니프와 속삭이는 서로의 좋은 점을 칭찬했습니다.

12 조언할 때 구체적인 문제 해결 방법을 알려 주지 않으면 성의 없어 보이고 귀찮아한다는 느낌을 줄 수 있습니다.

> **정답 친해지기 조언하는 방법**
> • 듣는 사람의 마음에 공감하며 격려해 줍니다.
> • 문제를 해결할 수 있는 방법을 이야기합니다.
> • 걱정하는 마음을 담아 듣는 사람이 고치면 좋을 습관을 알려 줍니다.

13 칭찬하는 말을 들으면 기분이 좋아지고, 조언하는 말을 들으면 내가 노력해야 할 점을 알 수 있습니다.

14 여자아이는 상대의 말이 끝나기도 전에 끼어들어서 상대를 무시하는 답을 했습니다.

15 제시된 상황에서는 나래의 질문에 진우가 화내듯이 답해 나래가 무안했을 것입니다. 따라서 진우는 화내듯이 대답하지 말고 부드럽게 말해야 합니다.

16 할 말이 떠오르더라도 상대가 말을 하고 있다면 대화를 끝까지 듣고 말합니다.

17 잘한 점을 부풀려서 말하면 진심이 느껴지지 않을 수 있고, 화난 말투로 조언하면 듣는 사람의 감정이 상할 수 있습니다.

18 전학 온 친구에게 어떤 말을 해 주면 좋을지 생각해서 고운 말로 표현해 봅니다.

> **채점 기준** 전학 온 친구를 환영하는 말, 친구의 적응을 도울 수 있는 말 등 고운 말을 쓰면 정답으로 합니다.

19 세나는 칭찬하는 점과 그 까닭이 잘 드러나게 칭찬했지만 윤재는 부드럽지 않은 말투로, 해미는 비꼬듯이 말해 상대의 기분을 고려하지 않았습니다.

20 '앉고'와 '안고', '짓는'과 '짖는'의 뜻을 구별하여 알아 둡니다.

3. 내용을 살펴요

42쪽

핵심 확인 문제 42쪽

1 ○
2 중심
3 ⓛ, ⓒ, ⓔ, ㉠
4 ×
5 특징

준비 배울 내용 살펴보기 43쪽

1 동그란
2 ⑤
3 ⓔ 동그란 모양의 물건이 여러 개 있기 때문이다.
4 ⓛ

1 유정이가 "이 물건은 동그란 모양입니다."라고 대상의 특징을 설명하였습니다.

2 설명하려는 물건은 동그란 모양인데 휴대 전화는 일반적으로 네모 모양이므로 알맞지 않습니다.

3 설명하려는 물건의 특징 가운데 동그란 모양만을 이야기했기 때문에 친구들은 어떠한 대상을 설명하려는 것인지 이해하지 못하고 있습니다.

> **채점 기준** 설명하려는 물건의 특징으로 동그란 모양만을 이야기하였기 때문이라고 쓰거나 동그란 모양의 물건이 여러 개이기 때문이라는 내용으로 쓰면 정답으로 합니다.

4 설명하려는 대상의 특징을 자세히 설명하여 듣는 친구들이 쉽게 이해할 수 있어야 합니다.

> **정답 친해지기** 대상을 설명할 때 주의할 점
> • 설명하려는 대상의 특징을 여러 가지 떠올립니다.
> • 설명하려는 대상의 특징이 잘 드러나도록 자세히 설명합니다.

소단원 1 **기본** 글을 읽고 중심 내용을 파악하는 방법 알기 44쪽

1 민지
2 없기
3 ③
4 변명하다 보면 상대를 탓하게 되기 때문이다.

1 '진심으로 사과하는 법을 알아 둬'라는 제목에서 진심으로 사과하는 방법을 설명할 것임을 짐작할 수 있습니다.

> **정답 친해지기** 「진심으로 사과하는 법을 알아 둬」의 중심 내용
> • 잘못을 하면 상대에게 사과를 꼭 해야 한다.
> • 사과를 할 때에는 상대에게 사과를 받아 줄 것인지 정중하게 물어봐야 한다.
> • 사과를 할 때에는 상대의 잘못을 따지면 안 된다.
> • 사과를 할 때에는 이유를 대거나 변명을 하지 않는다.

2 상대는 내 마음을 읽을 수 없어서 마음속으로만 잘못했다고 생각하면 상대에게 전달되지 않는다고 하였습니다.

3 사과하면서 상대의 잘못을 따진다면 차라리 사과하지 않는 편이 낫다고 하였습니다.

4 '이유를 대거나 변명을 하는 것도 좋지 않아.'에 이어 그 까닭을 설명하고 있습니다.

소단원 1 **통합** 글을 읽고 내용 간추리기 45~46쪽

1 먼지나 쓰레기를 쓸어 모을
2 (1) ○
3 ③
4 (1) 풀어 (2) 연해져 (3) 둘쭉날쭉
5 ⓔ 빗자루는 만든 재료나 생김새에 따라 이름도 가지가지야.
6 ①, ④
7 인형 놀이
8 ④
9 재호

1 빗자루는 먼지나 쓰레기를 쓸어 모으는 청소 도구입니다.

2 (2) 글 ❷는 빗자루를 만드는 방법을 설명하고 있으므로 '빗자루를 어떻게 만드는지 아니?'가 중요한 내용이라고 할 수 있습니다.

3 빗자루는 수수, 갈대, 싸리(댑싸리, 쉽싸리), 대나무 같은 것을 묶어 만듭니다. 나락은 줄기에 붙어 있지 않도록 긁어냅니다.

4 '묶어'는 '사람이나 사물을 한데 붙어 있도록 끈 따위로 동여.', '질겨져'는 '물건이 쉽게 해지거나 끊어지지 아니하고 견디는 힘이 세져.', '가지런히'는 '여럿이 층이 나지 않고 고르게.'를 뜻합니다.

정답과 해설

5 설명하는 대상의 특징을 찾을 때는 문단별로 나누어 살펴봅니다.

> **채점 기준** 글에 제시된 빗자루의 이름이나 빗자루로 할 수 있는 놀이 등 그 특징을 한 가지 쓰면 정답으로 합니다.

6 빗자루는 만든 재료나 생김새에 따라 이름이 다양합니다.

7 빗자루로 인형 놀이도 했다고 하였습니다.

8 싸리비는 싸리 줄기, 장목비는 수수, 대장 비는 대나무를 재료로 사용하며, 꽃비는 방비 자루에 수를 놓은 빗자루입니다.

9 윤성이는 빗자루가 나오는 책과 관련한 이야기를 했으므로 이 글의 중심 내용과는 거리가 멉니다.

> **정답 친해지기** 글에서 중심 내용 찾기
> 중심 내용이라고 생각하는 문장을 찾을 때에는 중요한 문장과 덜 중요한 문장을 구분해야 합니다.

소단원 2 **기본** 사물을 설명하는 글을 쓰는 방법 알기 **47쪽**

1 옷차림 　**2** (1) ② 　(2) ① 　(3) ③
3 ㉠ 　**4** ②

1 이 글에서 설명하는 대상은 '옷차림'입니다.

2 수영장에서는 수영복을, 체육관에서는 활동하기 편한 운동복을, 결혼식장에서는 웨딩드레스를 볼 수 있습니다.

3 글 ❶의 중심 내용은 '우리는 날마다 여러 가지 옷을 볼 수 있습니다.'입니다. ㉠은 예를 들어 설명한 부분입니다.

> **정답 친해지기** 「여러 가지 옷차림」에서 중요한 문장
> • 우리는 날마다 여러 가지 옷을 볼 수 있습니다.
> • 어떤 장소인지에 따라서 볼 수 있는 옷이 달라집니다.
> • 하는 일에 따라서도 옷차림이 달라집니다.

4 '무엇에 따라 옷차림이 달라지는 걸까?'는 이 글을 읽고 알 수 있는 내용이므로 궁금한 점을 이야기한 것으로 알맞지 않습니다.

소단원 2 **통합** 자신이 좋아하는 사물을 설명하는 글 쓰기 **48쪽**

1 예 수영하기, 강아지, 떡볶이, 금붕어
2 해설 참조 　**3** 보미 　**4** (3) ○

1 좋아하는 물건이나 음식, 운동, 활동 등을 자유롭게 떠올려 써 봅니다.

2 자신이 좋아하는 것들을 떠올려 보고, 설명하고 싶은 대상을 정해 그 특징이 잘 드러나도록 씁니다.

내가 좋아하는 것	예 금붕어
예 색	예 금색, 주황색
예 주의할 점	예 금붕어는 잡식성이라서 소형 열대어나 관상용 새우와 함께 기를 수 없다.

> **채점 기준** 자신이 좋아하는 것을 선택하고, 표의 빈칸을 모두 채워 대상의 특징을 정리하여 쓰면 정답으로 합니다.

3 내가 좋아하는 과일을 설명하고 싶다면 과일의 색과 모양, 맛 등의 특징을 자세히 알려 줘야 합니다.

4 자신이 좋아하는 대상의 특징을 여러 가지로 설명해 글을 읽는 사람이 설명 대상이 무엇인지 떠올릴 수 있도록 합니다.

> **정답 친해지기** 대상의 특징을 여러 가지 설명하면 좋은 점
> • 설명하려는 대상의 특징이 잘 드러나게 설명할 수 있습니다.
> • 설명을 듣거나 읽는 사람이 대상에 대해 자세하게 알 수 있습니다.

국어 활동 **49쪽**

1 (2) ○ 　　**2** (1) 한 개(하나) 　(2) 돼지
3 예 떡볶이
4 (1) 예 떡볶이 　(2) 예 떡이나 어묵이 길쭉하다. / 빨간색 　(3) 예 매콤하다. 　(4) 예 떡, 어묵, 고추장 등

1 윷가락은 네 개를 던집니다.

2 윷가락 네 개 가운데 평평한 부분이 하나가 나오면 '도'입니다. '도'는 '돝'에서 생겨난 말로, '돝'은 돼지를 가리키는 옛말입니다.

3 자신이 좋아하고 잘 설명할 수 있는 음식을 떠올려 봅니다.

4 문제 3번에서 떠올린 음식의 특징을 제시된 항목에 알맞게 씁니다.

> **정답 친해지기 좋아하는 음식을 설명하는 방법**
> • 설명하려는 대상을 정합니다.
> • 설명하려는 대상의 특징을 생각합니다. 이때 음식의 색, 냄새, 맛, 재료, 만드는 방법, 비슷한 맛의 음식 등을 떠올려 볼 수 있습니다.
> • 설명을 듣거나 읽는 사람이 궁금해할 내용을 생각합니다.

실천 배운 내용 마무리하기   50쪽

> **1** ①, ②
> **2** 이름, 색깔, 맛, 생김새, 요리 방법
> **3** 글자   **4** ⑤   **5** ④
> **6** 삶았다   **7** (1) 핥아서 (2) 잃어버렸어요

1 사물의 특징을 한 가지만 설명하는 것보다는 여러 가지 특징을 설명하여 읽는 사람이 알기 쉽게 하는 것이 좋습니다.

> **정답 친해지기 자신이 좋아하는 사물을 설명하는 글을 쓸 때 주의할 점**
> • 친구들이 궁금해할 내용을 씁니다.
> • 사물의 특징이 잘 드러나게 씁니다.
> • 중심 내용이 잘 나타나게 씁니다.
> • 읽는 사람이 알기 쉽게 여러 가지 특징을 씁니다.

2 사진 속 사물은 옥수수이며, 옥수수의 맛과 색, 생김새, 옥수수를 어떻게 먹을 수 있는지 등을 설명할 수 있습니다.

3 이 글은 글자에 대하여 설명하고 있습니다.

4 글에서 중심 내용을 파악하기 위해서는 중요하다고 생각되는 낱말이나 문장을 찾아보아야 합니다. '멀리 있는 사람이나 여러 사람한테 무언가를 알리는 데에는 글이 더 편하지요.'가 이 글의 중심 문장입니다.

5 '삶다'는 '물에 넣고 끓이다.'라는 뜻으로, 날씨가 몹시 무덥고 찌는 듯하여 뜨거운 열기로 가득함을 비유적으로 이르는 말로도 쓰입니다.

6 '살았다'처럼 발음과 표기가 다른 낱말에 주의합니다.

7 '핥아서', '잃어버렸어요'가 맞는 표기입니다.

단원 평가   51~53쪽

> **1** ⑤   **2** 은채   **3** (2) ○
> **4** 빗자루   **5** (1) 청소 도구 (2) 생김새
> **6** 수수, 갈대, 댑싸리, 대나무 같은 것
> **7** ②   **8** (1) 크고, 털 (2) 걷는다
> **9** ③   **10** ①   **11** ㉮: 어떤 장소인지에 따라서 볼 수 있는 옷이 달라집니다.
> ㉯: 하는 일에 따라서도 옷차림이 달라집니다.
> **12** (1) ○   **13** 얇고, 짧은, 두께, 긴
> **14** (1) 예 딱지치기 (2) 예 딱지로 바닥에 놓인 상대의 딱지를 쳐서 뒤집는 놀이이다. 종이를 접어 만든 딱지가 필요하고, 상대의 딱지를 뒤집으면 계속해서 딱지를 칠 수 있다.
> **15** ⑤   **16** (1) ○
> **17** 모 – (2) – (3)
> **18** (1) ○   **19** ⑤
> **20** 예 내가 좋아하는 것은 우리 집에서 기르는 금붕어이다. 금붕어 크기는 3~5cm 정도이고 색은 황금색, 붉은색과 흰색이 섞여 있다. 금붕어는 다양한 종류의 먹이를 먹는다.

1 글의 내용을 이해하고 글쓴이가 하고 싶어 하는 말을 찾아 중심 내용을 파악합니다.

2 글 ㉯에서 글쓴이는 사과할 때 토를 달지 말라면서 사과할 때 주의할 점을 이야기하고 있습니다.

> **정답 친해지기 글 ㉮와 ㉯의 중심 내용**
> • 글 ㉮: 누구나 잘못을 하면 상대에게 사과를 꼭 해야 하고, 사과할 때는 왜 미안한지도 말해야 한다.
> • 글 ㉯: 사과를 하면서 상대의 잘못을 따지면 안 된다.

3 이 글에서는 사과를 할 때 상대에게 자신이 무엇을 잘못해서 뉘우치고 있는지도 알려 주어야 한다고 하였습니다.

4 이 글의 설명 대상은 빗자루입니다.

5 글 ㉮, ㉯에서 설명하는 대상의 특징을 찾아 빈칸에 써 봅니다.

6 ②에서 빗자루의 쓰임과 재료를 설명하고 있습니다.

7 '풀어'가 '묶어'의 반대말이고 '모아, 엮어, 매어, 합쳐'
는 모두 '묶어'와 비슷한 말입니다.

8 반달가슴곰은 발바닥이 크고 두꺼우며 털이 거의 없
습니다. 그리고 몸집이 크고 무거워서 주로 걷습니
다.

9 이 글에서는 반달가슴곰 발자국의 모양을 알 수 있습
니다.

10 내가 겪은 일인지는 사물의 특징을 찾는 데 도움이 되
는 질문이 아닙니다.

11 장소에 따라, 하는 일에 따라 옷차림이 달라진다는
내용이 글 ②, ④의 중심 내용입니다.

12 사람들은 여러 가지 옷을 입고 있으며, 체육관에서는
운동복을 입은 사람들이 많다는 것이지 반드시 운동
복을 입고 가야 한다는 말은 아닙니다.

13 날씨에 따라 옷차림이 어떻게 달라지는지 생각해 보
고, 보기 에서 알맞은 말을 찾아 씁니다.

14 좋아하는 놀이 가운데 하나를 떠올려 보고 보기 의
특징 중 한두 가지를 골라 설명해 봅니다.

> 채점 기준 좋아하는 놀이 이름을 쓰고, 놀이 방법을 쓸
> 때 보기 의 특징 중 하나 이상을 활용해서 쓰면 정답으
> 로 합니다.

15 읽는 사람이 알기 쉽게 쓰고, 음식의 이름, 맛, 색깔,
요리 방법 등 여러 가지 특징을 씁니다.

16 '걸'은 윷가락의 평평한 부분이 세 개가 나올 때입니
다.

17 '모'는 윷가락의 평평한 부분이 하나도 안 나올 때이
며, 말의 이름에서 따온 것입니다.

18 읽는 사람이 알기 쉽도록 사물의 여러 가지 특징을 씁
니다.

19 작동 방법은 기계 따위를 설명하는 글에서 그 움직임
의 특징을 드러내기에 적절합니다.

20 자신이 좋아하는 대상을 골라 그 특징을 정리하여 설
명합니다.

> 채점 기준 자신이 좋아하는 대상을 밝히고, 그 특징을
> 한두 가지 써 짧은 글을 완성하면 정답으로 합니다.

4. 마음을 전해요

핵심 확인 문제		56쪽
1 문장 부호	**2** ×	**3** 느낌
4 (2) ○	**5** ○	**6** 마음, 목소리

준비 배울 내용 살펴보기		57쪽
1 ○○미술관 관장(님), ○○초등학교 2학년 어린이들		
2 ②		**3** ①
4 (1) ③ (2) ① (3) ②		

1 편지의 처음 부분에 편지를 받는 사람이 누구인지 썼
고, 이어 인사말에 자기가 누구인지 소개하였습니다.
그리고 편지의 끝부분에서도 편지를 쓴 사람이 누구
인지 알 수 있습니다.

2 11월에 열리는 특별 전시회에 ○○초등학교 2학년 어
린이들을 초대하고 싶어서 편지를 썼습니다.

3 ㉠과 ㉡에 물음표가, ㉢에 느낌표가, ㉣에 마침표가
쓰였습니다.

4 문장 부호를 잘 살펴보면 문장이 어떻게 쓰였는지 알
수 있습니다.

정답 친해지기 **문장 ②~④의 종류와 의미**

문장	문장의 종류	문장의 의미
② 즐거운 시간 보냈나요?	묻는 문장	○○초등학교 2학년 어린이들이 미술관에서 즐거운 시간을 보냈는지 물어보고 있음.
④ 저도 여러분을 만나 매우 반가웠어요!	감탄하는 문장	○○미술관 관장이 어린이들을 만나 반가웠다는 느낌을 나타내고 있음.
④ 이 그림은 여자아이 세 명이 공기놀이하는 모습을 그린 것이에요.	설명하는 문장	○○미술관에 전시된 박수근 화가의 「공기놀이하는 아이들」을 설명하고 있음.

소단원 1　(기본) 여러 가지 문장의 종류 알기　58쪽

1 설명, 생각　　**2** ㉠　　　**3** (2) ○
4 (예) 우리 집 강아지는 정말 귀여워!
5 ・설명하는 문장: 나, 다, 사, 차　・묻는 문장: 가,
바, 자　・감탄하는 문장: 라, 마, 아
6 ③
7 (예) 공연이 시작하는 시간을 묻기 위해서이다.

1 축구를 가장 재미있어 한다는 자신의 생각을 나타내고 있습니다.

2 ㉠은 상대에게 우체국이 어디 있는지 물어보는 문장이고, ㉡은 우체국의 위치가 어디인지 설명하는 문장입니다.

> **정답 친해지기** 설명하는 문장
> '저기 모퉁이를 돌면 우체국이 바로 보이실 거예요.' 는 우체국의 위치를 설명하는 문장입니다. 설명하는 문장은 무엇을 설명하거나 생각을 나타낼 때 씁니다.

3 밑줄 친 문장은 느낌표(!)를 사용하여 아프다는 느낌을 강하게 나타내고 있습니다.

4 기쁨이나 슬픔, 놀람 등 자신이 강하게 표현하고 싶은 느낌을 자유롭게 문장으로 나타내 봅니다.

> **채점 기준** 느낌표를 사용하여 기쁨, 슬픔, 놀람처럼 자기의 강한 느낌을 나타내는 문장을 떠올려 쓰면 정답으로 합니다.

5 나, 다, 사, 차는 무엇을 설명하거나 생각을 나타내는 문장이고, 가, 바, 자는 무엇인가를 물어보는 문장이며, 라, 마, 아는 기쁨, 슬픔, 놀람처럼 강한 느낌을 나타내는 문장입니다.

6 사는 종이로 강아지 모양을 만드는 방법을 설명하고 있습니다.

7 문장의 종류 가운데 가가 묻는 문장임을 생각해 봅니다. 그리고 묻는 문장을 사용하여 상대에게 묻고 있는 것이 무엇인지 구체적으로 써 봅니다.

> **채점 기준** 공연 시작 시간을 묻기 위함이라고 그 까닭을 밝히면 정답으로 합니다.

소단원 1　(통합) 글쓴이의 마음을 파악하며 글 읽기　59쪽

1 지후　　　**2** 첫인사, 쓴 날짜
3 (1) ○　　　**4** 설명　　　**5** 나라

1 '지후에게'라고 하며 편지를 받는 사람을 첫 문장에서 밝혔습니다.

2 편지의 맨 처음에 받는 사람과 첫인사를 쓴 후에 중간에는 전하고 싶은 말을 썼습니다. 그리고 마지막에 끝인사와 쓴 날짜, 쓴 사람을 썼습니다.

> **정답 친해지기** 편지의 형식
>
> | 처음 | 편지를 받는 사람과 첫인사를 씁니다. |
> |---|---|
> | 중간 | 전하고 싶은 말을 씁니다. |
> | 끝 | 끝인사와 편지를 쓴 날짜, 편지를 쓴 사람을 씁니다. |

3 민우는 지난 체육 시간에 달리기 경주에서 지후에게 진 것이 속상하여 그동안 지후에게 말도 제대로 하지 않았습니다.

4 민우가 지후에게 고마운 까닭을 설명하는 문장입니다.

5 민우는 지후에게 사과를 받고 싶어서 이 편지를 쓴 것이 아닙니다.

소단원 2　(기본) 인물의 마음을 생각하며 실감 나게 읽기　60~61쪽

1 구두쇠 영감, 최 서방　　**2** (2) ○
3 (예) 엘리베이터를 탔더니 층층이 단추가 눌러 있었는데 어떤 주민분이 타시면서 나에게 이런 장난하면 안 된다고 말씀하셔서 억울했다.
4 (1) ②　(2) ①　**5** 상황, 말, 행동
6 엽전 소리　　**7** ③　　　**8** ⑤
9 (3) ○

1 이 이야기에는 구두쇠 영감과 최 서방이 등장합니다.

2 구두쇠 영감은 최 서방에게 국밥에서 나온 냄새도 공짜가 아니라며 냄새 맡은 값을 내놓으라고 했습니다.

3 집이나 학교 등 일상에서 억울한 일을 당했던 경험을 떠올려 써 봅니다.

정답과 해설

채점 기준 최 서방과 같이 일상생활에서 억울한 일을 당했던 경험을 떠올려 완전한 문장으로 쓰면 정답으로 합니다.

4 구두쇠 영감이 눈을 부릅뜬 행동에서 화가 나고 최 서방을 괘씸하게 생각하고 있음을, 최 서방이 기가 막혀 하는 말에서 황당해함을 알 수 있습니다.

5 인물에게 어떤 일이 일어났는지 상황을 이해하고, 인물이 어떤 말이나 행동을 했는지 살펴봅니다.

6 최 서방은 국밥 냄새 맡은 값을 내놓으라는 구두쇠 영감의 요구에 엽전 소리로 그 값을 치렀습니다.

7 구두쇠 영감의 빨개진 얼굴과 주변을 두리번거리는 행동에서 구두쇠 영감이 창피해하고 있음을 알 수 있습니다.

8 구두쇠 영감의 당황하고 창피한 마음이 드러나도록 오히려 화를 내듯 말하는 것이 어울립니다.

9 글을 실감 나게 읽으려면 알맞은 크기로, 인물의 마음에 어울리는 목소리로 읽어야 합니다.

정답 친해지기 글을 실감 나게 읽기
• 인물의 마음과 비슷한 마음을 느꼈던 경험을 떠올리며 인물의 마음에 공감해 봅니다.
• 짐작한 인물의 마음에 어울리는 목소리로 실감 나게 읽습니다.

소단원 2 **통합** 이야기를 듣고 인물에게 자신의 생각 전하기 **62~63쪽**

1 사또께 바쳤다.　　　　**2** (2) ○
3 보답　　**4** ①, ②　　**5** 커다란 무
6 ②　　　**7** ②　　　**8** 민지

1 농부는 커다란 무를 귀하게 생각해서 사또께 바쳤습니다.

2 커다란 무를 뽑은 농부는 "세상에나! 이렇게 커다랗다니!"라고 소리치고, 신이 나서 어깨를 들썩거렸습니다.

3 사또는 농부에게 귀한 선물을 받았으니 자신도 무엇인가 보답하고 싶은 마음에 송아지를 주었습니다.

4 커다란 무를 바치고 싶다는 농부의 말을 듣고 껄껄껄 웃으면서 고맙다고 한 사또의 말과 행동에서 기쁘고 고마워하는 마음을 짐작할 수 있습니다.

5 욕심꾸러기 농부는 사또에게 송아지를 바치면 더 큰 선물을 받을 거라고 기대했지만 사또에게 받은 것은 커다란 무였습니다.

6 욕심꾸러기 농부는 사또에게 무를 선물하고 송아지를 얻은 농부의 이야기를 듣고 샘내다가 자신은 더 큰 선물을 받을 생각에 송아지를 바쳤습니다. 그러나 사또에게 커다란 무를 받아서 실망하고 후회했을 것입니다.

정답 친해지기 욕심꾸러기 농부의 마음
• 농부가 송아지를 얻은 사연을 들었을 때: 부러움 / 샘남 / 질투남
• 사또에게 무를 받았을 때: 후회함 / 실망함

7 이야기 상황과 문장의 종류를 볼 때 "옳지!"에서 손뼉이나 무릎을 탁 치며 큰 목소리로 말하는 것이 어울립니다.

8 욕심꾸러기 농부는 사또에게 더 좋은 선물을 받고 싶어 송아지를 바친 것입니다. 따라서 욕심꾸러기 농부의 마음을 칭찬하는 것은 알맞지 않습니다.

국어 활동 **64~65쪽**

1 (1) 감　(2) 묻　(3) 감　(4) 묻　(5) 묻　(6) 설
(7) 설　(8) 설　**2** 떡　　　　**3** (2) ○
4 하나　　**5** 두꺼비　　**6** ②, ③
7 억울　　**8** (1) ②　(2) ①
9 **예** 떡이 두꺼비 등에 들러붙어 있게 되어서

1 문장에 쓰인 문장 부호가 무엇인지 살펴보고 문장의 종류를 구분해 봅니다.

2 두꺼비와 토끼, 호랑이는 서로 떡을 차지하기 위해 내기를 하고 있습니다.

3 ㉠은 조금 무서운 목소리로 두꺼비와 토끼에게 겁주듯이 읽는 것이 어울립니다.

4 두꺼비와 토끼는 호랑이의 날카로운 이빨이 너무 무서워 어쩔 수 없이 고개를 끄덕였습니다.

5 호랑이는 산이 처음 생길 때 태어났고 두꺼비의 아들이 토끼랑 산을 만들다가 죽었다고 했으므로 두꺼비가 가장 어르신입니다.

정답 친해지기 동물들의 나이 대결		
동물	동물의 말	나이
호랑이	"어흥, 나는 이 산이 처음 생길 때 태어났어. 어때? 내가 가장 어르신이지?"	호랑이 ∧ 토끼 ∧ 두꺼비
토끼	"흠, 그럼 내가 더 어르신이겠구나. 내가 이 산을 만들었거든. 흙을 나르느라 얼마나 힘들었다고."	
두꺼비	"엉엉, 죽은 내 아들이 생각나서 그래. 내 아들이 토끼랑 같이 이 산을 만들려고 흙을 나르다가 그만 발을 헛디뎌 벼랑에서 떨어져 죽었거든."	

6 "좋아, 그러자. 다시 하자!"라고 하며 얼른 고개를 끄덕이는 행동에서 토끼의 마음을 짐작할 수 있습니다.

7 내기를 다시 하기로 한 것도 속상한데 자신이 가장 불리한 달리기 내기를 하자고 하니 두꺼비는 억울했을 것입니다.

8 토끼의 말은 승리를 확신하며 자신만만하게, 두꺼비의 말은 배가 불러 느릿느릿한 목소리로 읽는 것이 어울립니다.

9 짊어지고 온 떡이 등에 붙어서 두꺼비 등이 울퉁불퉁하게 되었다고 하였습니다.

실천 배운 내용 마무리하기   66쪽

1 예 설명할 때 쓴다.   **2** ?
3 !   **4** 소민
5 (1) ② (2) ① **6** (1) 마주치다 (2) 서다, 그치다
7 (1) 모아 (2) 우레

1 제시된 문장은 마침표를 사용한 설명하는 문장입니다. 설명하는 문장은 무엇을 설명하거나 생각을 나타낼 때 씁니다.

채점 기준	제시된 문장에서 사용한 문장 부호가 마침표라는 것을 알고, 마침표를 사용하는 상황을 바르게 설명하면 정답으로 합니다.

2 아침에 무엇을 했는지 묻는 문장이므로 물음표를 넣어야 합니다.

3 기쁨, 슬픔, 놀람처럼 강한 느낌을 나타내는 문장을 쓸 때는 문장 부호로 느낌표(!)를 씁니다.

4 인물이 한 말이나 행동뿐만 아니라 이야기 속 상황을 통해서도 인물의 마음이 어떠한지 짐작할 수 있습니다.

5 그림을 보면 '뛰다'와 '달리다', '굽히다'와 '구부리다'의 뜻이 비슷하다는 것을 알 수 있습니다.

정답 친해지기 뜻이 비슷한 낱말 알기
┌ 뛰다: 발을 몹시 재게 움직여 빨리 나아가다. └ 달리다: 달음질쳐 빨리 가거나 오다. ┌ 굽히다: 한쪽으로 휘게 하다. └ 구부리다: 한쪽으로 구붓하게 굽히다.

6 (1) 누군가 가거나 와서 마주친 상황입니다. (2) 서거나 동작을 그친 상황입니다.

7 (1) '합쳐'는 '합해'를 강조하여 이르는 말로 '여럿이 한데 모여'를 뜻하는데, '모아' 역시 '한데 합쳐'라는 의미를 지니고 있습니다. (2) '천둥'은 '벼락이나 번개가 칠 때에 대기가 요란하게 울림. 또는 그런 소리.'를 뜻하는데, '우레' 역시 '벼락이나 번개가 칠 때에 대기가 요란하게 울림. 또는 그런 소리.'를 의미한다.

단원 평가   67~69쪽

1 ③   **2** ③   **3** 재영
4 !   **5** ⑤   **6** (1) ○
7 (1) 감탄하는 (2) 예 지후가 도와준다고 하여 기쁜 느낌을 표현
8 (1) ① (2) ③ (3) ②   **9** ⑤
10 당당한 목소리   **11** 마음
12 세미   **13** ③   **14** ②
15 (2) ○   **16** 예 농부님, 소중한 것을 다른 사람에게 선물하는 모습이 대단해요.
17 (2) ○   **18** ②   **19** 예 정말 글씨가 예쁘다!   **20** ④

1 문장 부호에 따라 설명하는 문장인지, 묻는 문장인지, 느낌을 나타내는 문장인지 그 의미가 달라집니다.

2 ⓒ는 영화를 본 느낌을 표현하는 문장입니다.

정답 친해지기	문장의 종류
설명하는 문장	ⓑ, ⓔ
묻는 문장	ⓐ, ⓓ
감탄하는 문장	ⓒ, ⓕ

3 ⓔ는 종이를 접어 강아지 모양을 만드는 방법을 설명하는 문장입니다. 재영이가 예시로 든 문장도 무언가를 설명하는 문장입니다.

4 신기하다는 느낌을 표현하고 있으므로 느낌표(!)를 넣어 감탄하는 문장으로 써야 합니다.

5 글쓴이는 자신의 가방을 들어 준 지후에게 고맙고 미안한 마음을 전하고 있습니다. 지후가 자신을 걱정해 주지 않아 서운한 마음은 나타나지 않습니다.

6 글쓴이는 지후에게 고맙다는 말을 제대로 하지 못해서 편지를 썼습니다.

7 글쓴이는 감탄하는 문장을 사용해 기쁜 느낌을 드러내고 있습니다.

8 구두쇠 영감은 글 ⓐ에서 국밥 냄새를 맡고 그냥 가려는 최 서방을 괘씸하게 생각했고, 글 ⓑ에서는 엽전 소리를 듣고 의아해했습니다. 그리고 글 ⓒ에서는 최 서방의 말을 듣고는 창피해했습니다.

9 이야기 상황과 인물이 주고받은 말, 행동 등을 통해 인물의 마음을 짐작할 수 있습니다.

정답 친해지기	인물의 마음 짐작하기
• 이야기 속 상황을 살펴봅니다.
• 인물의 말과 행동에서 인물의 마음을 짐작해 봅니다.

10 구두쇠 영감의 황당한 요구에 재치 있게 답하는 부분이므로 당당하게 말하는 것이 어울립니다.

11 인물의 마음에 충분히 공감하고, 인물의 마음에 어울리는 목소리로 읽습니다.

12 영광이는 무언가를 설명하는 문장을 말했습니다.

13 사또가 선물을 받고 싶어 했는지는 이 글에서 알 수 없습니다.

14 이 글에서 농부가 누군가를 부러워하는 마음을 짐작할 만한 상황이나 말과 행동은 찾을 수 없습니다.

15 농부의 말은 떨리지만 자랑스러운 마음이 나타나도록 읽는 것이 어울립니다.

16 농부 또는 사또에게 이야기와 관련한 자신의 생각을 전해 봅니다.

채점 기준	이 글에 나오는 인물인 사또나 농부 중 한 사람을 골라 인물에게 전하고 싶은 말을 자신의 생각을 담아 쓰면 정답으로 합니다.

정답 친해지기	「송아지와 바꾼 무」에 나오는 인물에게 전하고 싶은 말 ⓔ
농부	소중한 것을 다른 사람에게 선물하는 모습이 대단해요.
사또	농부의 선물을 빌고 기분이 어띠했는지 궁금해요.

17 두꺼비와 토끼는 떡 만드는 일은 아무것도 안 하고 떡만 먹으려는 호랑이가 얄미웠지만 호랑이의 이빨이 무서워 어쩔 수 없이 같이 먹자고 대답했습니다.

18 얄미운 마음이 든 인물은 두꺼비와 토끼입니다. 호랑이는 떡을 먹을 기대를 하고 있습니다.

정답 친해지기	인물의 마음 짐작하기
두꺼비, 토끼	• 떡 만드는 일은 아무것도 안 하고 떡만 먹겠다고 하는 호랑이가 얄밉고 못마땅함. • 자신들이 만든 떡을 호랑이와 나누어 먹어야 하는 상황이 억울하고 불만스러움. • 호랑이의 날카로운 이빨이 너무 무서움.
호랑이	떡을 먹을 생각에 기대를 함.

19 느낌표(!)를 활용하여 적절한 문장을 써 봅니다.

채점 기준	느낌표를 활용하여 기쁨, 슬픔, 놀람 등을 알맞게 표현하면 정답으로 합니다.

20 '굽히다'와 뜻이 비슷한 낱말은 '구부리다'입니다. '굽히다'는 '한쪽으로 휘게 하다.'라는 뜻이고, '구부리다'는 '한쪽으로 구붓하게 굽히다.'라는 뜻입니다.

5. 바른 말로 이야기 나누어요

72쪽

핵심 확인 문제

1 뜻　　　**2** 바래다　　**3** ○
4 중요한　　**5** 시간

준비 배울 내용 살펴보기 73~74쪽

1 뜻　　　　　**2** ①
3 (1) ②　(2) ①
4 예 바른 말을 사용해야 자신이 전하려는 뜻을 정확하게 전달할 수 있다.
5 ①, ⑤　　　**6** ⑤　　　　**7** ④
8 라 → 가 → 나 → 다

1 민재는 지윤이에게 모르는 낱말의 뜻을 알려 달라고 했습니다.

2 지윤이는 민재가 '가르치다'를 사용해야 하는 상황에서 '가리키다'를 사용하자 말의 뜻이 헷갈려 민재의 말을 잘못 이해하였습니다.

3 '가리키다'는 어떤 대상을 가리키는 것이고, '가르치다'는 지식 따위를 알려 주는 것입니다.

> **정답 친해지기** 헷갈리는 쉬운 낱말
> • 가르치다: 지식이나 기능, 이치 따위를 깨닫게 하거나 익히게 하다.
> • 가리키다: 손가락 따위로 어떤 방향이나 대상을 집어서 보이거나 말하거나 알리다.

4 민재와 지윤이의 대화를 살펴보고, 바른 말을 사용해야 하는 까닭을 짐작해서 써 봅니다.

> **채점 기준** 자신이 말하려는 뜻을 정확히 전달해 의사소통을 원활하게 한다는 내용을 쓰면 정답으로 합니다.

5 당나귀는 처음에는 소금, 그다음에는 솜을 등에 싣고 갔습니다.

6 당나귀는 전날 실수로 물속에 빠졌더니 소금이 물에 녹아 짐이 가벼워진 것을 기억하고 다음 날은 일부러 꾀를 부려 물에 빠졌습니다.

7 당나귀는 일부러 꾀를 내어 물에 빠졌는데 짐이 더 무거워지자 자신의 행동을 후회했을 것입니다.

8 글과 그림을 함께 살펴보고 일이 일어난 차례를 정리해 봅니다.

소단원 1 기본 바른 말 알기 75~76쪽

1 뜻　　　　　**2** (1) ②　(2) ①
3 적네　　　　**4** 가방이 너무 작네.
5 (1) 다른　(2) 틀린
6 (1) 다　(2) 틀　**7** 다릅니다
8 (1) 예 정신없이 노느라 배고픈 것도 잊어버렸다.　(2) 예 놀이공원에서 길을 잃어버렸다.

1 '바라다'가 아닌 '바래다'라는 낱말이 문장에 잘 어울립니다.

2 '바라다'는 '생각이나 바람대로 어떤 일이나 상태가 이루어지거나 그렇게 되었으면 하고 생각하다.'라는 뜻이고, '바래다'는 '볕이나 습기를 받아 색이 변하다.'라는 뜻입니다.

3 '적다'는 '많다'의 반대말입니다. 크기가 보통보다 덜할 때는 '작다', 수나 양이 부족할 때는 '적다'라는 말을 씁니다.

4 그림 ❸에서 가방은 크기가 작은 것이므로 '가방이 너무 작네.'로 고쳐야 합니다.

5 좋아하는 과일이 서로 같지 않다는 뜻이므로 ㉠에는 '다른'이, 일기에 쓰인 글자가 맞지 않다는 뜻이므로 ㉡에는 '틀린'이 들어가야 합니다.

6 제시된 그림을 보고 '다르다'와 '틀리다'의 뜻을 짐작해 봅니다.

7 나와 형은 생김새가 서로 같지 않다는 뜻이므로 '다르다'가 어울립니다.

8 낱말의 뜻을 생각하며 '잊어버리다'와 '잃어버리다'가 어울리는 문장을 만들어 봅니다.

> **정답 친해지기** 헷갈리기 쉬운 낱말
> • 잊어버리다: 기억이나 생각한 것이 머릿속에서 지워졌을 때 사용합니다.
> • 잃어버리다: 물건을 어디에 흘리고 왔을 때 사용합니다.

소단원 1 (통합) 자신의 생각을 바른 말로 표현하기 　77쪽

1 예 복도에서 뛰지 말자.　　**2** ②, ③
3 예 복도에서 뛰던 친구가 다른 친구와 부딪쳐 넘어진 일이 있었습니다. 모두 복도에서 뛰어 다니지 맙시다.　**4** 태양　　**5** ①, ⑤

1 즐거운 학교생활을 위해 친구들이 무엇을 지키면 좋을지 생각하여 써 봅니다.

2 즐거운 학교생활을 위해 지켜야 할 일을 친구들 앞에서 발표하기 위해서는 지켜야 할 일이 무엇인지, 그와 관련한 생각이나 경험이 무엇인지 등을 정리해야 합니다.

3 친구들 앞에서 발표할 내용을 정리하여 써 봅니다.

> **채점 기준** 문제 1번에서 떠올린 내용과 연관 지어 말하고 싶은 내용을 '지켜야 할 일', '관련한 생각이나 경험'을 중심으로 쓰면 정답으로 합니다.

4 발표를 할 때는 떠오르는 생각을 모두 발표하기보다는 중요한 내용을 생각하면서 발표하고, 듣는 사람을 바라보며 알맞은 목소리로 발표합니다.

> **정답 친해지기** 발표할 때 주의할 점
> • 중요한 내용을 생각하면서 발표합니다.
> • 듣는 사람을 바라보며 알맞은 목소리로 발표합니다.

5 발표를 들을 때는 중요한 내용을 생각하면서 듣고, 발표자가 바른 말을 사용하는지 확인하면서 들어야 합니다.

소단원 2 (기본) 이야기를 듣고 일이 일어난 차례 말하기 　78~79쪽

1 ③　　**2** ④　　**3** ①, ④
4 예 감자를 물로 씻어 아궁이에 쪘다.
5 ⑤　　**6** ①　　**7** 밤
8 (다) → (가) → (나) → (라)

1 세나와 아빠는 '아빠와 함께 추억 만들기' 행사에 가서 가장 먼저 감자 캐기를 했습니다.

2 이장님은 땅속에 묻힌 감자가 다치면 안 되니까 유리 그릇 다루듯 조심조심 캐야 한다고 했습니다.

3 이 글에서는 시간을 나타내는 말로 '일요일 아침'과 '점심'이 쓰였습니다.

> **정답 친해지기** 시간을 나타내는 다양한 말
> 아침, 점심, 오후, 밤, 어제, 오늘, 내일, 작년, 올해, 내년, 이미, 방금, 금방, 아까, 지금 등

4 이 글에서 세나가 겪은 일을 시간을 나타내는 말에 따라 정리하여 세나가 점심에 한 일을 써 봅니다.

5 세나는 오후에 아빠가 아이를 업고 달리는 놀이 활동에 참여했습니다.

6 아빠와 놀이에 참여한 세나는 달리기에서 이겨 즐겁고 신났을 것입니다.

7 세나는 밤이 되어 집으로 돌아오는 버스에서 아빠 등에 업힌 이야기를 하다가 아빠 어깨에 기대 잠이 들었습니다.

8 이 글에서 시간을 나타내는 말을 찾으며 세나가 겪은 일을 차례대로 정리해 봅니다.

소단원 2 (통합) 글을 읽고 일이 일어난 차례 말하기 　80~81쪽

1 ④　　**2** ④　　**3** ⑤
4 가을의 어느 날, 다음 날, 그다음 날
5 (1) ①　(2) ③　(3) ②
6 예 강변에 공원을 조성했다.
7 (1) 봄날　(2) 예 꽃들이 더욱 만발함.

1 우편집배원은 도시에서 아주 멀리 떨어진 작은 시골 마을에 우편물을 배달했습니다.

2 우편집배원은 시골 마을을 오가는 길이 그 흔한 들꽃조차 없이 황량하여 쓸쓸함을 느꼈습니다.

3 깊은 생각에 빠졌던 우편집배원은 좋은 방법이라도 생각난 듯이 "그래, 바로 그거야!"라고 외치고, 다음 날 마을로 오는 길에 들꽃 씨앗을 뿌렸습니다.

4 '가을의 어느 날' 황량한 마을로 오가는 길이 지겨웠던 우편집배원은 골똘히 생각하다가 마을로 오는 길에 들꽃 씨앗을 뿌렸고, 씨앗 뿌리는 일은 '다음 날' '그다음 날'에도 이어졌습니다.

5 각 낱말의 뜻을 알아보고 알맞은 뜻풀이를 찾아 선으로 잇습니다.

> **정답 친해지기 낱말의 뜻 파악하기**
> 낱말의 뜻은 사전을 활용해 정확한 의미를 알아보거나 문장 안에서 그 뜻을 미루어 추측해 볼 수 있습니다.

6 '조성'은 '무언가를 만들어 이룸.'을 의미합니다.

7 시간을 나타내는 말을 중심으로 일어난 일을 정리하면 일이 일어난 차례대로 내용을 간추리는 데 도움이 됩니다.

> **채점 기준** (1)에 들어갈 시간을 나타내는 말로 '봄날'을 쓰고, (2)에 일 년이 지난 여름날에 일어난 일을 알맞게 쓰면 정답으로 합니다.

국어 활동 82~83쪽

1 갔습니다　　**2** 다른
3 (1) 도윤　(2) 준태　　　　**4** 적게
5 (1) ㉣　(2) ㉢　(3) ㉠　(4) ㉡　**6** 3, 4, 1, 2

1 '같다'는 서로 다르지 않다는 뜻이고, '갔다'는 한 장소에서 다른 장소로 이동한다는 뜻이므로 '갔습니다'가 들어가는 것이 알맞습니다.

2 '틀리다'는 '셈이나 사실 따위가 그르게 되거나 어긋나다.'라는 뜻이므로 ㉡은 '비교가 되는 두 대상이 서로 같지 않다.'의 뜻인 '다른'으로 고쳐 써야 합니다.

3 ㉮의 상황에서는 '지식이나 기능, 이치 따위를 깨닫게 하거나 익히게 하다.'의 뜻인 '가르치다'가 어울리고, ㉯의 상황에서는 '한번 알았던 것을 모두 기억하지 못하거나 전혀 기억하여 내지 못하다.'의 뜻인 '잊어버리다'가 어울립니다.

4 아침에 먹은 밥의 양이 부족했다는 뜻이므로 '적게'를 써야 합니다.

5 글을 읽고 각 등장인물이 한 일을 정리해 봅니다.

6 일이 일어난 차례를 시간을 나타내는 말과 연결 지어 정리해 봅니다.

> **정답 친해지기** 「팥죽 할머니와 호랑이」에서 시간을 나타내는 말
> 옛날, 동짓날, 오늘, 밤 등

실천 배운 내용 마무리하기 84쪽

1 가리키다　　　　　**2** 가르치다
3 (1) ②　(2) ①　　　**4** 2, 4, 1, 3
5 ㉠　　　　　　　　**6** 설랄

1 손가락을 달의 방향으로 뻗고 있으므로 '가리키다'가 어울립니다.

2 오빠가 책을 펼쳐 놓고 동생에게 무엇인가를 알려 주고 있으므로 '가르치다'가 어울립니다.

3 셈이 어긋난 것이므로 '답이 틀리다.'라고 해야 하고, 두 아이의 키가 서로 같지 않은 것이므로 '두 아이의 키가 다르다.'라고 해야 합니다.

4 '토요일 아침, 오전, 점심, 오후'와 같이 문장에서 시간을 나타내는 말을 찾아보고 일이 일어난 차례를 정리해 봅니다.

5 '앞문'은 [암문]으로 발음합니다.

6 '설날'은 [설랄]로 발음합니다.

> **정답 친해지기 낱말을 정확하게 발음하기 ㉹**
> 국민[궁민], 분리[불리], 줄넘기[줄럼끼], 국물[궁물], 먹는[멍는]

단원 평가 85~87쪽

1 말의 뜻　　　**2** 가르쳐 줘!
3 ㉡ → ㉠ → ㉣ → ㉢
4 바랬다 / 바랬네
5 (1) ②　(2) ①　　　　　**6** 틀린
7 ㉹ 정신없이 노느라 배고픈 것도 잊어버렸다.
8 서희, 다연　**9** 적어요　**10** ⑤
11 ⑤　　　　**12** 점심, 오후, 밤
13 ㉹ 감자를 물로 씻어 아궁이에 쪘다.
14 ㉠　　　　**15** ②, ④
16 ㉹ 화단에 코스모스가 만발했다.
17 ④　　　**18** ㉹ 우편집배원이 길가에 핀 꽃과 들풀 향기를 맡았다.
19 ㉹ 밤이 되자 하늘에 별이 하나둘 뜨기 시작했다.　**20** ③

1 지윤이는 민재가 '가르치다'를 사용해야 하는 상황에서 '가리키다'를 사용했기 때문에 말의 뜻이 헷갈려서 당황했습니다.

2 "난 무슨 뜻인지 궁금했는데……."라는 민재의 말로 보아 민재는 지윤이에게 낱말의 뜻을 알려 달라는 의미로 말한 것을 알 수 있습니다. 따라서 "가르쳐 줘!"라고 말해야 합니다.

3 이야기에서 사용한 시간을 나타내는 말과 일이 일어난 원인과 그 결과를 살펴보면 일이 일어난 차례를 정리할 수 있습니다.

4 '바라다'와 '바래다'는 글자의 모양은 비슷하지만 뜻이 다릅니다. 이 만화에서는 사진첩의 색이 변했다는 뜻으로 쓰였으므로 '볕이나 습기를 받아 색이 변하다.'의 뜻을 가진 '바래다'를 써야 합니다.

5 두 개의 옷을 비교했을 때 화살표가 가리키는 쪽의 옷이 크기가 작고, 오른쪽 바구니에 든 구슬이 개수가 적습니다.

6 '다르다'는 어떤 점이 서로 같지 않다는 말이고, '틀리다'는 계산이나 사실 따위가 맞지 않다는 말이므로 괄호 안에는 '틀린'이 들어가는 것이 알맞습니다.

7 '기억하여 두어야 할 것을 한순간 전혀 생각하여 내지 못하다.'라는 뜻풀이를 생각하며 어울리는 문장을 만들어 봅니다.

> **정답 친해지기** **'잊어버리다'의 여러 가지 뜻**
> 「1」 한번 알았던 것을 모두 기억하지 못하거나 전혀 기억하여 내지 못하다.
> 「2」 기억하여 두어야 할 것을 한순간 전혀 생각하여 내지 못하다.
> 「3」 일하거나 살아가는 데 장애가 되는 어려움이나 고통, 또는 좋지 아니한 지난 일을 전혀 마음속에 두거나 신경 쓰지 아니하다.
> 「4」 본분이나 은혜 따위를 마음에 새겨 두지 아니하고 아주 저버리다.
> 「5」 어떤 일에 열중한 나머지 잠이나 끼니 따위를 전혀 취하지 아니하다.
> → '잊어버리다'는 여러 개의 뜻을 가지고 있지만, 각각의 뜻은 의미상 서로 연결이 되어 있습니다.

8 발표를 할 때는 중요한 내용을 생각하면서 발표해야 하고, 들을 때는 발표자가 바른 말을 사용하는지 확인하면서 들어야 합니다.

9 동생 밥의 양보다 제 밥의 양이 덜하다는 뜻이므로 '적다'를 씁니다.

> **정답 친해지기** **헷갈리기 쉬운 낱말**
> • 적다: '많다'의 반대말로, 수나 양이 부족할 때 씁니다.
> • 작다: '크다'의 반대말로, 크기가 보통보다 덜할 때 씁니다.

10 세나는 직접 캔 감자를 쪄 먹었고 아빠가 아이를 업고 달리는 놀이 활동에 참여했습니다.

11 글 **㉯**에서 세나는 아빠 등에 업히니까 아주 따뜻하고 좋았다고 했습니다.

12 글 **㉮~㉯**의 맨 처음에 각각 '점심', '오후', '밤'과 같은 시간을 나타내는 말이 쓰였습니다.

13 세나는 점심에 직접 캔 감자를 물로 씻어 아궁이에 쪄서 맛있게 먹었습니다.

> **채점 기준** 세나가 점심에 겪은 일을 나타내는 문장인 '감자를 물로 씻어 아궁이에 쪘습니다.', '우리는 감자를 하나씩 집어 들어 후후 불며 맛있게 먹었습니다.'를 간추려서 쓰면 정답으로 합니다.

14 ㉠은 점심에 일어난 일이고, ㉡은 오후에 일어난 일입니다. 그리고 ㉢은 밤에 일어난 일입니다.

> **정답 친해지기** **이야기의 내용을 파악하는 방법**
> 이야기 글은 인물이 어떤 일을 언제, 어떻게 했는지 등을 서술합니다. 시간이나 장소의 변화에 따라 일이 일어난 차례를 파악하면 이야기의 내용을 좀 더 쉽게 알 수 있습니다.

15 우편집배원은 마을로 오가는 길에 들꽃 씨앗을 뿌렸고, 나중에는 작은 묘목 몇 개씩을 가지런히 길가에 심었습니다.

16 '만발'은 '꽃이 활짝 다 핌.'이라는 뜻입니다. 글의 맥락을 통해 낱말의 뜻을 파악한 후, 적절한 문장을 만들어 써 봅니다.

17 우편집배원은 마을로 가는 길가에 가로수를 조성하고 싶은 욕심이 생겼습니다.

18 시간을 나타내는 말인 '다음 날, 봄날, 일 년이 지난 여름날'에 주목하여 일어난 일을 차례대로 정리해 봅니다.

> **채점 기준** '봄날'에 일어난 일을 제시하고 있는 글 **㉯**의 내용을 간추려서 쓰면 정답으로 합니다.

19 보기 에 나온 시간을 나타내는 말은 '밤'입니다. '밤'의 의미가 드러나는 문장을 만들어 봅니다.

20 '분리'는 [불리]로 발음합니다.

6. 매체를 경험해요

핵심 확인 문제   90쪽

1 ○   **2** 공익 광고   **3** ○
4 (1) ○ (2) × (3) ○   **5** ×

1 ④   **2 예** 비닐봉지 같은 일회용품 사용을 줄이자. **3** (1) ○   **4 예** 땅속에 묻어도 썩지 않는 쓰레기가 풀처럼 보이는 것이 인상 깊었다.   **5** ②   **6** ⑤
7 예 많이 아프니?   **8** 세원

준비 배울 내용 살펴보기   91쪽

1 책   **2** 소현   **3** ③, ⑤
4 예「토끼의 재판」을 영상으로 본 적이 있는데, 영상 속 호랑이 소리가 진짜 호랑이가 우는 소리처럼 실감 나게 느껴졌다.

1 종이를 넘기면서 글자를 읽었다고 했으므로「토끼의 재판」이야기를 책으로 읽었음을 알 수 있습니다.

> **정답 친해지기**「토끼의 재판」줄거리
> 옛날 어떤 사람이 함정에 빠진 호랑이를 구해 주었는데 함정에서 나온 호랑이는 그를 잡아먹겠다고 했다. 이 말을 들은 그는 억울하니 재판을 해 보자고 호랑이에게 제안한다. 가장 먼저 바위를 찾아갔는데 평소 사람에게 감정이 좋지 않던 바위는 호랑이에게 유리한 판결을 내린다. 다음으로 토끼한테 가서 재판을 부탁하자 토끼는 호랑이에게 함정에 어떻게 빠졌는지를 보여 달라고 해 호랑이를 다시 함정에 빠뜨린다. 이렇게 토끼는 사람을 위해 현명한 재판을 해 주고는 떠난다.

2 소현이는 이야기를 책으로 읽을 때의 좋은 점을 말하였고, 다훈이는 이야기를 영상으로 볼 때의 좋은 점을 말하였습니다.

3 이야기를 영상으로 볼 때는 인물의 움직임과 소리에 집중해야 합니다.

> **정답 친해지기** 이야기를 영상으로 볼 때 집중해야 할 것
> • 영상에 나오는 소리를 잘 들어야 합니다.
> • 영상 속 인물의 움직임을 잘 살펴봐야 합니다.

4 이야기를 영상으로 본 경험을 떠올려 보고, 기억에 남는 말이나 모습, 소리, 음악은 무엇이었는지, 어떤 생각이 들었는지 써 봅니다.

> **채점 기준** 해당 영상의 내용, 인상 깊었던 장면, 자신의 생각 등 영상 매체를 본 경험과 관련 있는 내용을 쓰면 정답으로 합니다.

1 이 공익 광고는 비닐봉지 같은 일회용품 사용을 줄여야 한다는 뜻을 전달하고 있습니다.

> **정답 친해지기** 공익 광고 살펴보기
> • 공익 광고는 여러 사람의 이익을 목적으로 하는 광고입니다.
> • 공익 광고를 볼 때는 그 광고가 어떤 글과 그림으로 이루어져 있는지 자세히 살펴보고, 광고가 전하려는 내용을 파악해야 합니다.

2 비닐봉지를 풀처럼 표현한 글과 그림을 통해 토양 오염을 방지하기 위해 비닐봉지 같은 일회용품의 사용을 줄이자는 뜻을 전하고 있습니다.

3 그림을 보면 비닐봉지가 썩지 않고 땅속에 묻혀 마치 식물처럼 보인다는 것을 알 수 있습니다.

4 공익 광고에 제시된 글과 그림을 보며 재미있게 느껴지거나 마음속에 뚜렷하게 남는 부분을 찾아 써 봅니다.

> **채점 기준** 해당 공익 광고에 제시된 글의 의미, 재미있었던 그림 등 광고의 글과 그림을 보고 인상 깊은 내용을 자세히 쓰면 정답으로 합니다.

5 부모님과 함께 등산을 간 영준이는 산에서 급하게 내려오다가 넘어졌습니다.

6 장면 ❷에서 영준이는 신나서 활짝 웃는 표정으로 "우아, 내려가는 건 정말 쉬워요."라고 말했습니다.

7 영준이가 넘어져서 아파하는 상황이고, 어머니는 걱정스러운 표정으로 영준이를 보고 있으므로 이에 어울리는 말을 생각하여 씁니다.

8 만화는 글과 그림을 함께 보아야 어떤 상황인지 더 자세히 알 수 있고, 내용을 더욱 생생하게 이해할 수 있습니다.

소단원 1 (통합) 글과 그림을 관련 지으며 그림책 읽기 94~96쪽

1 꿈, 뒤숭숭	**2** ⑤	**3** (1) ○
4 오염물	**5** ④	**6** ①
7 ①, ⑤	**8** 예 이를 닦을 때 양치 컵을 사용한다.	
	9 ⑤	**10** ④
11 오염물	**12** 세영	

1 장면 ❶을 살펴보면 '꿈 때문에 마음이 뒤숭숭한 철이는'이라고 하였습니다.

2 장면 ❷의 글과 그림을 살펴보면 영이가 먹다 남긴 우유를 싱크대에 몰래 부은 것을 알 수 있습니다.

> **정답 친해지기** 철이의 꿈속에서 철이네 가족이 한 행동
> • 영이: 먹다 남긴 우유를 싱크대에 몰래 부었습니다.
> • 아빠: 세탁물을 세 번이나 나누어 돌렸습니다.
> • 엄마: 샴푸를 매우 많이 썼고, 물을 계속 튼 채로 욕실 청소를 했습니다.

3 (2)는 '뒤숭숭한', (3)은 '행동'의 뜻입니다.

4 그림책의 제목인 「오염물이 터졌다」를 참고할 때 검은색은 오염물과 관련이 있음을 알 수 있습니다.

5 오염물이 차오르기 시작하더니 터진 것입니다.

6 장면 ❷에서 오염물을 터지게 만든 철이네 가족의 습관을 알 수 있습니다.

7 오염물이 차오르더니 결국 터져서 놀랍고 당황했을 것입니다. 장면 ❹에 나타난 철이네 가족의 표정을 살펴보면 기분을 짐작할 수 있습니다.

8 물을 아껴 쓰기 위해 나와 우리 가족이 어떤 행동을 하는지 자신의 경험을 떠올려 봅니다.

> **채점 기준** 나 또는 우리 가족이 물을 아껴 쓰기 위해 하는 행동을 구체적으로 쓰면 정답으로 합니다.

9 철이는 자신이 꿈을 꾼 것인지 확인하기 위해 양쪽 두 볼을 세게 꼬집어 보았습니다.

10 철이는 고무장갑을 끼고 물 오염과 낭비를 막는 행동을 시작하겠다고 다짐했습니다.

11 철이는 꿈에서처럼 진짜로 오염물이 터지기 전에 자기가 막아야겠다고 말했습니다.

12 로이가 생각한 질문은 이 그림책을 읽은 친구들에게 하고 싶은 질문으로 적절합니다.

소단원 2 (기본) 친숙한 매체와 매체 자료에 흥미와 관심 가지기 97쪽

1 누리집	**2** ⑤
3 효련	
4 예 우리 동네 소방서 누리집을 들어가 보았다.	

1 '홈페이지'라는 말보다 순우리말인 '누리집'을 사용해 봅니다.

2 어린이박물관에 오는 사람들의 나이는 나와 있지 않습니다.

> **정답 친해지기** 어린이박물관 누리집을 보고 알 수 있는 것
> • 관람 예약 현황
> • 관람 시간 및 관람료
> • 어린이박물관에 가는 길
> • 어린이박물관의 내부 배치도
> • 어린이박물관에서 진행 중인 전시

3 누리집을 살펴본 시간과 장소를 기억할 필요는 없습니다.

4 인터넷에서 살펴본 여러 가지 누리집 가운데 흥미와 관심을 가지고 누리집을 찾아본 경험을 떠올려 써 봅니다.

> **채점 기준** 인터넷으로 본 누리집의 이름, 누리집에서 확인한 내용 등 자신이 직접 누리집을 찾아본 경험을 쓰면 정답으로 합니다.

소단원 2 (통합) 매체와 연결 지어 글과 그림으로 표현하기 98쪽

1 ⑤	**2** (1)
3 (2) ○ (3) ○	**4** 경우

1 학급 누리집에 우리 반을 소개하는 것이므로 우리 반을 잘 알릴 수 있는 내용이어야 합니다. ⑤는 우리 반을 소개하는 내용과 관련이 없습니다.

2 학급 누리집에 올릴 글의 내용이 우리 반 친구들이 좋아하는 놀이이므로 이와 연관된 그림이나 사진을 골라야 합니다.

3 다른 사람들이 궁금해할 만한 내용인지, 그림이나 사진이 글의 내용과 잘 어울리는지 확인합니다.

> **정답 친해지기** 누리집에 올릴 게시물 점검하기
> • 다른 사람들이 궁금해할 만한 내용인가요?
> • 전하고자 하는 내용이 글에 잘 드러났나요?
> • 그림이나 사진이 글의 내용과 잘 어울리나요?

4 친구들과 누리집에 올릴 게시물을 함께 만들면서 어떤 생각이나 느낌이 들었을지 생각해 봅니다. 학급 누리집은 개인의 경험을 자랑하는 공간이 아닙니다.

국어 활동   99~101쪽

1 (2) ○   **2** ②   **3** 민주, 지희
4 예 힘들어 보인다.   **5** ㉤, ㉢
6 ①   **7** (1) ③ (2) ② (3) ① (4) ④
8 선우, 시온   **9** 경험

1 '우르릉 쾅쾅', '번쩍'이라는 글씨를 크게 표현하여 천둥, 번개가 치는 날씨를 표현하였습니다.

2 "날씨가 이러니 어쩌겠어."라는 말과 장면 ❸, ❹를 통해 알 수 있습니다.

3 만화를 읽을 때에는 장면마다 글과 그림을 관련지어 읽고, 각 장면에 등장한 인물의 표정을 살피며 읽어야 합니다.

> **정답 친해지기** 만화를 더 재미있게 읽는 방법
> • 글과 그림을 함께 봅니다.
> • 만화에 나오는 말풍선과 그림을 함께 봅니다.
> • 만화에 등장한 인물의 표정을 보며 어떤 말을 했는지 알아봅니다.

4 장면 ⓫에서 토리는 힘든 표정을 하고 있습니다. 또 '으으.', '덜덜', '퀭~'이라는 글자에서도 토리가 힘들어한다는 것을 확인할 수 있습니다.

5 만화를 읽을 때에는 그림만 재미있게 볼 것이 아니라 글도 제대로 읽어야 합니다.

6 이 공익 광고는 사람들이 바다에 버린 쓰레기를 먹은 물고기가 언젠가 낚시로 잡혀 다시 사람이 먹게 되는 것을 표현하여 바다에 쓰레기를 버리지 말자는 주제를 전하고 있습니다.

7 ㉠은 그림책, ㉡은 만화, ㉢은 뉴스, ㉣은 광고 매체 자료입니다.

> **정답 친해지기** 일상생활에서 주로 활용하는 매체와 매체 자료
> • 매체: 책, 텔레비전, 스마트폰, 컴퓨터, 태블릿 등
> • 매체 자료: 그림책, 만화, 뉴스, 광고, 웹툰, 애니메이션, 영화 등

8 ㉣은 글과 그림으로 누리 소통망에서 지켜야 할 대화 예절을 말하고 있습니다.

9 자신이 보고 듣고 느낀 경험을 다양하게 표현해 봅니다.

> **정답 친해지기** 글과 그림으로 자신의 생각이나 느낌을 표현할 때 주의할 점
> • 자신이 보고 듣고 느낀 경험을 다양하게 표현합니다.
> • 글과 그림으로 자신의 생각이나 느낌을 표현하는 즐거움을 느낍니다.
> • 글, 그림을 활용해 자신, 친구, 가족, 학교, 교실 등 친숙한 주제를 표현합니다.

실천 배운 내용 마무리하기   102쪽

1 ②   **2** ㉠, ㉢   **3** 홍철, 경아
4 ①, ③   **5** 만낫습니다 → 만났습니다

1 나래는 주말에 글과 그림이 있는 만화를 읽으려고 합니다.

2 글과 그림이 있는 만화나 그림책을 볼 때는 그림만 중심으로 살펴보는 것이 아니라 글과 그림을 관련지어 읽고 등장인물의 표정을 보며 등장인물이 한 말과 연관 지어 읽어야 합니다.

3 친숙한 매체와 매체 자료에 흥미와 관심을 가질 때에는 매체와 매체 자료의 적절성을 따져 보고 자신의 경험과 연결 지어 이야기하면 좋습니다.

> **정답 친해지기** 친숙한 매체와 매체 자료에 흥미를 가질 때 유의할 점
> • 알맞은 내용을 담고 있는 매체와 매체 자료인지 생각해 봅니다.
> • 친숙한 매체와 매체 자료를 자신의 경험과 연결 지어 생각해 봅니다.

4 글자와 소리가 다른 낱말은 '않고[안코]', '받아서[바다서]'입니다.

5 '만낫습니다'는 '만났습니다'로 고쳐 써야 합니다.

단원 평가   103~105쪽

1 다훈	**2** ⑤	**3** 남주
4 (1) ○	**5** ②, ③	**6** ④
7 (1) ×	**8** ⑤	**9** 우유
10 ④	**11** (2) ○	**12** ©

13 예 친구들이 함께 놀이를 하는 모습의 그림이나 사진   **14** (1) ○   **15** (1) ○

16 ④   **17 예** 만화 / 만화는 등장인물들의 표정을 좀 더 익살맞게 표현하고, 다양한 효과를 주어 작품을 생생하게 즐길 수 있게 하기 때문이다.   **18** ⊙

19 그렇게, 받아서, 않고 / 세 개(3개)

20 깨끄시, 씨썼습니다 → 집에 돌아와서 발을 깨끗이 씻었습니다.

1 소현이는 「토끼의 재판」을 책으로 읽었을 때 할 수 있는 생각을 말했습니다.

2 여러 사람의 이익을 목적으로 하는 공익 광고입니다.

3 제시된 공익 광고는 글과 그림을 통해 땅속에 묻어도 썩지 않는 쓰레기들이 토양을 오염시키고 있음을 보여 주며, 비닐봉지와 같은 일회용품 사용을 줄이자는 뜻을 전달하고 있습니다.

4 부모님과 등산을 간 영준이는 산에서 급하게 내려오다가 넘어졌습니다.

5 장면 ❸에서 영준이는 "아야, 아파라!"라고 말하고, 아파하는 표정을 지었습니다.

6 제시된 매체 자료는 만화입니다. 만화는 제목뿐만 아니라 글과 그림을 함께 보아야 합니다.

> **정답 친해지기** 만화를 읽을 때 주의할 점
> • 인물의 표정을 살펴보며 글의 내용과 관련지어 읽습니다.
> • 만화 속에서 선, 글씨 크기, 말풍선, 그림 따위가 어떻게 표현되어 있는지 살펴봅니다.

7 아빠가 "영이는 어디 갔지?"라고 말한 것으로 보아, 영이는 식탁에 앉아 있지 않습니다.

8 철이는 꿈 때문에 마음이 뒤숭숭하다고 했습니다.

9 글과 그림을 통해 영이가 먹다 남긴 우유를 싱크대에 몰래 부은 것을 알 수 있습니다.

10 장면 ❷에는 철이가 등장하지 않으며, 오염물을 터지게 만든 철이네 가족의 습관을 알 수 있습니다.

11 만화를 읽을 때는 글과 그림을 함께 봐야 내용을 더 잘 이해할 수 있습니다.

12 어린이박물관 누리집은 어린이박물관에 관한 다양한 정보를 소개하고 있습니다. 각 지역 박물관에서 볼 수 있는 작품들에 대한 정보는 해당 지역 박물관 누리집에서 확인해야 합니다.

13 학급 누리집에 올릴 글의 내용과 관련이 있는 그림이나 사진을 올려야 합니다.

> **정답 친해지기** 학급 누리집에 올릴 글과 그림이나 사진 생각해 보기
>
> | 글 | 그림이나 사진 |
> |---|---|
> | 우리 반 친구들이 가장 좋아하는 줄넘기 놀이를 소개합니다. | 친구들이 함께 줄넘기 놀이를 하는 모습의 그림이나 사진 |
> | 우리 반 친구들이 정한 고운 말 쓰기 약속을 알려 주고자 합니다. | 친구들과 고운 말 쓰기 활동을 하는 모습의 그림이나 사진 |
> | 우리 반 친구들이 가장 좋아하는 수업은 글쓰기 수업입니다. | 친구들이 즐겁게 글쓰기 수업에 참여하고 있는 그림이나 사진 |

14 누리집 게시물은 여러 사람들이 볼 수 있으므로 게시물을 올릴 때에는 다른 사람들이 궁금해할 만한 내용을 올리는 것이 좋습니다.

15 광고의 문구인 '바다에 버린 쓰레기 다시 사람에게 돌아옵니다'와 사람이 버린 쓰레기를 먹어서 오염이 된 물고기를 낚시하는 그림은 관련이 있습니다.

16 이 공익 광고는 물고기를 마구잡이로 잡지 말자는 내용이 아니라 바다에 쓰레기를 함부로 버리지 말자는 내용을 담고 있습니다.

17 제시된 매체 자료 가운데 자신이 좋아하는 것을 고르고, 그 까닭을 매체 자료의 특징을 생각하여 써 봅니다.

> **채점 기준** 제시된 매체 자료인 그림책, 만화, 웹툰, 영화, 광고 가운데 한 가지를 고르고, 좋아하는 까닭을 구체적으로 쓰면 정답으로 합니다.

18 그림만 살펴봐서는 만화나 그림책의 내용을 잘 이해할 수 없습니다.

19 '그렇게[그러케]', '받아서[바다서]', '않고[안코]'가 글자와 다르게 소리 납니다.

20 글자와 소리가 다른 낱말에 주의하여 문장을 살펴보고 바르게 고쳐 써 봅니다.

7. 내 생각은 이래요

핵심 확인 문제 — 108쪽

핵심 확인 문제 　　　108쪽

1 제목, 중심 생각　　　2 ○
3 ×　　　4 (1) ○ (2) ○
5 생각

준비 배울 내용 살펴보기 　　　109쪽

1 ⑤　　　2 ㉯　　　3 ①
4 ㉮ 점심시간에 친구들과 같이 할 놀이를 정할 때 의견을 낸 적이 있다.

1 그림 ㉮에서는 민철이가 수업 시간에 자신의 생각을 발표하고 있습니다.

2 그림 ㉯에서는 남자아이가 전시된 친구의 그림에 '밤 하늘을 예쁘게 표현했구나.'라는 칭찬하는 글을 붙이고 있습니다.

3 그림 ㉰는 책을 읽고 짝과 이야기를 나누는 상황이며, 두 친구는 서로 비슷한 생각을 했습니다. 그리고 모두 자신의 생각을 말로 표현했고, 서로 존중하며 대화하고 있습니다.

4 어떤 상황에서 어떤 생각을 표현했는지 씁니다.

> **채점 기준** 어떤 상황에서 어떤 생각을 표현했는지 자신의 경험을 쓰면 정답으로 합니다.

소단원 1　기본 글을 읽고 글쓴이의 생각 파악하기 　　　110~111쪽

1 에티켓　　　2 ③　　　3 ⑤
4 (1) ① (2) ②　5 ㉠　　　6 ④
7 ㉮ 반려견을 진심으로 사랑한다면 여러 가지 반려견 에티켓을 꼭 지켜야 한다.
8 ②, ⑤

1 글쓴이는 이 글에서 반려견과 함께 야외로 나갈 때 지켜야 할 에티켓을 이야기하고 있습니다.

2 글쓴이는 반려견의 배설물은 반려견의 주인이 치워야 한다고 했습니다.

3 개에게 물렸던 경험을 가진 사람이나 개를 무서워하는 어린이들은 개가 가까이 오는 것에 공포를 느낄 수 있다고 하였습니다.

4 글 ❷와 ❸에서 중심이 되는 문장을 찾아봅니다.

5 ㉠이 중심 생각이고, ㉡과 ㉢은 중심 생각을 뒷받침하는 내용입니다.

6 글쓴이는 자신의 반려견이 미움을 받거나 공포의 대상이 되지 않도록 에티켓을 지키자고 말하고 있습니다.

7 이 글에는 반려견을 사랑한다면 여러 가지 반려견 에티켓을 꼭 지켜야 한다는 글쓴이의 생각이 나타나 있습니다.

> **채점 기준** '반려견'과 '에티켓'이라는 말을 넣어 글쓴이의 생각을 한 문장으로 쓰면 정답으로 합니다.

8 글쓴이의 생각을 파악하며 글을 읽으면 내 생각과 비교하며 글을 읽을 수 있고, 글쓴이가 하고 싶은 말이 무엇인지 알 수 있습니다.

> **정답 친해지기** 글쓴이의 생각을 파악하며 글을 읽으면 좋은 점
> • 글의 내용을 잘 알 수 있습니다.
> • 글을 집중해서 읽을 수 있습니다.
> • 글쓴이가 무엇을 말하고 싶어 하는지 알 수 있습니다.

소단원 1　통합 글쓴이의 생각에 대한 자신의 생각 발표하기 　　　112쪽

1 ①, ②　　　2 (3) ○　　　3 ①
4 ㉮ 아침에 운동장을 달리면 좋은 점이 많다고 하니 나도 아침에 운동장을 달려야겠다. / 나는 줄넘기를 좋아하니까 달리기보다는 줄넘기를 해야겠다. 줄넘기도 몸에 좋은 것이니까 말이다.

1 글쓴이는 아침에 운동장을 달리면 기분이 좋아지고, 더 건강해진다고 하였습니다.

2 글쓴이는 며칠 동안만 꾸준히 실천하면 아침에 운동장을 달리는 즐거움에 푹 빠지게 될 것이라고 하였습니다.

3 이 글에는 아침에 운동장을 달리자는 글쓴이의 생각이 나타나 있습니다.

> **정답 친해지기** 「아침에 운동장을 달려요」에 나타난 글쓴이의 생각 파악하기
> • 글의 제목에 글쓴이의 생각이 나타나 있습니다.
> • '첫째', '둘째'로 시작하는 부분에 나타난 중심 생각을 살펴보면 글쓴이의 생각이 무엇인지 알 수 있습니다.

4 글쓴이의 생각과 다른 생각을 떠올릴 수도 있습니다. 관련 경험 등을 바탕으로 자신의 생각을 떠올려 봅니다.

> **채점 기준** 아침에 운동장을 달리자는 글쓴이의 생각과 같거나 혹은 다르더라도 자신의 생각을 쓰면 정답으로 합니다.

소단원 2	**기본** 자신의 생각을 글로 표현하기	113~115쪽

1 교실 **2** ① **3** 책임
4 ③ **5** ③ **6** 예 병아리는 조금만 잘못해도 금방 죽는다.
7 ①, ⑤ **8** 우철 **9** 예 매일매일 병아리를 책임지고 보살필 돌보미를 정하면 된다.
10 ㉢ **11** ③

1 등장인물들은 교실에서 자신의 생각을 제시하고 있습니다.

2 학교 뒤뜰에 무엇을 키울 것인지에 대해 의견을 나누고 있습니다.

3 선생님은 식물도 생명이므로 책임을 지고 돌보아야 한다고 하셨습니다.

4 병아리를 키우고 싶다던 다혜를 생각해서 말한 것입니다.

5 병아리를 키우면 잘 보살펴야 한다는 선생님의 말씀에 규빈이는 할 수 있다고 자신 있게 대답했습니다.

6 병아리를 제대로 키우지 못할까 봐 걱정해서 반대한 것입니다.

> **채점 기준** '병아리는 조금만 잘못해도 금방 죽는다.'라는 내용을 포함하여 쓰면 정답으로 합니다.

---

7 규빈이는 병아리를 키우면 닭이 되는 과정을 볼 수 있고, 다른 반 아이들이 우리 반을 부러워할 것이라고 하였습니다.

8 우철이는 달걀을 먹을 수 있으니 병아리를 키우자고 이야기했습니다.

9 혼자서 병아리를 돌보기 어려울 거라는 선생님의 말씀에 규빈이는 매일매일 병아리를 책임지고 보살필 돌보미를 정하자고 하였습니다.

> **정답 친해지기** 「왜 책임이 필요하죠?」에 나타난 등장인물의 생각
>
> | 규빈 | 매일매일 병아리를 책임지고 보살필 돌보미를 정하면 돼요. |
> | --- | --- |
> | 우철 | 병아리 키워요. 달걀 먹을 수 있잖아요. |
> | 선생님 | 병아리를 키우는 것은 좋지만 책임지고 보살필 사람이 필요해요. |

10 ㉠은 규빈이의 생각, ㉡은 생각에 대한 까닭에 해당합니다.

11 뒤뜰에서 병아리를 키우자는 생각에 대한 까닭으로 병아리를 키우면 책임감을 기를 수 있다는 점을 이야기했습니다.

소단원 2	**통합** 친구들이 쓴 글에 대한 자신의 생각 쓰기	116쪽

1 ㉠ - ㉡ - ㉣ - ㉢ **2** (3) ○
3 ⑤ **4** ③

1 친구들이 쓴 글을 읽고 붙임쪽지에 자기의 생각을 써서 친구의 댓글 알림판에 붙입니다.

2 댓글을 읽을 친구의 마음을 생각하며 써야 합니다.

> **정답 친해지기** 댓글을 쓸 때 주의할 점
> 자신의 댓글을 읽을 친구의 마음을 생각하며 쓰고, 댓글에서 친구에게 궁금한 점도 물어볼 수 있습니다.

3 댓글 알림판 활동을 할 때는 친구의 글을 읽고 친구의 생각을 파악한 후, 그에 대한 자신의 생각을 씁니다.

4 자신의 생각과 그 까닭, 느낌, 경험이나 알고 있는 것을 씁니다.

국어 활동 117~119쪽

1 소리	**2** ②, ④	**3** 가을
4 ①	**5** (1) ① (2) ②	
6 ②, ⑤	**7** (1) ○	**8** 소음 공해
9 효은	**10** ⑤	**11** ㉡
12 서아, 지호		

1 세상은 소리로 둘러싸여 있다고 했습니다.

2 개구리의 우는 소리와 냉이된장찌개 끓는 소리가 봄에 들리는 소리라고 하였습니다.

3 가을이 되면 스스스 풀벌레 소리도 들린다고 하였습니다.

4 도시가 복잡해지면 소리도 더 많아지고 더 커진다고 하였습니다.

5 같은 소리라도 시간과 장소가 달라지면 소음이 되기도 합니다.

> **정답 친해지기** **시간에 따라 달라지는 소리**
>
> | 소리 | 한낮 나무 그늘에서 듣는 매미 소리 |
> |---|---|
> | 소음 | 한밤 자려고 누웠을 때 듣는 매미 소리 |

6 너무 커서 괴로운 소리뿐만 아니라 작아도 괴롭게 느껴지면 소음입니다.

7 위층에서 쿵쿵 뛰는 소리처럼 듣기 괴로운 소리가 소음입니다.

8 모두 함께 노력한다면 소음 공해를 줄일 수 있다는 글쓴이의 생각이 담긴 글입니다.

9 효은이는 상대를 존중하며 의견을 바르게 표현했습니다.

10 듣는 사람을 생각하여 존중하는 표현을 사용해야 합니다.

11 자신의 생각을 나타내는 글을 쓸 때에는 다른 사람이 이해할 수 있도록 써야 합니다.

> **정답 친해지기** **자신의 생각을 표현하는 글을 쓰는 방법**
> • 경험이나 알고 있는 것을 활용합니다.
> • 자신의 생각에 대한 까닭을 함께 씁니다.
> • 자신의 생각을 잘 나타낼 수 있는 낱말을 사용합니다.

12 자신의 생각을 글로 표현하면 생각을 정리해서 나타낼 수 있고, 더 자세히 나타낼 수 있습니다. 자신의

생각을 글로 표현한다고 해서 자신의 생각을 빠르게 나타내거나 자신의 생각만 옳다고 강조할 수는 없습니다.

실천 **배운 내용 마무리하기** 120쪽

1 다육 식물 **2** ①, ⑤
3 ⓓ 다육 식물은 햇빛을 오래 봐야 하는데 우리 교실에는 햇빛이 잘 들지 않아서 키우기 어려울 것 같습니다. **4** (2) ○ **5** ④
6 ③ **7** (1) 괜차나 (2) 수피

1 '우리 교실에서 다육 식물을 키우면 좋겠습니다.'가 글쓴이의 생각입니다. 그다음 문장부터는 자신의 생각에 대한 까닭과 경험이나 알고 있는 것에 해당합니다.

2 글쓴이는 교실에서 다육 식물을 키우면 좋은 까닭으로 다육 식물은 물을 많이 주지 않아도 잘 자라서 키우기가 쉽고, 귀엽게 생겨서 교실의 분위기를 더 밝게 만들어 줄 것이라는 점을 들었습니다.

3 글쓴이의 생각에 대한 자신의 생각을 씁니다. 글쓴이와 같은 생각을 쓸 수도 있고, 다른 생각을 쓸 수도 있습니다.

> **채점 기준** 교실에서 다육 식물을 키우자는 글쓴이의 생각에 대한 자신의 생각을 밝히고, 그 까닭을 명확하게 쓰면 정답으로 합니다.

4 (1)은 자신의 생각이 아니라 현재의 시간을 나타낸 문장입니다. (2)는 주말에 단풍을 보러 가자는 생각을 표현한 문장입니다.

5 '이 아이스크림은 오백 원이야.'는 자신의 생각이 아니라 아이스크림의 가격을 설명하는 문장입니다.

6 '맑네'는 [망네]로 발음합니다.

7 '괜찮아'는 [괜차나]로, '숲이'는 [수피]로 발음합니다.

> **정답 친해지기** **글자와 소리가 다른 낱말을 정확하게 발음하기**
>
> | 글자 | 소리 |
> |---|---|
> | 맑네 | [망네] |
> | 괜찮아 | [괜차나] |
> | 숲이 | [수피] |

단원 평가

121~123쪽

1 생각	**2** ①	**3** ①, ⑤
4 (1) ○	**5** 공포	**6** ⑤
7 운동장	**8** ③	**9** 스트레스

10 (3) ○　**11** 📝 너무 커서 괴로운 소리뿐 아니라 작아도 괴롭게 느껴지는 소리가 소음이다.

12 (1) ○　**13** 📝 학교 뒤뜰에 무엇을 키울 것인가.　**14** ②

15 ③　**16** 병아리는 연약해서 잘 보살펴 주어야 한다는 것을 책에서 보았습니다.

17 ④　**18** 민아　**19** ⑤

20 ㉡

1 모둠 대화에서 모둠 활동 규칙에 대한 자신의 생각을 말하는 상황이 나타나 있습니다.

2 반려견의 배설물은 주인이 치워야 한다는 것이 글 ㉮의 중심 생각입니다.

> **정답 친해지기** 글에서 중심 생각 찾기
> • ㉠~㉤ 가운데 중심 생각은 ㉠입니다.
> • ㉡~㉤은 중심 생각을 설명하고 뒷받침하는 역할을 합니다.
> • ㉡~㉤은 배설물을 주인이 치워야 하는 까닭과 주인이 배설물을 치우기 위해 어떻게 해야 하는지를 설명하고 있습니다.

3 반려견의 배설물을 치우지 않으면 냄새가 나고, 다른 사람이 배설물을 밟을 수 있다고 하였습니다.

4 글 ㉯의 중심 생각은 '반려견을 야외로 데리고 나갈 때에는 목줄을 채워야 한다.'입니다.

5 개에게 물렸던 경험을 가진 사람이나 개를 무서워하는 어린이들은 개가 가까이 오면 공포를 느낄 수 있습니다.

6 반려견의 짖는 소리나 움직임이 다른 사람에게 방해가 될 수 있다고 하였습니다.

7 글쓴이는 아침에 다 같이 운동장을 달리자고 말하고 있습니다.

8 글쓴이는 아침에 운동장을 달리면 좋은 점으로 기분이 좋아진다는 점을 들었습니다.

9 시원한 아침 공기는 스트레스를 사라지게 해 준다고 하였습니다.

10 (1) 글쓴이의 생각과 다른 생각을 떠올릴 수도 있습니다. (2) 생각을 정리하면서 그 까닭도 함께 씁니다.

11 '너무 커서 괴로운 소리뿐 아니라 작아도 괴롭게 느껴지는 소리가 있다면 그게 바로 소음'이라고 하였습니다.

> **채점 기준** 너무 커서 괴로운 소리뿐 아니라 작아도 괴롭게 느껴지는 소리가 소음이라는 내용을 포함하여 쓰면 정답으로 합니다.

> **정답 친해지기** 이 글에서 말한 소음의 기준
> • 너무 커서 괴로운 소리
> • 작아도 괴롭게 느껴지는 소리

12 '위층에서 들리는 쿵쿵 뛰는 소리'는 소리와 진동이 바닥과 벽을 타고 전달되어 이웃집에 피해를 주는 소음에 해당합니다.

13 친구들은 학교 뒤뜰에 무엇을 키울지에 대한 생각을 나누고 있습니다.

> **채점 기준** '학교 뒤뜰에 무엇을 키울 것인가', '학교 뒤뜰을 어떻게 꾸밀 것인가' 등과 같이 학교 뒤뜰 꾸미기에 관한 내용을 쓰면 정답으로 합니다.

14 학교 뒤뜰에 감자를 심자는 생각은 제시되지 않았습니다.

15 '뒤뜰에서 병아리를 키웁시다.'가 이 글에 나타난 글쓴이의 생각입니다.

16 글쓴이가 직접 경험한 일이나 이미 알고 있는 내용을 쓴 부분을 찾습니다.

17 '왜냐하면 병아리를 직접 키우면서 책임감을 기를 수 있기 때문입니다.'는 뒤뜰에서 병아리를 키우자는 생각에 대한 까닭이 나타난 부분입니다.

18 자신이 쓴 댓글을 읽을 친구의 마음을 생각하며 쓰고, 친구에게 궁금한 점이 있으면 물어볼 수 있습니다.

19 제시된 글은 듣는 사람을 존중하는 표현을 쓰지 않았습니다.

20 자신의 생각을 표현하는 문장은 ㉡입니다. ㉠과 ㉢은 사실을 나타내거나 무엇인가를 설명하는 문장입니다.

8. 나도 작가

1 ○　　　**2** 경험　　　**3** 마음
4 (1) ×　　　**5** 흐름

1 쉬는 시간　　**2** ③　　　**3** ⑤
4 (2) ○

1 쉬는 시간에 우리 반에서 어떤 소리가 나는지 떠올려 보며 그 경험을 표현한 시입니다.

2 이 시의 말하는 사람은 쉬는 시간 우리 반을 채우는 소리로 싸우는 소리는 언급하지 않았습니다.

3 이 시는 쉬는 시간의 경험을 표현하였으므로 비슷한 경험으로는 반에서 쉬는 시간에 겪었던 일을 떠올리는 것이 어울립니다.

4 경험을 시나 노래로 표현하면 내가 경험한 일을 되돌아볼 수 있습니다.

> **정답 친해지기** 경험을 시나 노래로 표현하면 좋은 점
> • 내가 경험한 일을 되돌아볼 수 있습니다.
> • 내가 경험한 일을 다른 사람들에게 실감 나게 전할 수 있습니다.
> • 노래로 만들어 불러 보면 내 경험에서 느꼈던 기분을 잘 표현할 수 있습니다.

1 오리 우는 소리　　　　**2** ③
3 ⑤　　　**4** ㉢　　　**5** 예 눈을 밟을 때 나는 소리가 재미있어서 더 걸은 적이 있다.
6 예 밤사이 눈이 내렸기 때문에　**7** (1) ○
8 ⑤

1 쌓인 눈을 밟을 때마다 오리 우는 소리가 난다고 하였습니다.

2 오리가 뒤뚱뒤뚱 걷는 모습을 표현하기 위해 "꽥!"이라는 글자를 나란하지 않게 표현했습니다.

3 시 ㉮에서는 '눈 쌓인 운동장'을 오리들이 있는 널따란 호수로 표현했습니다.

4 뒤뚱거리며 나란하지 않게 줄지어 걷는 모습을 표현한 것이 어울립니다.

5 눈 내린 날 쌓인 눈을 밟으며 느꼈던 기분 등을 떠올려 볼 수 있습니다.

> **채점 기준** 시 ㉮의 말하는 사람이 경험한 일이 무엇인지 알고, 그와 유사한 경험을 떠올려 쓰면 정답으로 합니다.

6 밤사이 눈이 내려 새하얀 들길이 되었다고 하였습니다.

7 노랫말 ㉯에서는 눈이 하얗게 내린 들길을 바라보며 이른 아침 누가 어딜 갔는지 궁금해하고 있습니다.

8 시 ㉮는 "꽥!"을 나란하지 않게 표현하여 오리가 뒤뚱뒤뚱 걷는 모습을 재미있게 표현했고, 노랫말 ㉯는 시 모양을 꾸미지는 않지만 눈 덮인 아침 풍경을 잘 드러냈습니다.

> **정답 친해지기** ① ㉮와 ㉯ 모두 보고 느낀 것을 표현했으므로, ㉯를 꾸며 낸 이야기라고 보기는 어렵습니다.
> ② ㉮와 ㉯ 모두 보고 느낀 것을 표현했습니다.
> ③ ㉮는 눈 내린 운동장을 걷는 학생들의 모습을 오리에 빗대어 표현하였고, ㉯는 눈이 내린 들길 위에 있는 예쁜 발자국을 본 경험을 노래하였습니다.
> ④ ㉮와 ㉯ 모두 눈 내린 아침에 본 것을 표현하였습니다.

1 학교　　　**2** ①　　　**3** ③
4 ⑤

1 '너'와 함께 학교를 가고 집에 오면서 즐거운 마음을 노래하고 있습니다.

2 '너'와 함께 걸어 너무너무 좋다고 하였습니다.

3 '나'는 학교를 오가는 길에 문구점, 장난감집, 놀이터, 떡볶이집을 지났습니다.

4 ㉠은 말하는 사람의 마음을 잘 나타내는 낱말을 골라 노랫말로 표현한 것입니다. 친구와의 경험을 더 자세하게 나타낸 것은 **보기** 입니다.

> **정답 친해지기** 경험을 시나 노래로 바꾸기
> • 중요한 부분을 강조하기 위해 반복해서 말해도 좋습니다.
> • 경험이나 느낌을 길게 늘여 쓰지 않고 간결하게 표현합니다.
> • 노랫말을 쓸 때에는 글자 수를 맞추거나 비슷한 표현을 반복해 노래의 흐름에 어울리게 씁니다.

소단원 2 **(기본)** 이어질 이야기를 상상하며 작품 감상하기 · 131~132쪽

1 (1) ○　　**2** ⑤　　**3** ④
4 연주　　**5** ①, ②　　**6** 담요
7 ② → ① → ④ → ③　　**8** 말, 행동

1 엄마와 아빠는 할머니 댁에 가시면서 금방울에게 동생들을 잘 돌보고 낯선 손님에게는 함부로 문을 열어 주지 말라고 하셨습니다.

2 금방울은 빈집에도 동생들이 보이지 않자 동생들에게 무슨 일이 있는 것은 아닐지 걱정되어 가슴이 두근거렸습니다.

3 은방울과 작은방울은 난롯가에서 몸을 말리고 있었습니다.

4 재민이는 이 글에 나온 인물들과 비슷한 경험을 한 일을 말하고 있습니다.

5 문 두드리는 소리가 날 때마다 금방울의 가슴도 덩달아 뛰었고, 빗소리 때문에 문 두드리는 소리가 더 무섭게 느껴졌습니다.

6 작은방울은 담요를 만지작거려야만 잠이 든다고 하였습니다.

7 금방울은 하늘이 어둑해지자 동생들을 찾기 시작했고, 집에서 동생들을 만났습니다. 낯선 손님이 문을 두드렸지만 금방울은 문을 열어 주지 않았고, 졸린 작은방울이 칭얼거리자 작은방울을 업고 자장가를 불러 주었습니다.

> **정답 친해지기** 이어질 이야기를 상상할 때 고려해야 할 점
> • 이야기의 흐름을 생각하며 자연스럽게 연결되도록 상상합니다.
> • 인물들의 말이나 행동을 보고 어떤 일이 이어질지 상상합니다.

8 이야기의 흐름과 인물들의 말이나 행동을 보고 어떤 일이 이어질지 상상할 수 있습니다.

소단원 2 **(통합)** 이야기를 읽고 이어질 이야기 상상하기 · 133~135쪽

1 ①　　**2** 택배　　**3** ③
4 **예** 무엇이 들어 있는지 알 수 없는 택배
5 ④　　**6** **예** 기대된다. / 궁금하다.
7 ④　　**8** 제품 설명서　　**9** ⑤
10 ① → ② → ③ → ④　　**11** ①
12 **예** 하늘나라에 가서 돌아가신 할아버지를 만날 것 같다.

1 미지는 어른이 되는 때를 정해 놓았는데, 이름 대신 사인을 쓰는 것은 이야기하지 않았습니다.

2 미지는 자기 앞으로 온 택배 상자를 받으면 어른이라고 정해 놨는데, 4월 3일에 미지 앞으로 택배가 왔습니다.

3 미지의 이름이 쓰인 가로로 네 뼘, 세로로 세 뼘 정도 크기의 파란 상자였습니다.

4 주인공의 이름에 초점을 맞추면 '미지에게 온 택배'라는 뜻도 되지만 밑줄 친 부분을 참고하면 '무엇이 들어 있는지 알 수 없는 택배'라는 뜻이 됩니다.

> **채점 기준** '미지'의 사전적 의미에 주목하여 제목의 의미를 쓰면 정답으로 합니다.

5 미지의 이름은 커다랗게 찍혀 있었지만, 보낸 이의 이름은 얼룩지고 찢겨 있어서 한 글자도 알아볼 수 없었습니다.

6 택배의 내용물이 궁금해서 가슴이 뛴 것입니다.

7 택배 상자에는 세상에서 가장 심심해 보이는 하얀색 끈 운동화가 들어 있었습니다.

8 운동화를 상자에 넣으려던 미지는 종이를 발견하는데, 이 종이는 제품 설명서였습니다.

9 천국에 있는 누군가에게 데려다주는 특별한 운동화입니다.

10 어느 날 미지에게 택배가 도착했고, 택배 상자 안에는 운동화가 들어 있었습니다. 미지는 제품 설명서를 발견하고 읽은 후 운동화를 신고 폴짝폴짝 세 번 뛰었습니다.

11 제품 설명서에 나온 대로 바로 시도해 보는 것으로 보아, 미지는 엉뚱하고 호기심 많은 성격이라고 짐작할 수 있습니다.

> **정답 친해지기** 행동으로 본 미지의 성격
>
> | 제품 설명서를 보고 난 후의 행동 | | 미지의 성격 |
> |---|---|---|
> | 정신을 차렸을 때는 이미 운동화를 신고 폴짝폴짝 세 번 뛰고 있었다. | → | 엉뚱하고 호기심이 많다. |

12 정말로 하늘나라로 가서 만나고 싶은 누군가를 만날 수도 있고, 하늘나라에 가는 것을 실패할 수도 있습니다. 자연스럽게 내용이 이어지도록 상상해 봅니다.

> **채점 기준** 미지에게 일어날 일을 상상하여 쓴 문장이 이야기의 흐름을 고려할 때 앞의 내용과 자연스럽게 연결되면 정답으로 합니다.

국어 활동 136~137쪽

> **1** ④   **2** ②   **3** ㉡
> **4** 느낌   **5** ②
> **6 ⑩** 밤이 되면 밖에 나가 힘들게 이리저리 돌아다녀야 해서
> **7** ㉡ – ㉢ – ㉠   **8** (1) 태 (2) 깜

1 강아지가 잠꼬대를 하고 있고 아이가 그것을 보고 있는 모습이 떠오르는 시입니다.

2 강아지가 꿈속에서 누굴 만나는지 몰라 지켜만 보았습니다.

3 ㉡에 말하는 사람의 고민이 나타납니다.

4 경험에 대한 생각이나 느낌을 떠올려 보고, 자신의 마음을 잘 표현하는 낱말을 떠올려 씁니다.

5 태양이는 밤이 되면 더 놀 수 없기 때문에 밤을 싫어합니다. 밤이 어두워서 무서워하는 것은 아닙니다.

6 깜깜이는 밤에 잠을 더 자고 싶은데 밖에 나가 돌아다녀야 해서 밤을 싫어합니다.

7 이야기가 어떤 순서로 진행되는지 살펴봅니다.

8 태양이는 활발하고 노는 것을 좋아하는 반면, 깜깜이는 밤에 조용히 쉬고 싶어 합니다.

> **정답 친해지기** 태양이와 깜깜이의 특징과 성격
>
> | 태양이 | '밤에도 잠 안 자고 신나게 놀 순 없을까?' → 활발하고 노는 것을 좋아함. |
> |---|---|
> | 깜깜이 | '밤에도 계속 잠만 잘 순 없을까?' → 차분하고 조용히 쉬는 것을 좋아함. |

실천 배운 내용 마무리하기 138쪽

> **1** (1) ×   **2** ①, ④   **3** (2) ○
> **4** ⑤   **5** ⑤   **6** 너울

1 경험을 시나 노래로 표현하면 자신의 경험을 되돌아볼 수 있고 경험을 다른 사람에게 전할 수 있습니다.

2 경험한 일을 간결하게 표현하고, 관련한 자신의 경험을 떠올려 바꾸어 씁니다.

3 이어질 이야기를 상상할 때에는 이야기의 흐름이 어땠는지와 인물이 한 말이나 행동을 생각해야 합니다.

4 '미리내'는 '은하수'를 이르는 토박이말입니다.

> **정답 친해지기** '은하수'의 뜻
> • 은하수: '은하(구름 띠 모양으로 깊게 분포되어 있는 수많은 천체의 무리)'를 강에 비유하여 이르는 말.

5 '으뜸'은 많고 많은 것 가운데 가장 뛰어난 것을 뜻합니다.

6 '너울'은 '바다의 크고 사나운 물결.', '갈무리'는 '물건 따위를 잘 정리하거나 간수함.'이라는 뜻입니다.

1 소리 **2** 예 우리 반 쉬는 시간은 놀이 공원 같다. 친구들이 다양한 놀이를 하면서 보낸다. **3** ④ **4** ①, ④

5 (살찐) 오리들 **6** ⑤ **7** ①

8 문구점, 장난감집, 놀이터, 떡볶이집

9 ④

10 (1) 예 복도 (2) 예 과학실 (3) 예 급식실

11 (2) ○ **12** 덩치 **13** ⑤

14 예 금방울이 담요를 가지러 빈집으로 갔는데 그곳에 문을 두드렸던 낯선 손님이 있었다.

15 ⑤ **16** 예 엉뚱하다. / 호기심이 많다. 등

17 우빈 **18** 흐름, 말, 행동

19 예 태양이와 깜깜이는 몸이 서로 바뀌어서 소원이 이루어졌다. **20** (2) ○

---

1 이 시에서는 쉬는 시간에 아이들이 떠들고 웃는 소리로 교실이 가득 찬다고 했습니다.

2 우리 반 친구들이 쉬는 시간에 무엇을 하는지 떠올려 봅니다.

> **채점 기준** 자신의 반 쉬는 시간에 친구들이 무엇을 하는지 떠올려 보고, 그 모습을 적절하게 표현하면 정답으로 합니다.

3 경험을 시나 노래로 표현한다고 해서 다른 사람이 내가 겪은 일을 똑같이 경험해 볼 수 있는 것은 아닙니다.

4 쌓인 눈을 밟는 소리를 오리 우는 소리로 표현하였습니다.

5 뚱뚱하게 옷 껴입고 궁둥이 흔들며 걷는 '우리'를 '살찐 오리들'이라고 하였습니다.

6 이 시에서 말하는 사람은 눈 쌓인 등굣길에서 눈 밟는 소리와 걷는 모습을 이야기하고 있습니다. 따라서 눈 내린 날의 경험을 떠올리는 것이 어울립니다.

7 '너'와 함께 걸어서 '너무너무 좋은 길'이라고 한 것입니다.

8 집과 학교를 오갈 때 문구점, 장난감집, 놀이터, 떡볶이집을 지났습니다.

9 '도란도란'이라는 낱말의 뜻입니다.

> **정답 친해지기** 낱말의 뜻
> ① 함께: 한꺼번에 같이. 또는 서로 더불어.
> ② 지나서: 어디를 거치어 가거나 오거나 해서.
> ③ 손잡고: 손과 손을 마주 잡고.
> ⑤ 너무너무: '너무(일정한 정도나 한계를 훨씬 넘어선 상태로)'를 강조하여 이르는 말.

10 어딘가를 가기 위해 지난 곳을 떠올려 바꾸어 쓸 수 있습니다.

11 겪은 일에 대한 생각이나 느낌을 떠올리고, 자신의 마음을 가장 잘 표현할 수 있는 낱말을 생각해 표현합니다.

12 금방울은 문 앞에 커다란 덩치가 서 있어서 깜짝 놀라 물러났습니다.

13 금방울은 덩치가 돌아갔는지 확인하려고 문틈으로 밖을 보았습니다.

14 이야기의 흐름과 인물들의 말이나 행동을 보고 어떤 일이 이어질지 상상해서 써 봅니다.

> **채점 기준** 이야기의 흐름과 등장인물들의 말이나 행동을 고려해서 이어질 내용을 적절하게 상상하여 쓰면 정답으로 합니다.

15 미지가 받은 것은 천국에 있는 누군가에게 데려다준다는 운동화입니다. 미지는 천국에 있는 누군가를 만나고 싶어서 자기도 모르게 운동화를 신고 뛴 것입니다.

16 천국에 있는 누군가에게 데려다준다는 운동화를 신고 실제로 뛰는 행동을 하는 것에서 미지의 성격을 짐작할 수 있습니다.

17 이야기의 흐름이 자연스럽게 연결되고 인물의 성격에 어울리도록 상상해야 합니다.

18 이야기를 읽고 이어질 이야기를 상상할 때에는 이야기의 흐름이 자연스럽게 연결되도록 상상하고, 인물의 말이나 행동을 보며 그에 어울리도록 상상합니다.

19 이야기의 흐름에 맞게 이어질 내용을 상상해 봅니다.

> **채점 기준** 태양이와 깜깜이가 원하는 것이 무엇인지 파악한 후, 이야기의 흐름에 맞게 이어질 내용을 상상하여 쓰면 정답으로 합니다.

20 **보기** 의 그림과 문장을 참고하여 '갈무리'의 뜻을 추측해 볼 수 있습니다. '갈무리'는 '물건 따위를 잘 정리하거나 간수함.'이라는 의미를 지니고 있습니다.